A LIBRARY OF
DOCTORAL
DISSERTATIONS
IN SOCIAL SCIENCES IN CHINA

西南联大在云南的地理与人口国情调查实验

National Condition Investigation Experiments Concerning the Geography and Population of Southwest Associated University in Yunnan Province

杨海挺　著
导师　陆　韧

中国社会科学出版社

图书在版编目(CIP)数据

西南联大在云南的地理与人口国情调查实验/杨海挺著 . —北京：中国社会科学出版社，2022.10
（中国社会科学博士论文文库）
ISBN 978 – 7 – 5227 – 0021 – 2

Ⅰ.①西… Ⅱ.①杨… Ⅲ.①西南联合大学—研究 Ⅳ.①G649.287.41

中国版本图书馆 CIP 数据核字（2022）第 055491 号

出版人	赵剑英
责任编辑	刘　艳
责任校对	陈　晨
责任印制	李寡寡

出　　版	中国社会科学出版社
社　　址	北京鼓楼西大街甲 158 号
邮　　编	100720
网　　址	http://www.csspw.cn
发 行 部	010 – 84083685
门 市 部	010 – 84029450
经　　销	新华书店及其他书店
印　　刷	北京明恒达印务有限公司
装　　订	廊坊市广阳区广增装订厂
版　　次	2022 年 10 月第 1 版
印　　次	2022 年 10 月第 1 次印刷
开　　本	710×1000　1/16
印　　张	17.25
插　　页	2
字　　数	292 千字
定　　价	98.00 元

凡购买中国社会科学出版社图书，如有质量问题请与本社营销中心联系调换
电话：010 – 84083683
版权所有　侵权必究

《中国社会科学博士论文文库》
编辑委员会

主　　任：李铁映
副 主 任：汝　信　江蓝生　陈佳贵
委　　员：（按姓氏笔画为序）
　　　　　王洛林　王家福　王缉思
　　　　　冯广裕　任继愈　江蓝生
　　　　　汝　信　刘庆柱　刘树成
　　　　　李茂生　李铁映　杨　义
　　　　　何秉孟　邹东涛　余永定
　　　　　沈家煊　张树相　陈佳贵
　　　　　陈祖武　武　寅　郝时远
　　　　　信春鹰　黄宝生　黄浩涛
总 编 辑：赵剑英
学术秘书：冯广裕

总　序

在胡绳同志倡导和主持下，中国社会科学院组成编委会，从全国每年毕业并通过答辩的社会科学博士论文中遴选优秀者纳入《中国社会科学博士论文文库》，由中国社会科学出版社正式出版，这项工作已持续了12年。这12年所出版的论文，代表了这一时期中国社会科学各学科博士学位论文水平，较好地实现了本文库编辑出版的初衷。

编辑出版博士文库，既是培养社会科学各学科学术带头人的有效举措，又是一种重要的文化积累，很有意义。在到中国社会科学院之前，我就曾饶有兴趣地看过文库中的部分论文，到社科院以后，也一直关注和支持文库的出版。新旧世纪之交，原编委会主任胡绳同志仙逝，社科院希望我主持文库编委会的工作，我同意了。社会科学博士都是青年社会科学研究人员，青年是国家的未来，青年社科学者是我们社会科学的未来，我们有责任支持他们更快地成长。

每一个时代总有属于它们自己的问题，"问题就是时代的声音"（马克思语）。坚持理论联系实际，注意研究带全局性的战略问题，是我们党的优良传统。我希望包括博士在内的青年社会科学工作者继承和发扬这一优良传统，密切关注、深入研究21世纪初中国面临的重大时代问题。离开了时代性，脱离了社会潮流，社会科学研究的价值就要受到影响。我是鼓励青年人成名成家的，这是党的需要，国家的需要，人民的需要。但问题在于，什么是名呢？名，就是他的价值得到了社会的承认。如果没有得到社会、人民的承认，他的价值又表现在哪里呢？所以说，价值就在于对社会重大问题的回答和解决。一旦回答了时代性的重大问题，就必然会对社会产生巨大而深刻的影响，你也因此而实现了你的价值。在这方面年轻的博士有很大的优势：精力旺盛，思想敏捷，勤于学习，勇于创新。但青年学者要多向老一辈学者学习，博士尤其要很好地向导师学习，在导师的指导下，发挥自己的优势，研究重大问题，就有可能出好的成果，实现自己的价值。过去12年入选文库的论文，也说明了这一点。

什么是当前时代的重大问题呢？纵观当今世界，无外乎两种社会制度，一种是资本主义制度，一种是社会主义制度。所有的世界观问题、政治问题、理论问题都离不开对这两大制度的基本看法。对于社会主义，马克思主义者和资本主义世界的学者都有很多的研究和论述；对于资本主义，马克思主义者和资本主义世界的学者也有过很多研究和论述。面对这些众说纷纭的思潮和学说，我们应该如何认识？从基本倾向看，资本主义国家的学者、政治家论证的是资本主义的合理性和长期存在的"必然性"；中国的马克思主义者，中国的社会科学工作者，当然要向世界、向社会讲清楚，中国坚持走自己的路一定能实现现代化，中华民族一定能通过社会主义来实现全面的振兴。中国的问题只能由中国人用自己的理论来解决，让外国人来解决中国的问题，是行不通的。也许有的同志会说，马克思主义也是外来的。但是，要知道，马克思主义只是在中国化了以后才解决中国的问题的。如果没有马克思主义的普遍原理与中国革命和建设的实际相结合而形成的毛泽东思想、邓小平理论，马克思主义同样不能解决中国的问题。教条主义是不行的，东教条不行，西教条也不行，什么教条都不行。把学问、理论当教条，本身就是反科学的。

在21世纪，人类所面对的最重大的问题仍然是两大制度问题：这两大制度的前途、命运如何？资本主义会如何变化？社会主义怎么发展？中国特色的社会主义怎么发展？中国学者无论是研究资本主义，还是研究社会主义，最终总是要落脚到解决中国的现实与未来问题。我看中国的未来就是如何保持长期的稳定和发展。只要能长期稳定，就能长期发展；只要能长期发展，中国的社会主义现代化就能实现。

什么是21世纪的重大理论问题？我看还是马克思主义的发展问

题。我们的理论是为中国的发展服务的，绝不是相反。解决中国问题的关键，取决于我们能否更好地坚持和发展马克思主义，特别是发展马克思主义。不能发展马克思主义也就不能坚持马克思主义。一切不发展的、僵化的东西都是坚持不住的，也不可能坚持住。坚持马克思主义，就是要随着实践，随着社会、经济各方面的发展，不断地发展马克思主义。马克思主义没有穷尽真理，也没有包揽一切答案。它所提供给我们的，更多的是认识世界、改造世界的世界观、方法论、价值观，是立场，是方法。我们必须学会运用科学的世界观来认识社会的发展，在实践中不断地丰富和发展马克思主义，只有发展马克思主义才能真正坚持马克思主义。我们年轻的社会科学博士们要以坚持和发展马克思主义为己任，在这方面多出精品力作。我们将优先出版这种成果。

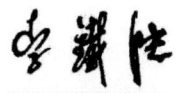

2001 年 8 月 8 日于北戴河

序

2007年末，我们在国家社会科学基金"历史时期滇池流域人地关系及生态环境演变研究"课题申报论证时，沮丧地发现清末以前历史文献对滇池的相关文字记载不足5万字，完全不能支撑研究。这时张轲风博士有幸检索到十余篇民国时期滇池流域的地理学研究论文和调查报告。阅读这批文献后，我们突然发现全是西南联大学者所为，是滇池流域的第一次科学的地理学考察和研究成果。与此同时，正在云南大学历史学基地班念大三的海挺发现了西南联大清华大学国情普查所的相关资料，其人口普查和户籍管理研究的区域正好与滇池流域的范围和西南联大地理调查区域完全吻合。随后8年，借助历史文献、考古和西南联大相关资料，我们完成了课题并出版了《历史时期滇池流域人地关系及生态环境演变研究》专著，获云南省第二十三次哲学社会科学优秀成果奖（2019年）一等奖。海挺完成了他的本科、硕士和博士学业，他的博士学位论文《抗日战争时期西南联大在云南的地理与人口国情调查实验》获2017年云南省优秀博士学位论文，成为本书的研究基础。我们是在追寻西南联大国情普查研究的国家情怀、治学精神中得到启迪而前行的。

毛泽东在《中国革命和中国共产党》中说："认清中国的国情，乃是认清一切革命问题的基本的根据。"国情，是指某一个国家某个时期的基本情况。国情是民族复兴、国家建设的根本依据。传统农业时代，土地（耕地）与人口是历代王朝实施"掌土治民"国家管理必须掌握的基本国情，编民籍户、寸土尺地入版籍、鱼鳞图册等相关制度的演进，反映了传统帝制时代掌握途径。归结起来，人口、地理（包括国土面积、地表自然、人文地理和地质矿产）为国情的核心要素。

辛亥革命后，国情认知进入与现代科技和现代社会科学结合的新时期。20世纪二三十年代，轰轰烈烈的社会调查运动将传统的编民籍户推进到与人口相关的社会状况全面调研阶段，知识界对人口与国家、人口与社会生计、人与环境的关系等方面都有了深化认识。中国的近代地理学是在引进欧美的近代地理学基础上，将传统的"方舆之学"向中国现代地理学科建构及维护国家领土完整地理考察、现代地图绘制推进。而国情普查的重要性、紧迫性则是在抗日战争时期国家危亡的紧要关头，由西南联大给予特别的关注，并以驻地昆明为实验场，开启了地理、人口国情普查的科学预研和实验。中华人民共和国成立后，在中国共产党的领导下，中国人民实现了从站起来、富起来到强起来的光辉历程，擘画新中国70年来社会主义国家的宏伟蓝图，都依据于1953年以来我国进行的七次全国人口普查和2013—2015年国务院开展的第一次全国地理国情普查获得的翔实数据。正如《宁吉喆出席第七次全国人口普查登记工作动员视频会议并讲话》中所说："开展第七次全国人口普查意义重大，这是在我国转向高质量发展阶段，人口发展进入重要转折期开展的一次重大国情国力调查。"亦如《国务院关于开展第一次全国地理国情普查的通知》指出的"地理国情普查是一项重大的国情国力调查"，全国人口普查和地理国情普查均被国家定义为"重大的国情国力调查"。

在国情普查认识提升、方法探寻和实验实践过程中，西南联大是不可或缺的关键一环。梅贻琦《云南省户籍示范工作报告》谈到了对国情普查的认识："国情是多方面的"，"总括起来却又不出两种基本的东西，一是人，一是物"。[①] "人"即人口国情，不只是人口数字，还包括人口构成的民族、社会家庭和人口教育等一系列人口质量相关要素；"物"则是国家地理空间紧密相连的自然环境、自然资源基本情况和特点的总和，包括了地表的地理环境和地下的自然资源。国情普查是复杂的跨学科系统工程，单一学科难以承担。在梅贻琦主导下，西南联大的国情普查由"地质地理气象学系"和"清华大学国情普查研究所"两个多学科交叉团队来承担，涉及地理学、地质学、人口学、社会学、统计学等多个学科，反映西南联大对国情内涵复杂多样性的充分认识。海挺的研究突破了以学科学派为主的学术史叙事窠臼，以西南联大地质地理气象学系和清华大学国

---

① 梅贻琦：《梅序》，载云南环湖户籍示范实施委员会《云南省户籍示范工作报告》，清华大学国情普查研究所1944年版，第6—7页。

情普查研究所两个教研机构为研究对象，以独到的视角和扎实的史料，总结和彰显了西南联大学人超越学科与学派路径的国情普查实验成就，揭示了其成就在中国现代地理学、人口学等学科建构中的重要意义，形成了独树一帜的研究。

西南联大地质地理气象学系的国情普查涉及地质考察和地理调查两个领域，由于学科的局限，我们无力评述地质学考察的成就。但是西南联大地质地理气象学系166名毕业生，走出了22位中国科学院地学部院士，1位工程院院士，还有曾为西南联大地质地理气象学系教授的赵九章荣获"两弹一星元勋"，创造了举世无双的教育奇迹。西南联大地质地理气象学系注重实践教学，重视野外实习和实践环节，系里规定每位学生必须进行3次以上的野外实习方可做论文，形成独特的实践教学体系，爱国奉献精神根植于师生心中。该系地质学与气象学因院士群体而璀璨夺目，地理学则因20世纪50—70年代特殊的因素，学术界少有论及。海挺的研究弥补了这一缺憾，揭示了西南联大地理学的贡献主要反映在地理国情普查方面：一是以张印堂教授1939年为期半年进行的边疆经济地理调查成果《滇西经济地理》，从国家危亡的高度论证边疆与国家的关系；二是紧跟国际地理学前沿，开创中国土地利用调查研究与实践。土地利用与国家建设规划密切相关，是地理国情普查的初级阶段；鲍觉民从英国留学回来，受聘于西南联大地质地理气象学系任教，他将留学英国期间师从土地利用研究的开创者斯坦普教授学习到的土地利用研究方法，迅速运用到以滇池流域实验场的地理国情调查实践之中，联大地理学师生的《云南省呈贡县落龙河区土地利用初步调查报告》《昆明银汁河区的灌溉及土地利用》《云南滇池区域之土地利用》等成为我国最早的土地利用研究成果。还有王云亭、冯绳武、李孝芳、黄秉成等的十余篇滇池流域湖泊、盆地、丘陵、山脉多种地貌的地理调查报告或毕业论文。梅贻琦校长曾为学生王云亭南郊湖滨地理调查，专门致函昆明市政府要求给予协助。在野外考察和实践教学中，增强了师生的国家情怀和报国志向，形成西南联大地理学独特的人才培养模式。海挺的研究印证了汪曾祺《师友故人忆念中·地质系①同学》所记"他们充分认识到他们的工作对于国家的意义，一般说

---

① 汪曾祺对"西南联大地质地理气象学系"的简称。

来，他们的祖国意识比别的系的同学更强烈，更实在"①。这是地质地理气象学系的气质，这种气质在西南联大开启，在参与国情普查的实践中历练，在新中国的建设中传承光大。

清华大学国情普查研究所是西南联大5个应用型特种研究所中唯一的社会科学研究所，专为人口国情普查实验而组建。海挺的研究系统而细致。虽然该所的人口普查只涉及昆明市呈贡一县，人事登记试验只在呈贡、昆阳两县展开，云南环湖市县户籍示范在滇池流域的昆明县、昆阳县、晋宁县、昆明市进行，相较全国国土面积和人口数，既狭蹙又少。但这却是抗日战争艰难环境下，为战后全国科学人口普查和人口管理制度建构的前瞻性预研，不仅是静态的人口普查，而且包含了人口的动态追踪和区域户籍管理的总体实验，国家胸怀与气魄在国情普查所的活动和成就中展现无遗。

梅贻琦校长说，清华大学国情普查研究所工作的目的是，"一旦抗战结束，建国的事业一旦发轫，国家鉴于这种研究的尚非徒劳无功，加以采纳，实行通国普查"。所长陈达教授说，国情普查所以对于国情有适当的认识，并将研究结果贡献于社会，其工作"从一县或一市起，然后推广至一省，最后而至全国"②。著名的社会调查专家、国情普查研究所调查组组长李景汉说：我与社会调查结缘将近二十年了，对于社会调查的意义，"尤为重要者是根据可靠的研究结果，更进一步拟定社会建设计划及实施之具体方案"。"现在清华大学国情普查研究所，就是按照这几个原则正在云南从事实验种种国情普查的工作"，由调查而研究，由研究而实验，由实验而推广，才是最有效、最经济、最合理的建设途径③。正如梅贻琦所言，国情普查是为未来全面启动国家建设做准备。而且，国情普查所成果"一部分是数字，一部分是方法，一部分是和国内外其他研究的比较"④，也将成为学术上最坚实的国情资料和方法论探索，从而惠及多个学科的发展。

事实证明，中华人民共和国成立后，国情普查研究所统计组组长、经

---

① 汪曾祺：《师友故人忆念中》，译林出版社2020年版，第66页。
② 陈达：《现代中国人口》，廖宝昀译，天津人民出版社1981年版，第15页。
③ 李景汉：《社会调查与社会计划》，《时代精神》1940年第3卷第4期。
④ 梅贻琦：《梅序》，载云南环湖户籍示范实施委员会《云南省户籍示范工作报告》，清华大学国情普查研究所1944年版，第6—7页。

济系统计学家戴世光结合西南联大国情普查实验,对1953年我国第一次人口普查进行了理论和统计方法的科学总结,参与指导了1982年第三次全国人口普查等。他作为云南省人口普查办公室的顾问前去昆明指导云南省的人口普查工作,此后与云南大学教授陈旭光等合著《1942—1982年昆明环湖县区人口的变动与发展：一个城乡社区的人口学研究》,不仅充分利用了西南联大国情普查研究所的宝贵资料,更精辟地比较分析了40余年来昆明市人口的城乡变迁与社会经济发展特征,对于丰富和发展人口学、解决实践中的人口现代化问题做了有益的探索。

值得一提的是,海挺与张轲风博士用10年之功,在国家档案馆、各大图书馆和民国各类期刊中钩沉爬梳,将那些大部分尚未正式出版的毁损严重、纸张发黄、字迹漫漶刻印、油印乃至手抄调查报告一一收集、整理、校勘,完成了《西南联大清华大学国情普查研究所人口资料汇编》和《西南联大云南地理调查资料汇编》,总计120余万字,也将随即出版。海挺优秀博士论文和皇皇百余万字的西南联大国情普查原始资料,相互印证、相得益彰,联大之学风得以传承。在这个过程中,我们得到中国人民大学夏明方教授、云南省图书馆的钱秉毅博士和云南大学历史地理学专业的硕士生魏万平、刘园、曹洪刚等的无私帮助,在此一并致谢。

今天云南大学新校区所在的呈贡大学城,正是让80岁高龄的戴世光教授魂牵梦萦的国情普查研究所人口普查勘踏的呈贡百余个村落之地①,他们携一管毛笔、一个小墨盒、一袋普字签、一洋火盒的浆糊、一束调查表入户普查的身影,陈达、李景汉、戴世光等教授在苍松翠柏掩映下的呈贡文庙与日本敌机隆隆声中夜以继日工作的场景②,是这些"名副其实的'知识分子'"③对匹夫有责的国家情怀、严谨务实的学风以及西南联大刚毅坚卓精神的践行与体现,这种精神必将在这片热土上得到继承和传扬。

陆 韧

2021年11月7日于昆明呈贡大学城天水嘉园

---

① 戴世光：《怀念抗战中的西南联大》,载北京大学校友联络处编《笳吹弦诵情弥切：国立西南联合大学五十周年纪念文集》,中国文史出版社1988年版,第24—28页。
② 陈达：《现代中国人口》,廖宝昀译,天津人民出版社1981年版,第15页。
③ 汪曾祺：《师友故人忆念中》,译林出版社2020年版,第66页。

摘　　要

地理与人口是一个国家最基本的国情。本书对西南联大地质地理气象学系地理学组和清华大学国情普查研究所师生在地理与人口国情调查实验的实证研究，目的在于补充学术界对抗日战争时期中国现代科学研究关注的不足，对西南联大现代学术贡献解析的缺失，以及云南在近现代学术发展重要地位的忽视，实现抗日战争时期西南联大在云南进行地理与人口国情调查的综合研究。

上编以西南联大地质地理气象学系地理学组师生为中心，对学者们的学术背景，以及师生们在滇西经济地理与环滇池区域的土地利用调查的起因、经过与成果进行细致的梳理分析，得出以下观点：第一，民国时期的地理国情调查方法，在地理学组师生的地理调查实践中，取得了突破性的进展，近代国际前沿的经济地理与土地利用调查方法在地理国情研究中开始运用和推广。第二，中国地理学学科在抗日战争时期得到显著发展，张印堂滇西经济地理的调查使经济地理学研究开始关注边疆地理问题，出现注重小范围、精细化研究发展趋势，鲍觉民组织的环滇池区域土地利用调查是地区性土地利用调查系统研究的范例，是中国近代区域地理学研究的经典。第三，云南近代地理学在抗日战争时期得到了前所未有的发展，以西南联大地理学组师生为代表的学术界对云南的自然地理与人文地理有了更为深入的研究，奠定了云南现代地理学发展的基础。第四，中国当代著名的一大批地理学家张景哲、孙承烈、黄秉成等，其学术生涯便是在云南的地理调查中奠基的。第五，西南联大地理学组师生的实验研究中，为中国近代的地理国情研究提供了科学又丰富的地理资料。

下编是对西南联大清华大学国情普查研究所的论述，从陈达、李景汉、戴世光三位负责人的学术背景出发，对呈贡县人口普查、呈贡县和昆阳县户籍及人事登记、环滇池三县一市（昆明县、昆阳县、晋宁县、昆明市）户籍示范等诸项工作进行完整解析。历史以来的人口国情研究，在抗日战争时期由清华大学国情普查研究所实现重大突破：第一，国情研究方法的科学化，主要是实验符合中国国情的人口普查、户籍及人事登记，在内容与步骤、统计方法等方面，成为20世纪40年代民国政府拟订1950年全国人口普查方案与制订普查法规的标准。第二，国情研究数据的科学化，民国时期中国国情研究中曾出现社会调查运动，尽管有不少成功的案例，亦不乏泛泛而谈的空洞叙述，国情普查研究所在环滇池区域的人口国情调查研究，不仅把因抗战隔断的社会调查活动传承下来，更倡导了科学的实地调查研究的学术风气，为近代中国国情研究提供了诸多科学的资料。国情普查研究所以环滇池区域作为对象，在这些国情研究的实验中，推动了社会学、人口学、统计学学科的发展，培养了一批优秀的相关领域专家，在师承、学术组织、研究理念和成果等方面形成稳定的"文庙学派"，为抗战时期社会学中国化发展做出了卓著的贡献。

在民国尤其是抗日战争时期，政府机关与学术界人士在抗战救国的感召下，对中国国情进行过深入的调查和研究，但学术界长期对抗日战争时期的国情调查研究缺乏关注，对西南联大在云南的地理学、社会学等学科学术领域内国情调查实验的工作与贡献亦缺乏深入全面的探索。鉴于地理与人口调查在国情研究中的重要作用，本书以抗日战争时期作为时代背景，全面论证了西南联大学者所做的地理与人口国情调查实验在国情研究与现代学术发展中的成就和地位。

关键词：抗日战争时期；西南联大；云南；地理国情调查；人口国情调查

Abstract

Geography and population are the most fundamental national conditions of a country. Based on the empirical research on the geographical and population national conditions survey and experiments conducted by the Geography Group of the Department of Geology, Geography and Meteorology of Southwest Associated University as well as the teachers and students in the National Census Research Institute of Tsinghua University, this paper aims to supplement the insufficient attention by the academia on China's modern scientific research during the Anti-Japanese War period, the deficiency in the modern academic contributions by Southwest Associated University, and the omission of Yunnan in the importance position in modern academic development, and realizes the comprehensive research on the geographical and population national conditions survey conducted by Southwest Associated University in Yunnan during the Anti-Japanese War.

Part I of this paper focuses on the teachers and students in the Geography Group of the Department of Geology, Geography and Meteorology of Southwest Associated University. Based on the detailed analysis of the academic background of the scholars, as well as the causes, process and results of the land use survey conducted by the teachers and students on the economic geography of western Yunnan and the land use survey in the region around Dianchi Lake, this paper comes to the following important arguments. First, the geographical national conditions survey method in the period of the Republic of China made a breakthrough in the geographical survey practice of the teachers and students in the Geography Group. The international frontier economic geography and land use survey methods in the modern times began to be applied and promoted in the geographical national conditions research. Second, China's geography subject went through significant development during the Anti-Japanese War period. Zhang Yintang's survey on the western Yunnan economic geography enabled attention to be paid to the border land geographical issues in economic geography research, and facilitated the development trend of focused research in small scale and more refined research. The Dianchi Lake area land use survey organized by Bao Juemin was an example of systematic research in regional land use surveys, which is a classic study of regional geography in modern China. Third, modern geography of Yunnan has achieved unprecedented development during the Anti-Japanese War period. The academic community represented by the teachers and students in the Geography Group of the Southwest Associated University has conducted a more in-depth study on the physical geography and human geography of Yunnan, which has laid a foundation for the development of modern geography of Yunnan. Fourth, a large number of renowned contemporary Chinese geographers, such as Zhang Jingzhe, Sun Chenglie and Huang Bingcheng, laid the foundation of their academic career in the geographical survey of Yunnan. Fifth, the experimental research by the teachers and students of the Geography Group of Southwest Associated University has provided scientific and abundant geographical data for the study of China's modern geographical national conditions.

Part II of this paper expounds on the National Census Research Institute of Tsinghua University of Southwest Associated University. Starting from the academic background of the three scholars in charge, i. e. Chen Da, Li Jinghan, and Dai Shiguang, this part embarks on a comprehensive analysis of the population census of Chenggong County, the household and personnel registration of Chenggong County and Kunyang County, the household registration demonstration of the three counties and one city in the region around Dianchi Lake (Kunming County, Kunyang County, Jinning County, Kunming City), as well as other tasks. During the Anti-Japanese War, the National Census Research Institute of Tsinghua University made a major breakthrough in the population national conditions research history. First, the research methods of national conditions became more scientific. The study mainly experimented the census, household registration and personnel registration which were in line with China's national conditions. In terms of contents, procedures and statistical methods, the research methods became the benchmark for the government of the Republic of China in the 1940s to draw up the 1950 National Census Plan and formulate census laws and regulations. Second, the research data of national conditions became more scientific. The social survey movement once appeared in China's national conditions research during the period of the Republic of China. Although there were many successful cases, generalized lip service was not uncommon as well. The population national conditions survey research by the National Census Research Institute in the region around Dianchi Lake not only inherited and passed on the social survey practices once cut off by the Anti-Japanese War, but more importantly advocated the academic atmosphere of scientific field investigation and research, providing numerous scientific materials for the study of modern China's national conditions. In the national conditions experiments with the region around Dianchi Lake as subject, the National Census Research Institute promoted the development of disciplines such as sociology, demography, and statistics, trained a group of outstanding experts in the related fields, formed a stable "Confucius School of Thought" in terms of succession of teachings, academic organizations and research ideas and achievements, and made outstanding contributions to the development of adapting sociology in China during the Anti-Japanese War.

In the Republic of China, especially during the Anti-Japanese War, government authorities and scholars carried out in-depth surveys and researches on China's national conditions under the inspiration of Anti-Japanese War and national salvation. However, the academic circles have long paid little attention to the survey and research on China's national conditions during the Anti-Japanese War. There was also a lack of in-depth and comprehensive exploration on the work and contribution of the national conditions survey and experiment by the Southwest Associated University in the academic fields such as geography and sociology in Yunnan. In view of the important role of geographical and population surveys in the study of China's national conditions, this paper takes the Anti-Japanese War period as the historical context to comprehensively demonstrate the achievements and status of the geographical and population national conditions survey and experiment made by the scholars of Southwest Associated University in the study of China's national conditions and the modern academic development.

Key Words: Anti-Japanese War; Southwest Associated University; Yunnan; Geographical National Conditions Survey; Population National Conditions Survey

目 录

导 论 ·· (1)
  第一节 国情调查是认识国情的根本方法 ························· (1)
    一 认识国情的重要性 ·· (1)
    二 历史时期国情调查的特点 ······································ (3)
    三 清末民国时期社会调查运动与国情认识深化 ············· (5)
    四 西南联大在云南的国情调查实验 ···························· (11)
  第二节 相关问题学术综述 ··· (16)
    一 西南联大研究现状 ·· (16)
    二 抗日战争时期的地理学研究 ·································· (21)
    三 社会调查运动研究中的国情调查 ···························· (24)
    四 云南学术史中对西南联大地理与人口国情调查的研究 ······ (25)
  第三节 研究范围的界定 ·· (28)
    一 以抗日战争时期为中心的时间范围 ························· (28)
    二 以云南为中心的空间范围 ······································ (29)
  第四节 研究方法 ·· (31)
    一 地理调查方法 ·· (31)
    二 人口调查方法 ·· (33)
    三 学派和中国化研究方法 ·· (36)

上编 西南联大在云南的地理国情调查实验

第一章 西南联大地质地理气象学系和地理学组总论 ········· (41)
  第一节 西南联大地质地理气象学系的组成 ····················· (41)

第二节　西南联大地质地理气象学系地理学组的教师构成 …………(43)
　　第三节　西南联大地质地理气象学系的学生 ………………………(47)
　　第四节　西南联大地质地理气象学系地理学组的教学与
　　　　　　科研活动 …………………………………………………………(51)
　　　　一　地理学组的教学内容 ……………………………………………(51)
　　　　二　地理学组的科研实践活动 ………………………………………(52)

第二章　西南联大环滇池区域的土地利用调查实验 ……………………(54)
　　第一节　银汁河区的土地利用调查实验 ……………………………(54)
　　　　一　滇池北岸银汁河区域地理 ………………………………………(54)
　　　　二　银汁河区的土地利用调查实验 …………………………………(57)
　　　　三　银汁河区土地利用调查成就 ……………………………………(59)
　　第二节　洛龙河区的土地利用调查 …………………………………(60)
　　　　一　滇池东岸洛龙河区域地理 ………………………………………(60)
　　　　二　洛龙河区土地利用调查过程 ……………………………………(63)
　　　　三　洛龙河区土地利用调查成就 ……………………………………(64)
　　第三节　滇池区域的土地利用调查实验 ……………………………(66)
　　　　一　滇池区域的地理状况 ……………………………………………(67)
　　　　二　滇池区域土地利用调查内容 ……………………………………(68)
　　　　三　滇池区域土地利用调查的成就 …………………………………(70)

第三章　西南联大的滇西经济地理调查实验 ……………………………(73)
　　第一节　张印堂主持的滇西经济地理调查 …………………………(73)
　　　　一　滇西经济地理调查的缘起 ………………………………………(73)
　　　　二　调查路线与过程 …………………………………………………(74)
　　第二节　对滇西自然地理和人文地理认识的深化 …………………(76)
　　　　一　地质与地形 ………………………………………………………(76)
　　　　二　气候 ………………………………………………………………(77)
　　　　三　居民分布 …………………………………………………………(78)
　　第三节　张印堂对滇西经济的调查与规划 …………………………(79)
　　　　一　以一平浪盐煤运输来看交通对滇西经济发展的重要性 ……(79)
　　　　二　以楚雄为中心看滇西蚕丝业发展的潜力 ……………………(83)

三　煤铁等矿产资源对滇西经济及抗战的重要作用 …………（86）
　第四节　张印堂滇西经济地理调查的贡献 ………………………（88）

第四章　西南联大地理国情调查对中国地理学发展的贡献 ………（91）
　第一节　西南联大对云南近代地理学的贡献 ……………………（91）
　　一　抗日战争之前云南地理学的发展 ……………………………（91）
　　二　抗战时期西南联大师生对云南地理学发展的推动 …………（93）
　第二节　西南联大土地利用调查实验的贡献 ……………………（94）
　　一　土地利用调查的两个阶段与学术影响 ………………………（95）
　　二　西南联大对土地利用学的贡献 ………………………………（98）
　第三节　西南联大对中国近代经济地理学的贡献 ………………（99）
　　一　抗日战争之前中国经济地理学的发展 ………………………（99）
　　二　张印堂对经济地理学发展的贡献 ……………………………（100）
　第四节　西南联大对区域地理国情研究的贡献 …………………（102）
　　一　区域地理学的成就 ……………………………………………（102）
　　二　区域地理国情研究的实践 ……………………………………（103）
　第五节　西南联大对地理学人才的培养 …………………………（104）

下编　西南联大在云南的人口国情调查实验

第五章　西南联大清华大学国情普查研究所总论 ………………（109）
　第一节　西南联大清华大学国情普查研究所的建立 ……………（110）
　第二节　国情普查研究所的人员构成 ……………………………（114）
　第三节　国情普查研究所驻所呈贡文庙 …………………………（117）
　第四节　国情普查研究所的主要工作 ……………………………（119）

第六章　国情普查研究所在呈贡县的人口普查实验 ……………（125）
　第一节　有中国化特征的云南呈贡县人口普查方法设计 ………（126）
　　一　呈贡县人口普查的准备 ………………………………………（126）
　　二　呈贡县人口普查的设计 ………………………………………（128）
　第二节　呈贡县人口普查的实施步骤 ……………………………（132）
　　一　进村入户调查阶段 ……………………………………………（132）

二　注重符合中国国情的调查表填写 ……………………… (133)
　　三　数据统计方法的创新 …………………………………… (136)
　第三节　呈贡县人口普查成就 ………………………………… (138)
　　一　《云南呈贡县人口普查初步报告》 ……………………… (138)
　　二　人口普查项目设计的中国化 …………………………… (140)
　　三　人口普查方法的创新 …………………………………… (146)
　　四　人口普查资料统计方法的贡献 ………………………… (147)

第七章　国情普查研究所呈贡县、昆阳县人事登记实验 …… (150)
　第一节　呈贡县、昆阳县人事登记的缘起 …………………… (151)
　第二节　国情普查研究所对呈贡县、昆阳县人事登记的设计 … (154)
　第三节　呈贡县、昆阳县人事登记与统计 …………………… (157)
　第四节　国情普查研究所呈贡县、昆阳县人事登记的成果 … (160)
　　一　《云南呈贡县昆阳县户籍及人事登记初步报告》 ……… (160)
　　二　人事登记项目设计特点 ………………………………… (161)
　　三　呈贡县、昆阳县人事登记的实验意义 ………………… (164)

第八章　国情普查研究所在环滇池区域的户籍示范工作 …… (167)
　第一节　民国政府与学术机构共同推动的户籍示范工作 …… (167)
　　一　环滇池市县政府对户籍示范工作的支持 ……………… (168)
　　二　环滇池的地理人口特点便于开展户籍示范工作 ……… (169)
　第二节　环滇池市县举办户籍示范的过程 …………………… (171)
　　一　国情普查研究所户籍管理的准备 ……………………… (171)
　　二　环滇池市县户籍示范工作 ……………………………… (173)
　　三　户籍示范的统计 ………………………………………… (177)
　第三节　环滇池市县户籍示范的贡献 ………………………… (179)
　　一　对户籍行政的贡献 ……………………………………… (180)
　　二　对户籍法规制定的贡献 ………………………………… (182)

第九章　人口国情认识深化与学术发展 ……………………… (186)
　第一节　人口国情调查与社会学中国化 ……………………… (187)
　　一　社会学中国化的缘起以及学派研究范例 ……………… (188)

二　国情普查研究所与文庙学派的形成 ……………………（191）
　　三　国情普查研究所对社会学中国化的贡献 ………………（195）
第二节　国情普查研究所统计所得科学的中国国情数据 ………（198）
　　一　为环滇池区域提供人口及其相关研究数据 ……………（199）
　　二　为中国社会学研究提供的科学数据 ……………………（200）
第三节　适合中国国情研究方法的示范 …………………………（202）
　　一　环滇池区域人口普查、户籍及人事登记方法的
　　　　示范性 ………………………………………………………（202）
　　二　环滇池区域人口普查对全国人口普查方法的贡献 ……（205）
第四节　环滇池区域国情研究与中国现代学术 …………………（208）
　　一　传播了严谨求实的学风 …………………………………（208）
　　二　环滇池市县的户籍示范对现代国情和学术研究的
　　　　贡献 …………………………………………………………（210）

结　语 …………………………………………………………………（213）

参考文献 ………………………………………………………………（220）

索　引 …………………………………………………………………（238）

后　记 …………………………………………………………………（242）

Contents

Introduction ··· (1)
1 National Conditions Survey is the Fundamental Method to
   Understand National Conditions ································· (1)
   1.1 Understanding the Importance of National Conditions ········· (1)
   1.2 Characteristics of National Conditions Survey in
        History ··· (3)
   1.3 Social Survey Movement and Deepened Understanding of
        National Conditions in the Late Qing Dynasty and the
        Republic of China Period ···································· (5)
   1.4 Survey and Experiment on National Conditions by Southwest
        Associated University in Yunnan ···························· (11)
2 Academic Summary of Related Issues ································ (16)
   2.1 Research Status of Southwest Associated University ········· (16)
   2.2 Geographical Research during the Anti-Japanese War ······ (21)
   2.3 Survey of National Conditions in Social Survey Movement
        Research ··· (24)
   2.4 Study on the Geographical and Population National Conditions
        Survey of Southwest Associated University in the Academic
        History of Yunnan ·· (25)
3 Definition of Research Scope ······································· (28)
   3.1 Time Scope Centered on the Anti-Japanese War
        Period ·· (28)
   3.2 Spatial Scope Centered on Yunnan ························· (29)

4 Research Methods .... (31)
　4.1 Geographical Survey Method .... (31)
　4.2 Population Survey Method .... (33)
　4.3 School of Thought and Adapted Chinese Research Methods .... (36)

Part I　Survey and Experiment of Geographical National Conditions by Southwest Associated University in Yunnan

Chapter One　General Introduction to the Department of Geology, Geography and Meteorology and the Geography Group of Southwest Associated University .... (41)

1　Composition of the Department of Geology, Geography and Meteorology of Southwest Associated University .... (41)
2　Composition of Teachers in the Geography Group of the Department of Geology, Geography and Meteorology of Southwest Associated University .... (43)
3　Students of the Department of Geology, Geography and Meteorology of Southwest Associated University .... (47)
4　Teaching and Scientific Research Activities of the Geography Group of the Department of Geology, Geography and Meteorology of Southwest Associated University .... (51)
　4.1 Teaching Contents of the Geography Group .... (51)
　4.2 Scientific Research and Practice Activities of the Geography Group .... (52)

Chapter Two　Land Use Survey and Experiment by Southwest Associated University in the Region Around Dianchi Lake .... (54)

1　Land Use Survey and Experiment in Yinzhi River District .... (54)
　1.1 Regional Geography of Yinzhi River on the North Bank of Dianchi Lake .... (54)

1.2　Land Use Survey and Experiment in Yinzhi River District ……………………………………………… (57)
　　1.3　Achievements of Land Use Survey in Yinzhi River District ……………………………………………… (59)
2　Land Use Survey in Luolong River District …………… (60)
　　2.1　Regional Geography of Luolong River on the East Bank of Dianchi Lake ……………………………………… (60)
　　2.2　Land Use Survey Process in Luolong River District ……… (63)
　　2.3　Achievements of Land Use Survey in Luolong River District ……………………………………………… (64)
3　Land Use Survey and Experiment in the Region Around Dianchi Lake ……………………………………………… (66)
　　3.1　Geographical Conditions of the Region Around Dianchi Lake ……………………………………… (67)
　　3.2　Contents of Land Use Survey in the Region Around Dianchi Lake ……………………………………… (68)
　　3.3　Achievements of Regional Land Use Survey in the Region Around Dianchi Lake …………………………… (70)

Chapter Three　Survey and Experiment of Economic Geography in Western Yunnan by Southwest Associated University ……………………………………………… (73)

1　Economic Geography Survey of Western Yunnan Organized by Zhang Yintang ………………………………………… (73)
　　1.1　Origin of Economic Geography Survey in Western Yunnan ……………………………………………… (73)
　　1.2　Survey Route and Process …………………………… (74)
2　Deepened Understanding of Physical Geography and Human Geography in Western Yunnan ……………………………… (76)
　　2.1　Geology and Topography ……………………………… (76)
　　2.2　Climate ………………………………………………… (77)
　　2.3　Resident Distribution ………………………………… (78)

- 3 Zhang Yintang's Survey and Planning of Western Yunnan Economy ······ (79)
  - 3.1 Importance of Transportation to the Economic Development of Western Yunnan from the Perspective of Yipinglang Salt Coal ······ (79)
  - 3.2 Development Potential of Silk Industry in Western Yunnan from the Perspective of Chuxiong as the Center ······ (83)
  - 3.3 Important Role of Coal, Iron and Other Mineral Resources in the Economy of Western Yunnan and the Anti-Japanese War ······ (86)
- 4 Zhang Yintang's Contribution to the Economic Geography Survey of Western Yunnan ······ (88)

Chapter Four Contributions of the Geographical National Conditions Survey by Southwest Associated University to China's Geography Development ······ (91)

- 1 Contribution of Southwest Associated University to Modern Geography of Yunnan ······ (91)
  - 1.1 Development of Yunnan Geography before the Anti-Japanese War ······ (91)
  - 1.2 Promotion of the Development of Yunnan Geography by Teachers and Students of Southwest Associated University during the Anti-Japanese War ······ (93)
- 2 Contribution of Southwest Associated University Land Use Survey and Experiment ······ (94)
  - 2.1 Two Stages of Land Use Survey and its Academic Impact ······ (95)
  - 2.2 Contribution of Southwest Associated University to Land Use Science ······ (98)
- 3 Contribution of Southwest Associated University to China's Modern Economic Geography ······ (99)

  3.1 Development of China's Economic Geography before the Anti-Japanese War ……………………………………… (99)
  3.2 Zhang Yintang's Contribution to the Development of Economic Geography ……………………………………… (100)
 4 Contribution of Southwest Associated University to the Research on Regional Geographical National Conditions ………………… (102)
  4.1 Achievements in Regional Geography …………………… (102)
  4.2 Practices of Research on Regional Geography National Conditions ……………………………………………… (103)
 5 Training of Geography Talents by Southwest Associated University ……………………………………………………… (104)

Part II Population National Conditions Survey and Experiment by Southwest Associated University in Yunnan

Chapter Five General Introduction of the National Census Research Institute of Tsinghua University of Southwest Associated University ……………………………………… (109)
 1 Establishment of the National Census Research Institute of Tsinghua University of Southwest Associated University ………… (110)
 2 Personnel Composition of the National Census Research Institute ……………………………………………………… (114)
 3 National Census Research Institute Branch in Chenggong Confucius Temple ……………………………………………… (117)
 4 Main Work of the National Census Research Institute ………… (119)

Chapter Six Census Experiment by National Census Research Institute in Chenggong County ……………………… (125)
 1 Census Method Design of Chenggong County, Yunnan Province with Chinese Characteristics ……………………………… (126)
  1.1 Preparation of Census in Chenggong County …………… (126)

1.2 Design of Census in Chenggong County ········· (128)
2 Implementation Steps of Population Census in Chenggong County ········· (132)
    2.1 Village Household Survey Stage ········· (132)
    2.2 Focus on Filling in the Questionnaire in Line with China's National Conditions ········· (133)
    2.3 Innovation in Data Statistical Methods ········· (136)
3 Achievements in the Census of Chenggong County ········· (138)
    3.1 Preliminary Report on the Census of Chenggong County, Yunnan Province ········· (138)
    3.2 Census Project Design Adapted to Chinese Situations ········· (140)
    3.3 Innovation in Census Methods ········· (146)
    3.4 Contribution of Census Data Statistical Methods ········· (147)

Chapter Seven Personnel Registration Experiment of Chenggong County and Kunyang County by National Census Research Institute ········· (150)

1 Origin of Personnel Registration in Chenggong County and Kunyang County ········· (151)
2 Design of Personnel Registration in Chenggong County and Kunyang County by National Census Research Institute ········· (154)
3 Personnel Registration and Statistics of Chenggong County and Kunyang County ········· (157)
4 Achievements of Personnel Registration in Chenggong County and Kunyang County by National Census Research Institute ········· (160)
    4.1 Preliminary Report on Household and Personnel Registration in Chenggong County and Kunyang County in Yunnan ········· (160)
    4.2 Design Features of Personnel Registration Project ········· (161)
    4.3 Experimental Significance of Personnel Registration in Chenggong County and Kunyang County ········· (164)

Chapter Eight Household Registration Demonstration Work by the National Census Research Institute in the Region Around Dianchi Lake (167)

1 Household Registration Demonstration Work Jointly Promoted by the Government of the Republic of China and Academic Institutions (167)

    1.1 Support by the Municipal and County Governments in the Region Around Dianchi Lake for Household Registration Demonstration Work (168)

    1.2 Geographical Population Characteristics in the Region Around Dianchi Lake are Conducive to Household Registration Demonstration Work (169)

2 Process of Household Registration Demonstration Held by Cities and Counties in the Region Around Dianchi Lake (171)

    2.1 Preparation of Household Registration Management by the National Census Research Institute (171)

    2.2 Household Registration Demonstration Work in the Cities and Counties in the Region Around Dianchi Lake (173)

    2.3 Statistics on Household Registration Demonstration (177)

3 Contribution of Household Registration Demonstration in the Cities and Counties in the Region Around Dianchi Lake (179)

    3.1 Contribution to Household Registration Administration (180)

    3.2 Contribution to the Formulation of Household Registration Regulations (182)

Chapter Nine Deepened Understanding of Population National Conditions and Academic Development (186)

1 Population National Conditions Survey and Adapting Sociology in China (187)

    1.1 Origin of Adapting Sociology in China and its Research Examples (188)

1.2　National Census Research Institute and the Formation of Confucius School of Thought …………………… (191)
　　1.3　Contribution of National Census Research Institute to Adapting Sociology in China …………………… (195)
2　Scientific Data on China's National Conditions Obtained by the Statistics of National Census Research Institute ………………… (198)
　　2.1　Providing Population and Related Research Data for the Region Around Dianchi Lake …………………… (199)
　　2.2　Providing Scientific Data for China's Sociological Research …………………… (200)
3　Demonstration of Research Methods Suitable for China's National Conditions …………………… (202)
　　3.1　Exemplary Effect of the Population Census, Household and Personnel Registration Methods in the Region Around Dianchi Lake …………………… (202)
　　3.2　Contribution of the Census of the Region Around Dianchi Lake to National Census Methods …………………… (205)
4　Research on National Conditions of the Region Around Dianchi Lake and Modern Chinese Academia …………………… (208)
　　4.1　Spreading a Rigorous and Realistic Style of Study ……… (208)
　　4.2　Contribution of the Household Registration Demonstration of the Cities and Counties in the Region Around Dianchi Lake to Modern National Conditions and Academic Research …………………… (210)

Conclusions …………………… (213)

Reference …………………… (220)

Index …………………… (238)

Epilogue …………………… (242)

导　　论

实验是为检验某种科学理论或假设而进行某种操作或从事某种活动，多用于科学研究方面。科学的国情调查，需要有科学的理论与方法做指导，故国情调查实验是科学地进行国情研究的重要基础工作。

第一节　国情调查是认识国情的根本方法

民国时期是中国大变革的时代，尤其在抗日战争时期，系统认识中国国情成为全面调动抗战力量和建设国家的重大问题，亟须民国政府与学术界人士进行全方位的探索。

一　认识国情的重要性

国情是指一个国家的基本情况，是一个国家相对稳定的、总体的客观实际情况，以及那些对经济发展起决定作用的最基本、最主要的发动因素和限制因素，这些决定着一个国家长远发展的基本特点和大致轮廓[①]。国情包括一个国家的社会性质、政治、经济、军事、外交、人口、科技、教育、文化、民族、宗教、环境、资源等 10 多个主要方面。其中"社会性质、政治、经济、军事、外交、人口、科技、教育、文化、民族"都是一个国家的行为主体的活动而形成的"人"和人的活动。国情中的客观要素是"环境"和"资源"。"环境"和"资源"均有广义和狭义的特点，狭义而言，"环境"常指地理环境，"主要是指地表自然和人文地理

---

① 胡鞍钢：《中国政治经济史论（1949—1976）》，清华大学出版社 2007 年版，第 8 页。

要素的空间分布、特征及其相互关系，是基本国情的重要组成部分"①，在传统社会，"资源"一词的狭义含义主要指地下资源，即矿产资源等。

"国情"在理论高度的层面上则是指"在特定时间内，一个国家的空间环境和社会主体所采取的独特生存方式和由他们结成的特殊社会结构及其演进形式"②。所谓"特定的空间"，"是指一个国家赖以存在的自然载体，是人类生存、发展的最基本物质前提，主要包括地理位置、地理地貌、自然资源、气候条件诸因素"，简言之即地理国情③。国情中另一核心内容为"社会主体"，"是指由一定数量的社会个体所组成的一个国家的国民群体"，简言之则为"人"。因此，国情最核心的内容则为地理国情与人口国情。

认清地理国情，"是掌握地表自然、生态以及人类活动基本情况的基础性工作"④。2013年国务院启动了"第一次地理国情普查工作"，目的是"开展全国地理国情普查，系统掌握权威、客观、准确的地理国情信息，是制定和实施国家发展战略与规划、优化国土空间开发格局和各类资源配置的重要依据，是推进生态环境保护、建设资源节约型和环境友好型社会的重要支撑，是做好防灾减灾工作和应急保障服务的重要保障，也是相关行业开展调查统计工作的重要数据基础"⑤，这段话全面深刻地概括了认识地理国情的重要性。

人口国情表现为一个国家的人口数量、人口质量和人口分布等人口基本情况，"人口不仅有生物属性，而且还具有社会属性，即人口作为社会群体而相互结成一定关系的区别于其他动物的那种独特的性质"⑥。而国家的人口国情决定和影响着一个国家的社会经济结构、政治结构和思想文化结构，因此，一个国家的人口数量、人口质量和人口分布等是研究国情

---

① 《国务院关于开展第一次全国地理国情普查的通知》，《中华人民共和国国务院公报》2013年第8期。

② 蒋立文、王班超：《浅析国情的定义与研究方法》，载中国现代史学会秘书处、中共遵义市委党史研究室《近现代史与国情问题研究》，贵州人民出版社1993年版，第448页。

③ 杨东升：《国情学》，南京大学出版社1992年版，第6页；《国务院关于开展第一次全国地理国情普查的通知》，《中华人民共和国国务院公报》2013年第8期。

④ 《国务院关于开展第一次全国地理国情普查的通知》，《中华人民共和国国务院公报》2013年第8期。

⑤ 《国务院关于开展第一次全国地理国情普查的通知》，《中华人民共和国国务院公报》2013年第8期。

⑥ 吴坤仪等主编：《现代人口理论与实践》，云南人民出版社1996年版，第58页。

的核心问题。

现代国际社会普遍认为人口普查和地理国情普查是科学、准确的国情研究方法。我国在2013年才启动第一次全国地理国情普查，在国务院发布的《国务院关于开展第一次全国地理国情普查的通知》中明确指出，全国地理国情普查的"普查对象：我国陆地国土范围内的地表自然和人文地理要素。普查内容：一是自然地理要素的基本情况，包括地形地貌、植被覆盖、水域、荒漠与裸露地等的类别、位置、范围、面积等，掌握其空间分布状况；二是人文地理要素的基本情况，包括与人类活动密切相关的交通网络、居民地与设施、地理单元等的类别、位置、范围等，掌握其空间分布现状"[①]。严格科学意义上的人口国情认识必须通过人口普查来实现，"人口普查（population census）指在统一确定的时点，按照统一的调查表式、项目和填写方法，由政府组织对全国或一个地区的全部人口的社会、经济特征资料，逐人地进行搜集、整理、汇总、评价、分析和公布的全过程"[②]。人口普查是世界各国广泛采用的搜集人口资料的一种最基本的科学方法，是提供全国人口国情数据的主要来源。我国科学意义上严格的人口普查是1953年第一次全国人口普查，至今已经进行了7次。因此，中国国情最科学的国情认识是在1949年后，在党中央和国务院的领导下才真正实现，但是我国对国情认识的起源和发展则经历了数千年的探索。

二 历史时期国情调查的特点

我国很早就将地理国情和人口国情作为治国理政的基础。《诗经·小雅·北山》有云："普天之下，莫非王土；率土之滨，莫非王臣。"这句话表达了古人朴素的一种国情认识观念，即土地与人口，是构成"王"国的主体，这句话也是传统农业社会中，国家（即皇帝、王朝）对版图内最重要的国情土地、人口认识的最直白表达。中国数千年的文明史，从根本上说是一部农业社会史，农业社会是我国传统帝制时代的基本特征，

---

① 《国务院关于开展第一次全国地理国情普查的通知》，《中华人民共和国国务院公报》2013年第8期。

② 沈益民：《人口普查》，载中国大百科全书总编辑委员会《社会学》编辑委员会、中国大百科全书出版社编辑部编《中国大百科全书·社会学》，中国大百科全书出版社1991年版，第239页。

在传统农业社会的基本国情中，地表地理环境及其地理环境影响下的农业生态归结起来成为历朝历代统治者最关注的土地问题；在前工业社会，我国的传统农业是一个完全靠人力耕作的时代，人力即劳动力，而劳动力的数量和质量（在此主要指年龄结构、农业生产技能等）决定着农业开发和农业发展的程度，同时是决定国力盛衰的重要表征，因为在以人头计税的传统帝制时代，土地和人口赋税是国家财政的基本来源。正如马琦在其博士学位论文中指出的前帝制社会时代，历代王朝国家的基本资源为土地、人口；国家专控的特需资源为矿产，认为"土地和人口是历代王朝最重视的基本资源，通过土地、赋税、户籍制度加以管理"。"而矿产是古代铸造工具、武器和货币的主要原料，与社会发展密切相关。兹有人口、土地、矿产三种资源。"① 所以，历代统治者治国理政最关注的国情是土地、人口。故历代史籍和政书都对各朝的土地、人口进行专门记载，反映出中国传统农业社会国情认识的特点和局限，即以赋役征收为目的来认识国情特征，同时也说明农业社会国情最重要的内容即土地（耕地）和人口（劳动力）。

仅以明清两朝为例，历史时期对人口的统计，是以征收赋税为主要目的的。明代从洪武三年（1370年）起逐渐建立了对户口进行记录统计的户帖制度，《明史·食货一·户口田制》曰"太祖籍天下户口，置户帖、户籍，具书名、岁、居地。籍上户部，帖给之民。有司岁计其登耗以闻"。此户帖有几个特点，一是户口登记的范围面向全国，二是户口登记表式和内容全国统一，三是依此编制《条鞭赋役册》（即《赋役全书》）、黄册，建立人口的组织形式里甲制度②。洪武年间的户帖制度，尽管有其不足之处，如对卫所的军人和家属、少数民族人口等均未登记，但因为有官员参与调查，军队参与复查，相比较历史时期的人口统计数字来看，其整体的质量相对较高，这是学术界对洪武初年人口调查的基本态度。

清代对土地国情与人口国情的统计和认识主要依靠重立赋役簿籍，整顿赋役制度来进行，形成系统的赋役册簿有三种：第一种是《赋役全书》，是清代系统登录全国各地的赋役数额的册籍。第二种是丈量册，详载田地的形状、大小以及上、中、下田制等土地基本的分类内容。第三种

---

① 马琦：《国家资源：清代滇铜黔铅开发研究》，博士学位论文，云南大学，2011年。
② 曹树基：《中国人口史》第4卷，复旦大学出版社2000年版，第58页。

是黄册，核心是详载人户登耗、各项赋税预征的数额，是清代由户部统一汇总人口国情的动态统计。

以康熙五十一年（1712年）为界，明清时期有关人口的统计因赋税政策的改变发生了重大的变化，葛剑雄指出，"从理论上说，从清康熙五十一年（1712年）实行新增人口'永不加赋'以后，户口登记已经与赋税征收脱钩，户口统计已经成为真正的人口调查了"①。但因为保甲编查中有人为编造户口的现象，这一时期的统计人口与实际人口仍有一定程度的偏离，总的趋势则是偏低②。

总之，尽管传统帝制时代已经对土地、人口基本国情有深刻的认识，但是至少在清末以前，基于赋役征收的需要，国家对国情关注的地理空间与社会行为主体的重大内容主要集中在土地与人口方面。以明清时期为代表，明代通过"鱼鳞图册"和"开方法"，对全国的土地进行了较为全面的测量，清代通过"摊丁入亩"加强了对土地的管理和控制，但对人口的认识主要停留在与赋税有关的丁口方面，"摊丁入亩"之后虽然登记的人口已经包括了全部人口，统计的结果却与实际人口还有很大的差距。由此可见，以明清为代表，中国古代对国情的认识，有较大的局限性，不仅关注的内容有限，在成就显著的土地、人口方面亦有很大不足，并未真正全面认识国情。

三　清末民国时期社会调查运动与国情认识深化

清末以来，中国社会正发生着由传统向近代化社会变迁。中国的国情从单一农业社会向以近代工业兴起的多元经济结构的现代社会转变，对于国情的基本认识已经不能仅仅局限于传统的土地（耕地）、人口（农业劳动力）简单项目的认知。同时，随着西学东渐，各种新兴的现代社会科学引入，近代地理学的发展，特别是中国近代化的发展要求对中国国情认识跳出土地（耕地）、人口（农业劳动力）简单项目的窠臼，由土地（耕地）向更全面细致的地理国情调查推进；对人口（劳动力）也向人口国情所应包含的全体国民人口数量、人口质量、职业状况、受教育程度等要素的人口调查或人口普查发展。这种变化在清政府最后的挣扎中已经开

---

① 葛剑雄：《中国人口史》第1卷，复旦大学出版社2002年版，第125页。
② 姜涛：《中国近代人口史》，浙江人民出版社1993年版，第55页。

始,晚清政府试图通过多种调查统计对中国的国情进行更为广泛的认识,寻求挽救其颓势的方法,从而引发清朝政府组织的国情调查统计的转型。

(一) 清末社会调查统计与国情认识的萌发

晚清西方的社会调查与统计逐渐成为清政府认识国情的主要方法。1906年清政府宣布"预备立宪",专设考察政治馆,次年改为宪政编查馆,下设编制和统计两局,在各省又设立调查局,在各部院设立统计处。统计局专办全国统计事宜,"至统计一项,所以验国计盈绌、国势强弱参互比较,以定施政之方。故宜内考全国之情势,外觇世界之竞争,此后各部院、各省应就其所管之事详细列表,按期咨送臣馆。臣馆总汇各表即以推知国家现势之若何"①。由此可见,统计局的主要工作,就是为"国势强弱""考全国之情势"等国情认识提供调查统计资料,为"推知国家现势"和"定施政之方"提供科学的依据。以统计局为主,清政府有关的国情调查统计有户口调查、民情风俗调查、民商事习惯调查、矿务调查、学务调查等。

清末对人口国情的认识得益于民政部组织的户口调查,这次调查于光绪三十四年(1908年)订立调查户口计划,政府颁布"清查户口条例",第二年的工作为调查各省人户总数,第三年汇报各省人户总数,编订户籍法,第四年实行户籍法,宣统元年(1909年)颁行填造户口格式,宣统二年进行调查②。虽然这是一次试图不以赋役征收为目的,而为全面清查户口和认识人口国情为目的的人口调查,但实际上相当粗糙并缺乏严谨的科学性。因为其实以户为单位,而非以行为主体的人为单位的清查,当时"规定关内十八省每户按5.5口计算,而关外每户则按8.38口计算"③,还是中国传统的粗糙估算式人口数量统计,可以想象是相当不准确的,所以未能实现真正的人口国情调查。宣统年间的人口调查,尽管存在较大数量的误差与漏报,尤其人口数字仍然是估计所得,但其为民国时期以人口为主要方面的国情认识与研究提供了借鉴。

中国传统官方对国情认识的局限,促使清末仁人志士参与到国情调查

---

① 《军机处王大臣奏遵旨改考察政治馆为宪政编查馆拟订办事章程折附片并清单》,载上海商务印书馆编译所编纂《大清新法令(1901—1911)》第2卷,荆月新等点校,商务印书馆2011年点校本,第9页。

② 李惠村、莫日达:《中国统计史》,中国统计出版社1993年版,第220页。

③ 李惠村、莫日达:《中国统计史》,中国统计出版社1993年版,第221页。

之中来，并对国情调查的重要性逐渐有了认识。如梁启超1910年在《中国国会制度私议》中讲道，"天下无论何种制度，皆不能有绝对之美，惟当以所施之国适与不适为衡。离国情以泛论立法政策，总无当也"①。以预备立宪与孙中山领导的辛亥革命为代表，清代末期是中国历史以来社会结构发生重大转变的时代，这一转变的核心动力，是清朝的政治体制已经不符合当时中国的国情，孙中山所领导革命的成功，正是源自他对中国国情的深刻认识。

李章鹏曾对清末957个中国人在国内的调查进行过梳理，发现其内容主要集中在"社会调查、政治调查、经济调查、文化教育调查"等类，在1903年后有显著增长的轨迹，其促成了政府调查机构与调查统计活动的展开，但其中的不足也是十分明显的，清末的社会调查仅仅描述了社会现象，几乎没有哪个调查达到科学认识社会的程度②。总之，政治制度的变革是清末国情的重大变化，清政府及个人对国家人口、社会、矿务等国情的调查，尽管成果不多，但为民国时期国情研究的全方位展开奠定了政治与学术基础。

（二）民国时期中国社会调查运动与国情认识的高潮

民国时期中国社会在激荡中进步，政党领导人、民国政府、社会群体乃至学者个人都对认识国情的重要性有了新的理解。民国时期的学者认为国家之要素有三，曰土地、曰人民、曰统治权③。其中土地是地理环境的基本情况，是国家和民族赖以生存和发展的必要条件④，而"土地非人民不辟，政事非人民不举，故三者之中，人民尤居重要"⑤。明清时期有关中国国情的认识，主要集中在土地与人口等上述两个核心要素之中。清末时期，以辛亥革命为代表，使中国的社会结构发生了重大变革，同时有关国情的认识与研究也出现了新的进步。

基于上述认识，民国时期掀起了以社会调查运动为特征的国情认识高潮。毛泽东说"认清中国的国情，乃是认清一切革命问题的基本

---

① 梁启超：《中国国会制度私议》，《国风报》1910年第13期。
② 李章鹏：《清末中国现代社会调查肇兴刍论》，《清史研究》2006年第2期。
③ 周维翰：《国权论》，《政论》1908年第5期。
④ 陈尔寿：《地理教育与地理国情》，人民教育出版社1997年版，第300页。
⑤ 张维：《张序》，载云南环湖户籍示范实施委员会《云南省户籍示范工作报告》，清华大学国情普查研究所1944年版，第2页。

的根据"①,他提出"没有调查,就没有发言权"的国情认识方法,身体力行,亲自对中国农村进行深入调查,撰著了不朽的《湖南农民运动考察报告》②,在调查研究的基础上,在深刻认识中国国情的条件下,制定适合中国国情的方针政策,指导中国共产党和中国人民最后取得革命的成功。这是民国时期社会调查运动认识国情的典范。

据黄兴涛、夏明方的研究,清末民国的社会调查运动"大体兴起于戊戌时期及20世纪初年。1897年的《农学报》上已有关于中国地方土产的调查报告发表。1903年前后,浙江、江苏、湖北等留日学生同乡会相继成立专门的社会调查组织,设计并进行了有计划的社会调查"③。民国时期,社会调查运动轰轰烈烈,"不仅政府部门继续组织全国范围的人口调查和地方性的物价调查,社会团体和组织为了改良社会,高校、科研单位和学者个人出于学术认知目的,也都进行了大量有关教育、经济和民族、民俗等方面的社会调查。国民政府建立后至20世纪30年代中后期,社会调查更是形成了一个高潮"④。一般认为民国社会调查运动最兴盛的时期是1918—1937年⑤。据刘育仁统计,1927—1935年间社会调查的各类报告数量为9027种⑥,黄兴涛和夏明方的估计,清末至民国时期社会调查的报告总量不下于3万种,其调查内容涉及政治、经济、军事、文教、卫生、交通、婚姻家庭、宗教、习俗、人口、社会阶层与组织、灾害与环境等各个方面,丰富至极⑦。民国时期的社会调查运动是史无前例的国情认识深化运动,概括起来对中国国情的调查研究出现了两条主线:一是政府机构组织的国情调查统计,二是学者或学术团体主持的国情相关研究。

第一,政府机构对国情的调查统计。孙中山在《建国大纲》中讲道,"在训政时期,政府当派曾经训练考试合格之员到各县协助人民筹备自

---

① 《毛泽东选集》第2卷,人民出版社1991年版,第633页。
② 毛泽东:《湖南农民运动考察报告》,人民出版社1975年版。
③ 黄兴涛、夏明方:《编者前言:清末民国社会调查及其学术内蕴》,载黄兴涛、夏明方主编《清末民国社会调查与现代社会科学兴起》,福建教育出版社2008年版,第3页。
④ 黄兴涛、夏明方:《编者前言:清末民国社会调查及其学术内蕴》,载黄兴涛、夏明方主编《清末民国社会调查与现代社会科学兴起》,福建教育出版社2008年版,第3—4页。
⑤ 阎明:《中国社会学史:一门学科与一个时代》,清华大学出版社2010年版,第84页。
⑥ 赵承信:《社会调查与社区研究》,《社会学界》1936年第9期。
⑦ 黄兴涛、夏明方:《清末民国社会调查及其学术内蕴》,《中国图书评论》2008年第11期。

治，其程度以全县人口调查清楚，全县土地测量完竣"①，所以民国初年政府机构的国情调查依然延续了传统帝制时代人口、土地为重点的特征。但是已经不再是沿用保甲法的官方统计，而是要求深入"始成为一完全自治之县"为示范的基础上，探讨科学方法，再向全国推广。遵此遗训，1928年南京国民政府拟定《户口编查条例》《人事登记条例》，推行全国人口调查②。从而使我国的人口国情认识从为国家赋役征收服务和以户为单位的调查统计迈入以"社会行为主体"的个人为调查对象的人口调查时代。随后，1931年国民政府内政部组织了全国各县市土地调查，1935年出版了《全国各县市土地人口调查》③，是民国时期土地与人口统计的重要成果。总之抗日战争前，中央政府为了搞清楚中国的土地与人口等国情的基本情形，多次进行相关的调查统计，但结果却不甚理想，应当说，抗战前民国政府的人口国情认识还处于尚未覆盖全国的人口调查水平上，还未进入国际公认的通过科学的人口普查来全面准确认识人口国情的阶段，因而连最基本的全国人口总数这一国情都未搞清。由于民国时期我国已经处于传统农业社会向近代化转型时期，民国政府因对土地的认识有所局限，尚未启动全国性的土地调查，更不用说地理国情普查。除了土地与人口等基本国情外，国民政府的各级行政单位还对其他财政、教育、司法、矿冶、物产等与国情有关的材料进行过统计，有多种类型的年鉴和统计报告发表和出版，这些成果极大地丰富了有关国情的资料，提高了对国情认识的广度与深度。

第二，个人和学术团体组织的国情研究。"调查和统计本是近现代人们认识客观世界的两大有力工具。在现实中，人们因统计而需调查，因调查而利用统计。"④ 民国以来，学者个人以及学术团体在借鉴西方调查和统计等学术研究方法的基础上，对中国国情展开了全方位的深入探索。这一国情认识深化的过程，随着社会调查研究的兴盛而推进。

清末以来兴起的社会调查潮流，到民国时期达到了新的高度，从这些

---

① 孙中山：《国民政府建国大纲（1924年1月23日）》，载中国社科院近代史所等编《孙中山全集》第9卷（1924.1—1924.3），中华书局2011年版，第126—128页。
② 侯杨方：《中国人口史》第6卷，复旦大学出版社2005年版，第62—63页。
③ 民国内政部统计司：《全国各县市土地人口调查》，内政部统计司1943、1935年版。
④ 黄兴涛、李章鹏：《现代统计学的传入与清末民国社会调查的兴起》，载黄兴涛、夏明方主编《清末民国社会调查与现代社会科学兴起》，福建教育出版社2008年版，第1—46页。

社会调查的内容来看，其已经包括了国情研究的全部内容，可以说，正是这些丰硕的社会调查，与政府组织的各种统计，促使了民国时期国情研究的升华。至此，我们不禁要问，是什么因素促成了民国时期国情研究的繁荣？经过梳理，本书提出以下几点：

第一，内忧外患的政治与社会环境。中华民国确立了新的政治体制，但并不一定完全适合中国国情，所以在很长时间内有军阀割据和政党之争，抗日战争的爆发，更是直接导致了国人对国情国力的全面探索，以求得救亡图存。在这样的政治与社会环境中，民国政府推行自治，需要对广大农村地区的情形有深入了解；共产党要斗争和革命，需要对社会阶层有深入研究，以调查无产阶级的力量；当抗日战争爆发后，调动一切资源和力量来参与抗战成为现实需要，对国家自然资源与人力资源的研究，成为时代的急切命题。因此在政府与研究机构的推动下，对国情的调查统计，一直持续而热切地进行着。

第二，现代科学研究方法的传入。民国时期中国对西方科学的学习已经从翻译介绍阶段发展到实践应用的方向，尤其是直接留学欧美的学者，归国后成为中国现代科学研究的开拓者。科学的国情研究方法主要依赖于现代学科在中国的形成和传播，对国情研究产生重要影响的学科较多，但对国家地理空间研究产生重大贡献的主要是地理学、地质学等相关学科，尤其地理学，对中国的自然环境、人文环境等地理国情进行了前所未有的调查和研究，同时在地理学的分支学科经济地理、土地利用等视野下，为中国现代的国情认识与研究提供了诸多科学丰硕的资料。对于社会行为主体的人口及其相关问题的研究，则依赖社会学和统计学的发展，统计学作为社会调查和研究的重要方法，与社会学相辅相成，密不可分，民国时期诸多优秀的社会学家同时也是著名的统计学家，如陈达、李景汉、陈长蘅等，正是在他们的推动下，中国的社会学、人口学、统计学、经济学等学科逐渐发达兴盛起来，对国情进行全面调查的社会调查运动也正是与他们教授和传播的现代科学研究方法紧密相关。

第三，学者们的爱国情怀。与孙中山、毛泽东等以改变国家社会结构与政治体制来救国不同，民国时期的学者们以学术救国、科学救国为己任，尤其在抗日战争时期，这种情怀表现得更加突出。陶孟和指出，"（士大夫）每每不顾国情，盲目地整个把西洋的各种主义和制度，介绍到中国来。以为只要学得惟妙惟肖，便是社会的福利。哪知道主义和制度介绍得越多,中国的社会,反到越发紊乱越发黑暗了。于是一部分有识之士,看出这种只模仿他人而不认识自己的流弊,便起而提倡社会调查运动。主张用科学的精密的方法,研究我们自己的现实社会。我们必须先认识自己的社会,然后才可以根据这认识规定改进社会的计划"①。陶孟和的这段话,表现了民国时期中国学术面对西学,从政治制度向现实社会认知的国情认识观念的转变。孙本文指出,"大体言之,我国社会调查运动,发源于各大学,逐渐推广至各机关团体。其中比较有贡献者为陶孟和、陈达、李景汉三氏"②。陈达和李景汉是中国第一代社会学家,他们之所以能够推动社会调查运动,正是源自他们强烈的爱国情怀和对中国国情的深刻认知。

在中国知识分子家国情怀与学术发展的背景下,社会调查运动成就了我国国情认识一次飞跃性的深化,"整个清末民国时期,社会调查报告的数量大,载体多,实在很难全部收罗"③。全国范围内如火如荼的社会调查运动随着日本帝国主义的侵略和抗日战争的爆发几乎戛然而止。因此大凡研究民国时期社会调查运动的学者,基本认为这一运动的时间起点为1918年,终止于1937年④,最盛行的时期则为1928年至1935年⑤。

四 西南联大在云南的国情调查实验

日本帝国主义的侵略虽然严重危害了社会调查运动的发展,但是,国情调查与国情认识的探寻并未终止,而是在艰苦的抗日战争环境中,由西南联大向云南的转移中坚持着,西南联大长期在云南为战后国家建设服务而进行的这些国情调查,在国情的深化认识上和中国现代社会科学的发展史上具有继绝兴亡的重要意义。

(一)西南联大地质地理气象学系师生的地理国情调查

西南联大的地质地理气象学系师生及其参与的国家资源委员会在云南环滇池地区进行了深入的地理考察,开启了中国土地利用调查的先河,是

---

① 陶孟和:《陶序》,载李景汉《定县社会概况调查》,上海人民出版社2005年版,第5—6页。
② 孙本文:《当代中国社会学》,商务印书馆2011年版,第234页。
③ 黄兴涛、夏明方:《清末民国社会调查及其学术内蕴》,《中国图书评论》2008年第11期。
④ 阎明:《中国社会学史:一门学科与一个时代》,清华大学出版社2010年版,第84页。
⑤ 刘育仁:《中国社会调查运动》,燕京大学法学院社会学系学士学位论文,1936年,转引自黄兴涛、夏明方《清末民国社会调查及其学术内蕴》,《中国图书评论》2008年第11期。

在历史时期土地丈量、登记等传统基础上，进行科学地理国情研究的深化。主要成果有：

1. 范金台、孙承烈：《昆明银汁河区的灌溉及土地利用》，《地理学报》1941年第8卷第1期。

2. 鲍觉民、张景哲：《云南省呈贡县落龙河区土地利用初步调查报告》，《地理学报》1944年第11卷第1期。

3. 程潞、陈述彭、宋铭奎、黄秉成：《云南滇池区域之土地利用》，《地理学报》1947年第14卷第2期。

上述文献是西南联大地质地理气象学系教授带领学生，在西南联大驻地昆明及滇池环湖地区进行地理调查的成果。1940年鲍觉民从英国留学归来便开始带领并指导学生在环滇池地区进行土地利用调查的实践。1941年，范金台、孙承烈完成《昆明银汁河区的灌溉及土地利用》。该报告是范金台、孙承烈在鲍觉民参与指导下完成的，全文15000字，对银汁河区的位置、地形、气候、土壤、居民分布均进行了细致的调查和统计，并在梳理银汁河开掘历史的同时，对本区的河渠分布、土地利用进行了科学的分类和总结，并绘制了银汁河区的土地利用图。1942年鲍觉民与学生张景哲在呈贡县洛龙河（即落龙河）区进行土地利用调查，1944年发表《云南省呈贡县落龙河区土地利用初步调查报告》。该调查报告全文共五章近15000字，对土地利用调查工作的经过，呈贡县的经济社会情况，洛龙河区自然环境、土地利用现状及展望等诸方面进行了全面论述。1945—1946年鲍觉民的学生黄秉成同程潞、陈述彭等学者在资源委员会的资助下，对环滇池区域的土地利用进行了调查，完成《云南滇池区域之土地利用》，1947年刊出，全文共25000字，附表3种，绘土地利用图4种，对环滇池区域的自然环境、人口与农业、灌溉、土地利用之形态分类、水田之利用、旱地作物、林地与荒地、聚落与非生产用地均进行了细致论述，对影响环滇池区域土地利用的气候、水位、土壤等问题均进行了探析，并对本区域土地利用的将来进行了展望。

同时还有西南联大地质地理气象学系著名地理学教授张印堂主持的滇西经济地理考察及其边疆经济地理学科的建构。1939年10月，西南联大地质地理气象学系的张印堂教授带领其助教邹新垓，在资源委员会与滇缅铁路局、清华大学梅贻琦校长的资助下，沿滇缅铁路进行了地理考察，1940年3月考察完毕，同年秋，完成《滇缅铁路沿线经济地理调查报告书》。1941年，在该报告书的基础上，完成《滇西经济地理》1943年出版。《滇西经济地理》铅印本，全文148页，共七章近9万字，正文附图29幅，附表22种，对此次调查的过程，滇缅铁路沿线的地理环境、交通地位、物产、经济中心、沿边问题等均进行了翔实的梳理。

（二）西南联大清华大学国情普查研究所的人口国情调查

抗日战争时期，西南联大在云南省呈贡县创办清华大学国情普查研究所，这是我国第一个以国情为研究内容的学术团体，1938—1946年的8年间，进行了呈贡县人口普查，呈贡县、昆阳县户籍及人事登记，云南环湖市县户籍示范三项重要国情研究工作，完成了极为珍贵的《云南呈贡县人口普查初步报告》《云南呈贡县昆阳县户籍及人事登记初步报告》《云南省户籍示范工作报告》，笔者在导师的指导下历经多年的艰苦收集，将这些在抗日战争艰苦环境下手写油印的调查报告进行了全方位的整理。

1. 《云南呈贡县人口普查初步报告》。清华大学国情普查研究所在1938年开始筹备云南呈贡县的人口普查工作，以1939年3月1日为普查日，范围包括呈贡县全境的人口普查，普查工作至4月末结束，统计工作于1939年底完成，1940年8月在呈贡县文庙内油印出版了《云南呈贡县人口普查初步报告》。本报告共约9万字，有三编九章153页，附有各类统计表56种，统计图10幅，对人口普查的筹备、人口资料的整理和分析均有细致的记录，尤其在附录中，通过《调查员须知》把调查过程中的细节问题，包括问询方法、填表方法等进行了详细解释，展现了国情普查研究所在呈贡县人口普查中严谨的学术态度和科学的调查方法。

2. 《云南呈贡县昆阳县户籍及人事登记初步报告》。1939年清华大学国情普查研究所在呈贡县的人口普查完成后，随即在呈贡县城附近的27个乡村开始人事登记，因成绩较好，1940年初推广至呈贡全县，1941年昆阳县临近滇池的4个乡镇也开始加入人事登记。呈贡县与昆阳县的人事登记一直持续到1946年西南联大北返前。清华大学国情普查研究所于1946年6月在呈贡县文庙内油印出版了《云南呈贡县昆阳县户籍及人事登记初步报告》。该报告共16万字，有三编十章，对登记资料的收集、整理和分析，均进行了细致的记述。文中共有137种各类统计表，对人事登记的结果有详细的分析论述。

3. 《云南省户籍示范工作报告》。1942年清华大学国情普查研究所与内政部、云南省政府合作，在环滇池区域举办户籍示范，该区域包括昆明市、昆明县、昆阳县和晋宁县，1942年3月1日为普查日。人口普查完成后，随即开始户籍登记的设籍工作。5月开始人事登记。1944年2月，清华大学国情普查研究所在呈贡县文庙内统计整理并铅印出版《云南省户籍示范工作报告》。该报告共约35万字，有九章383页，全文共附有各类统计表158种，在对环滇池区域户籍示范的户口普查、户籍及人事登记工作进行详细论述的基础上，把该区域的户籍资料同国内其他地方，以及国际上的人口资料进行了比较研究。

西南联大在云南环滇池地区的地理与人口调查研究，清晰地反映出抗日战争时期国情认识深化与学术发展共进的特点：一是国情研究的突破，二是学术研究的发展。抗日战争时期，面对内外危机，国情研究成为与国家命运息息相关的重要学术问题。梅贻琦在《云南省户籍示范工作报告》中指出"国情是多方面的"，"总括起来却又不出两种基本的东西，一是人，一是物"①。以西南联大地质地理气象学系和清华大学国情普查研究所为例，前者关注的是地理环境与"物"，后者关注的则是社会与"人"，二者在环滇池区域的土地利用调查与人口普查、户籍及人事登记，全面准确地反映了这一区域的基本情况，结合滇西沿滇缅铁路的经济地理考察，环滇池区域与滇西地区成为抗日战争时期中国国情研究的代表性地区。

就学术研究的发展来看，以地理学为例，抗战时期地理学发展形成浙江大学、中山大学和西南联大三个重要的教学科研单位，但是现在的地理学史注重了浙江大学、中山大学，缺失了对西南联大的研究；西南联大在云南的地理学调查，为该系众多优秀学生的学术生涯奠定了基础，也为云南地方地理学教学培养了专业的人才，云南成为抗战时期地理学发展的重镇。抗战时期留学归国的地理学家大批分布在云南，如鲍觉民教授，他们带来的国外最新研究方法如土地利用等，最早开始在云南实践。张印堂等地理学家则开创了边疆经济地理学，为中国的地理学学科建设做出了重要贡献。资源委员会有不少地理学者是来自西南联大的毕业生，他们的地理调查与西南联大的地理国情调查相辅相成，共同扩大了云南广泛的地理调查活动，云南成为近代地理学重要的理论与实践地，为国情认识、国家建设进行了科学的实验。

---

① 梅贻琦：《梅序》，载云南环湖户籍示范实施委员会《云南省户籍示范工作报告》，清华大学国情普查研究所1944年版，第6—7页。

就西南联大人口国情调查而言，联大学者视野下的国情非仅限于战时和云南环滇池地区，而是为了战后国家建设和全国国情认识的方法探讨。梅贻琦认为清华大学国情普查研究所所有工作的目的是"一旦抗战结束，建国的事业一旦发轫，国家鉴于这种研究的尚非徒劳无功，加以采纳，实行通国普查"，抗战时期西南联大在云南的国情调查着眼于战后国家建设，可以在三方面发生重要功效，"一部分是数字，一部分是方法，一部分是和国内外其他研究的比较"①，探索适合中国国情的人口普查、户籍管理方法和人口学研究方法，在这些实实在在的工作基础上实现与国际学术接轨，推动学术的发展。因此上述国情普查研究所的调查报告及其后续研究，都是先以呈贡县人口普查为实验田，如陈达所言呈贡人口普查目的是"从一县或一市起，然后推广至一省，最后而至全国"②。如陈达的《现代中国人口》③ 就是以呈贡县人口普查为基本数据解析20世纪40年代中国人口国情的经典，被视为中国现代人口学的先驱之作，是中国历史上第一次以县为单位科学完整的人口普查，在社会学、人口史及其相关研究中，都把这一次人口普查活动认为是"质量最高"者④，可惜在具体的研究中大都是彼此叙述与结论的相互参考，对原始资料的解读与引入均较缺乏。基于此，本书是通过论述这批史料，来向学术界展现这批珍贵史料反映出的云南人口与社会现象，探索在国情认识与研究中的价值和意义。

西南联大在云南环滇池地区的地理和人口调查，重要的是两项考察地域范围基本重合，加之张印堂在滇西的调查，构成了地理国情和人口国情普查的典型示范，因此，本书将两者进行联合研究，试图通过深入解析西南联大环滇池地区和滇西地区地理调查和人口调查的过程、内涵和贡献，研究西南联大在抗日战争中深化国情认识、推动学术发展的两

---

① 梅贻琦：《梅序》，载云南环湖户籍示范实施委员会《云南省户籍示范工作报告》，清华大学国情普查研究所1944年版，第6—7页。
② 陈达：《现代中国人口》，廖宝昀译，天津人民出版社1981年版，第15页。
③ 陈达：《现代中国人口》，廖宝昀译，天津人民出版社1981年版，第15页。1946年陈达接受普林斯顿大学邀请参加建校二百周年纪念的学术讨论会，在会上宣读了《现代中国人口》论文，随后又出席芝加哥大学的世界人口学术研讨会，再次宣读该论文，此后该文用英文在"美国社会学学报"（*The American Journal of Sociology*）一九四六年七月号上全文发表，通期只有这篇论文，这在学术期刊上独占篇幅，是很少见的事。1981年廖宝昀翻译出版。
④ 侯杨方：《中国人口史》第6卷，复旦大学出版社2005年版，第96页；查瑞传主编：《人口学百年》，北京出版社1999年版。

方面的重大贡献。

第二节 相关问题学术综述

在抗日战争时期存在了8余年的西南联大被公认为创造了中国高等教育史乃至世界教育学界的一个奇迹，对抗日战争时期的学术研究，不能离开对西南联大的解析。同样，西南联大是云南历史以来高等教育的杰出代表，云南地方的学术研究同样不能离开对西南联大的关注。

一 西南联大研究现状

西南联大虽然已经过去70多年，但其所产生的巨大贡献，无论在教育史界还是中国现代科学界，都仍然闪耀着夺目的光芒。自1983年西南联大北京校友会成立以来，学术界对西南联大越来越关注，学术成果呈逐步增长的态势，西南联大已经成为学术研究的一个热点。但学术界现有的研究成果仅在教育学及文学学科体系之下成果丰硕，其他领域则较为薄弱。

（一）西南联大人物与精神研究

在"史料"整理的基础上，西南联大研究中关注度最高的是"杰出人物"和"联大精神"的选题[1]。学术界现有联大精神的研究，一般以杰出人物为研究对象，因为有大量可供选择利用的史料。如梅贻琦，有《梅贻琦日记（1941—1946）》[2]《梅贻琦自述》[3]等原始资料，为梅贻琦个人研究奠定了史料基础。因联大精神及其他相关研究的需要，对梅贻琦个人文集的利用增多，促使《中国的大学》[4]《中国人的教育》[5]等学术文集出版，在此基础上，梅贻琦的个人研究不断涌现，在学术思想、人物生平、社会关系诸多方面都有广阔而深入的研究成果，无论学术性还是通俗读物，应有尽有。

---

[1] 简单阐述和史料的整理论文占所有选题的词频比例达20.1%，杰出人物与联大精神研究则为18.6%。转引自伊继东、冯用军《中国西南联大研究三十年（1978—2008）——一种词频计量分析》，《清华大学学报》（哲学社会科学版）2009年第24卷第4期。
[2] 黄延复、王小宁整理：《梅贻琦日记（1941—1946）》，清华大学出版社2001年版。
[3] 梅贻琦：《梅贻琦自述》，安徽文艺出版社2013年版。
[4] 梅贻琦：《中国的大学》，北京理工大学出版社2012年版。
[5] 梅贻琦：《中国人的教育》，中国工人出版社2013年版，第235—237页。

我们也对陈达、鲍觉民、戴世光、张印堂等多位学者的学术脉络进行了研究①，初步探讨了在学术史视野下的人物研究范例。吕文浩对陈达、李景汉都有较为深刻的研究，他提出，"社会学者主持的人口调查长期以来在学术界未受到应有的重视，忽视这条线索将会使我们不能看到中国近代人口调查史的全貌"②。袁卫通过日记、文献材料对戴世光的学术活动进行了梳理，认为戴世光是社会经济统计领域的一面旗帜③。这些前期对相关人物的研究，范围与深度均是西南联大研究中较为充分的，为本书的相关研究奠定了坚实的基础。

（二）高等教育视野下的研究

作为中国高等教育办学的典范，教育学界对联大的课程设置、办学理念、人才培养和管理制度等方面进行了深入探析，以为中国的高等教育改革提供借鉴和启示，这是西南联大研究中"强烈的时代特征和应用意识"的体现④。笔者对2008—2021年间发表于CSSCI刊物中，以"西南联大"为标题的关键词搜索而得文献共250篇，统计出从教育史类视角下对课程设置与办学理念、大学改革及与他校比较的选题共有50多篇，以"西南联大"为选题的学位论文中，出自师范类院校者达60%⑤，都反映出教育学界对现代教育方式、内容的反思，更表达了对西南联大的认同。周本贞等学者主编的《西南联大研究（第1辑）》⑥和《西南联大与现代中国研究》⑦等

---

① 杨海挺：《西南联大清华大学国情普查研究所在呈贡》，《思想战线》2011年第37卷第S1期；杨海挺：《鲍觉民与滇池地区土地利用调查研究》，《思想战线》2011年第37卷第S1期；石敏、杨海挺：《西南联大档案中的戴世光教授》，《云南档案》2016年第10期；刘圆：《地理学视角下的国家与西南边疆——基于张印堂的研究》，硕士学位论文，云南大学，2011年；王浩禹：《第三届"西南联大与现代中国国际学术研讨会"综述》，《近代史研究》2019年第2期。

② 吕文浩：《国情意识与科学意识的结合——陈达关于全国人口普查方案的探索及其论争》，《江汉论坛》2019年第11期；吕文浩：《被遮蔽的光彩——李景汉与中国近代人口调查研究》，《清华大学学报》（哲学社会科学版）2018年第33卷第5期。

③ 袁卫：《西南联大时期的许宝騄与戴世光》，《统计研究》2019年第36卷第5期；袁卫：《从"人口革命"到重构统计教育体系——戴世光教授的学术贡献》，《中国人民大学学报》2012年第26卷第1期。

④ 梅贻琦：《就职演说》，载梅贻琦、刘述礼、黄延复《梅贻琦教育论著选》，人民教育出版社1993年版，第9—11页。

⑤ 以"西南联大"为关键词搜索学位论文并统计，时间跨度为2004—2021年，所得93篇学位论文中，作者是师范类院校者为61篇。

⑥ 周本贞：《西南联大研究》第1辑，中国大百科全书出版社2005年版。

⑦ 伊继东、周本贞：《西南联大与现代中国研究》，人民出版社2008年版。

文著，汇辑了多篇西南联大教学与科研的文章，对西南联大的本科与研究生培养模式、图书馆管理、招生考试等进行了全方位探究。在这些研究中，均以 6 卷本《国立西南联合大学史料》以及清华大学、南开大学、北京大学三校的校史档案为研究基础。高建国等《西南联大"三常委"办学理念差异与契合》①及朱端强《西南联大与国立大学的三次统一招生考试》②等在校史资料的基础上，对个人文集、回忆录、日记、档案等史料亦进行了深入挖掘，是对史料使用较为全面的研究。教育学界在西南联大研究中取得了巨大的成就。

(三) 文学视野下的研究

除教育学界对西南联大的认真关注外，在文学界也对西南联大表现出极大的兴趣。笔者以"西南联大"为标题搜索得 8 篇博士学位论文，其中 5 篇是文学类的选题③。文学界对西南联大的关注，缘于西南联大师生文学创作的成果数量较多，又因文学类的文章、著作读者面较广，在西南联大时期的出版发行较多，保存至今的数量颇丰，为进行学术研究提供了丰富的史料基础。如李光荣《季节燃起的花朵：西南联大文学社团研究》④便是在报纸、期刊、校史、个人文集、口述资料全面使用基础上完成的研究。文学学科体系下的西南联大研究成果显著。

西南联大研究已在人物研究、教育学、文学等学科视野下取得了卓越的成就。但在新史料的发掘与新视野的开辟方面，近十多年来学术界没有显著的成果，直接影响了西南联大相关研究的推进。

(一) 史料挖掘与整理的不足

笔者通过对云南省档案馆和昆明市各区县档案馆的调研，发现还有大量未被整理与利用过的西南联大档案。这些档案是解析西南联大与云南地方政府关系的绝佳史料，也是表现西南联大对云南地方贡献的极佳史料。在云南省档案馆存有西南联大与云南省县政府之间的通信文件等，数量甚巨，呈贡区档案馆存有大量西南联大的几个研究所与当时呈贡县政府官员

---

① 高建国、晏祥辉、李杰：《西南联大"三常委"办学理念差异与契合》，《云南师范大学学报》（哲学社会科学版）2013 年第 45 卷第 6 期。

② 朱端强：《西南联大与国立大学的三次统一招生考试》，《云南师范大学学报》（哲学社会科学版）2012 年第 44 卷第 6 期。

③ 以"西南联大"为关键词搜索学位论文并统计，时间跨度为 2005—2021 年，所得博士学位论文 8 篇。

④ 李光荣、宣淑君：《季节燃起的花朵：西南联大文学社团研究》，中华书局 2011 年版。

之间的信件、文件，曾参与西南联大部分研究所组织的社会调查、人口统计的当地小学教员简历等档案。尤其呈贡区档案局的相关档案，全部夹杂在"教育局""民政科"等类目下，均未进行过任何整理，亦从未被利用。西南联大相关档案资料，还有较大值得挖掘和研究的空间。西南联大在北返前，师生们竭尽所能出版了大量的文著，一类以《联大八年》为代表，以资料形式记述了8年来师生们的学习与生活状况，这一类的著作已经得到学术界的重视，多次再版、重印。另一类较少得到学术界的重视，该类以学者们的学术报告、研究成果等形式的文著为主，如清华大学国情普查研究所《云南省呈贡县昆阳县户籍及人事登记初步报告》（油印本）、《云南个旧锡业调查》等各类调查报告，地质地理气象学系的土地利用调查、地理考察研究报告，边疆人文研究室的学术刊物《边疆人文》和陶云逵《石佛铁路沿线社会经济调查报告》（油印本）①，还有联大学生们的学位论文等。这些文著是西南联大研究的第一手文献，可惜因为排版或是资料搜集的难度，基本难以系统出版②。如果说日记、文集代表个人的研究，这些调查与研究报告则代表了集体的成绩，西南联大的研究所最多时达13个③，每个研究所每年都有工作报告，除汇报该学年内的学术科研情形外，还用多种形式出版发行各类研究成果。这些调查与研究报告是西南联大学术科研的最直接体现，是无可取代的第一手史料，可惜鲜有出版，在西南联大研究中依然未得到系统整理和应有的重视。

（二）有关西南联大理科研究的不足

相比较文科类的史料来说，西南联大理科类的研究极不充分。在《国立西南联合大学校史》中，有大量有关理工科教学与科研的工作计划和研究报告，以清华大学的5个研究所为例，现有相关研究，均是概述性的简述，从未引用过这批史料。同样，为中国地理学发展做出杰出贡献的西南联大地质地理气象学系，学术界仅在部分人物研究及回忆文章中有所提及，整体上的相关研究不言而喻，甚为薄弱。

---

① 南开大学校史编写组：《南开大学校史（1919—1949）》，南开大学出版社1989年版，第423页。

② 如南开大学校史研究室曾计划汇辑再版《边疆人文》中的学术文章，后因原刊为油印本，字迹模糊，又有专业少数民族语言符号，难以印制，只好搁置。载南开大学校史研究室编《联大岁月与边疆人文·后记》，南开大学出版社2004年版。

③ 北京大学、清华大学、南开大学、云南师范大学编：《国立西南联合大学史料》，云南教育出版社1998年版。

(三) 其他研究中的不足

杨绍军在西南联大研究中发表了诸多成果,产生了较大影响。2012年,杨绍军的《战时思想与学术人物——西南联大人文学科学术史研究》出版,总结了他对西南联大的最前沿研究。该著作是第一部以学术史的视角来对西南联大的综合研究,本应在学术界产生较为重大的影响,可惜因为史料的运用不当,导致文中出现部分错误。如在叙述罗常培《论藏缅族的父子连名制》一文的资料来源时,杨绍军引用杨立德的成果写道:"他(罗常培)在佛教圣地鸡足山一座叫悉檀寺的庙里,发现一部丽江木氏土司的《木氏宦谱图家室系考》。回昆明后,他又先后与陶云逵商讨,并参考一些文化人类学专家的文献。"① 而罗常培在他的文中则记述,"1943 年春天我到云南西部的鸡足山上去游览,在一个叫做悉檀寺的庙里发现一部丽江木土司的《木氏宦谱图像世系考》,当时颇发生浓厚的好奇心。回来整理游记,曾参考陶云逵、董作宾、凌纯声各家的说法写成一篇《记鸡足山悉檀寺的〈木氏宦谱〉》"②。比较而言,就会发现前文中的错误:一是木氏土司的家谱名称有误,二是罗常培本人并没有和陶云逵商讨,只是参考了陶云逵的研究成果。罗常培的《论藏缅族的父子连名制》一文最先分三篇发表于《边疆人文》和《边政公论》刊物上,后来收入《语言与文化》《罗常培文集(第5卷)》③,还有罗常培的《苍洱之间》④一著可以佐证。但作者未参照罗常培的原文,导致延续了杨立德的错误。杨绍军比较多地使用第二手史料,这是致使该著作及其他西南联大研究中有所不足的根本因素。

被何炳棣评为"迄今最佳联大校史"的《战争与革命中的西南联大》作者易社强,在 1973—1986 年的 13 年间,采访了 90 位联大学生、43 位联大教师、29 位与联大相关的社会人士,获得了丰富的口述资料,以此展开的研究拥有更加生动的材料,在国内外学术界均享有较高声誉。但易社强注重"生动的个体经验""把个人的言行和性情置于极其重要的地位",对联大师生们的学术工作与学术成就绝少探究,只有人文现象而无

---

① 杨绍军:《战时思想与学术人物——西南联大人文学科学术史研究》,社会科学文献出版社 2012 年版,第 184 页。
② 罗常培:《语言与文化》,北京出版社 2003 年版,第 132 页。
③ 罗常培文集编委会:《罗常培文集》第 5 卷,山东教育出版社 2000 年版,第 180—212 页。
④ 罗常培:《苍洱之间》,黄山书社 2009 年版,第 178—190 页。

学术高度，导致该部著作可读性高于学术性，文中也不乏西方学者固有的偏见，如他认为联大的社会科学家"他们所传授的大部分知识，要么是高度抽象的理论，要么与海外情形关系密切，与中国实际反而较为疏远"①。事实上，以社会学为例，以陈达、李景汉、费孝通等学者为代表的西南联大社会学系为社会学中国化进行了大量实地调查活动，取得了优异成绩。出现如此显而易见的错误，正是易社强在访谈与研究中，未关注师生们的学术成果等原始文献，以口述资料代替实证研究导致的。

由上可见，西南联大现有研究有重人物、轻学术团体，重教学、轻学术，特别还有逸人逸事史的肤浅与碎片化研究倾向。基于此，本书在深入挖掘西南联大地质地理气象学系与清华大学国情普查研究所在云南的地理与人口调查资料的基础上，以所形成的学术共同体以及学派作为整体，对西南联大与抗日战争时期的中国现代学术进行了突破性的研究。

二 抗日战争时期的地理学研究

抗日战争时期中国地理学并非裹足不前，反而是在分支地理学领域内取得了优异的成绩，推动了地理学科的发展，培养了专业的地理学人才，奠定了现代地理学发展的基础。

（一）地理学学科体系研究中对抗日战争时期的忽视

对于中国近代地理学成为一门学科的分界，学术界有不同意见，概括起来有明末说②、清末民初说③、20世纪20年代说④、20世纪30年代说⑤

---

① 易社强：《战争与革命中的西南联大》，饶佳荣译，九州出版社2012年版，第2、144页。
② 以于希贤为代表认为徐霞客及同时期的其他地理学成就使中国进入近代地理学发展时期，他认为，徐霞客"以清晰的实测概念和综合的地物描述为基础，表现了地理环境各种要素之间的相互关系，进行了区域地理特征的比较等，从而突破了古代地理学传统的束缚，使我国的地理学进入到近代地理学发展的新阶段"。于希贤：《中国古代地理学史略》，河北科学技术出版社1990年版，第180页。
③ 以郭双林为代表，他把近代地理学产生的标志总结为三："（一）大学地理课程的设置和新式地理教科书的编纂；（二）地理学专门研究机构的建立和专业刊物的创办；（三）地理学学科体系的初步形成和科学研究方法的广泛运用，据此认为19世纪末20世纪初近代地理学产生。郭双林：《西潮激荡下的晚清地理学》，北京大学出版社2000年版，第107页。
④ 吴传钧等学者认为1921年中国第一个地理学系在东南大学的建立，是中国地理学开始跨入近代科学发展阶段的标志。吴传钧、刘盛佳、杨勤业：《20世纪中国地理学研究》，载吴传钧主编《20世纪中国学术大典·地理学》，福建教育出版社2002年版，第1页。
⑤ 以杨吾扬为代表，以地理学高等教育、专门人才、地理学会为标尺，他指出，"两次世界大战之间，在竺可桢和几位地质学老前辈的倡导下，我国的近代地理学建立起来了"。杨吾扬：《地理学思想简史》，高等教育出版社1989年版，第131页。

等数种，各种意见均有其缘由，多种近代地理学分期思想的出现，对中国近代地理学史的研究产生了困扰。

笔者梳理了近代地理学不同分期观点后，发现影响较大的说法主要有两种，一是邹振环在对晚清民国中国的地理学译注梳理分析基础上提出的清末说①，邹振环将张相文及其所创的中国地学会、《新撰地文学》和《地学杂志》作为中国近代地理学建立的标志进行较为深入的论证，是历史地理学术界对这一划分的基本观点。另一种以孙俊、潘玉君等学者为代表的地理学学界则持不同意见，他们认为，"在邹振环所提供的1819—1910年西方地理学译著中，确实看到地理学通论类和教材类占了绝大比重，而教材中，小学教材和普通读物占了三分之二，可见至1910年西方地理学也没有对中国学术地理学产生绝对的影响"，且"众所周知，1909年中国地学会成立和1910年地学杂志创办是中国近现代地理学开端的标志性事件"，"但这并不意味着地理学体系就建立起来了。京师大学堂的地理译著多用的是'舆地'而非'地理'。地理学史家张九辰所见的几本'从其内容上看都不具有近代地学的意义'。至1930年代与地理学直接相关的'自然地理学'逐渐普及，到1940年代仍然与'地文学'并用。这种情况若用库恩后来的词汇'范式'理解解析，则中国近代意义的地理学迟至1940年代才形成"。② 孙俊等学者没有对"范式"进行标准化解读，根据上下文应是完善的地理学学科体系之意。

以邹振环和孙俊等学者为代表的这些观点各有其成立的支点，根据本书的研究，近代地理学学科的产生，也不是在20世纪40年代一蹴而

---

① 他认为，"中国传统地理学向近代地理学的学术转型是一个历史过程，它大致发生在19世纪中叶到20世纪初的清末"，"中国近代意义上的新地理学区别于传统地理学的重要标志是地理学的学术独立、职业地理学者群体的出现、近代地理学研究方法的学术规范的建立"，"这三者都是在清末西方地理学传入的背景下形成的，中国地理学从传统向近代的学术转型，是与引进、吸收和融会西方地理学学术思想有着密切的关联，近代地理学是中西地理学交融的产物"，"在清末地理学史上，张相文是一个标志，他的《新撰地文学》、他所创建的中国地学会和《地学杂志》给近代地理学界所带来的新范式取代了逐渐消耗殆尽的传统范式，一种新的知识结构在清末的地理学共同体的成员中逐渐形成，而这种崭新的知识结构使近代地理学者的专门之学，从根本上与传统儒生的专治一经区别开来。这些标志了清末地理学已完成了从传统到近代的转型，中国地理学开始步入了近代学术的范畴"。邹振环：《晚清西方地理学在中国——以1815至1911年西方地理学译著的传播与影响为中心》，上海古籍出版社2000年版，第310、336、343页。

② 孙俊、潘玉君、汤茂林、杜莹：《中国地理学史编史方法论考察》，《地理研究》2014年第33卷第8期。

就的，而是具备一个逐步完善的过程。在这一过程中，学者个人的地理学理论知识素养与地理考察研究占据重要地位。在清末以前，中国人运用近代地理学的方法，利用仪器等对本国地理的研究，较为少见，可知清末时期中国的学术界缺乏科学的近代地理学调查研究和实践。而20世纪40年代，中国的地理学至少出现了三代，以清华大学地理学为例，第一代为翁文灏等，第二代为张印堂、鲍觉民、林超等，第三代为孙承烈、张景哲等，这些学者在不同的领域内为地理学的发展做出了贡献，尤其在抗日战争时期，在第二代、第三代地理学者的努力下，中国地理学学科体系趋于完善，其研究理论方法与成果均达到国际地理学学术研究的先进水平。学术界之所以对近代地理学兴起的时间产生分歧，关键在于对地理学后来的发展语焉不详，尤其对抗日战争时期中国地理学学科发展的关注不够而导致的。

（二）地理学史研究中对抗日战争时期的忽视

王庸《中国地理学史》[1] 在1938年、1955年、1981年（中国台湾商务印书馆）、1998年、2014年共发行5次，是地理学史研究中发行次数最多的著作，该著写的是先秦至1938年间中国地理学发展的状况，对民国时期的地理学发展也有精到的论述，遗憾的是缺乏1938年之后抗日战争时期地理学发展的论述。该著的风行极大地影响了学术界对抗日战争时期地理学发展的认识，在诸多的近代地理学及其相关研究中，抗日战争时期地理学的发展面貌一直处于类似于该著的缺失状态。

近年来在中国台湾出版的江小群等所著《中国地理学史》[2] 可谓地理学史研究的前沿著作，文中用较大篇幅，以学者个人学术成果和高校地理系的设立来研究近代地理学的奠基，以人口地理、农业地理等部门地理学来研究近代地理学的进展，与王庸的研究类似，该著同样集中关注了抗日战争之前地理学的发展状况，在人口地理研究中，以1935年胡焕庸《中国人口之分布》[3] 及其之前的人口研究为对象，农业地理学同样以1935年胡焕庸《安徽省之人口密度与农产区域》[4] 及其之前学者的农业研究为

---

[1] 1955年重印时曾删掉"中国近代地理学之进步"一章，后面重印时才补入。王庸：《中国地理学史》，商务印书馆1938年版。

[2] 江小群、胡欣：《中国地理学史》，文津出版社1995年版。

[3] 胡焕庸：《中国人口之分布》，钟山书局1935年版。

[4] 胡焕庸：《安徽省之人口密度与农产区域》，地理学报社1935年版。

对象,对于抗日战争之后的地理学均一句话带过或不述,如对近代地理学学术研究概况与特点时,对抗日战争时期的地理学仅用了一句话,"三四十年代以斯坦普(L. Dudbey. Stamp)为代表的英国统计记述学派在我国影响较为广泛"①。

以上述二著为代表,地理学史的研究要么关注1937年之前,要么从1949年之后开始,抗日战争时期的地理学发展状况为何一直处于缺失状态,地理学的研究出现了较大的断层。本书经梳理发现,作为与抗日战争共存的西南联大,拥有实力雄厚的地理学师资力量,培养了大批地理学专业人才,并进行了诸多地理学实践活动,以西南联大地质地理气象学系为代表,为中国近代地理学发展做出了多方面贡献,如果对西南联大地理学相关研究不足,是无法真正厘清近代地理学在抗日战争时期的发展的。由此可见,抗日战争时期地理学研究不足的重要因素是对西南联大地理学师生相关研究的缺乏。

三 社会调查运动研究中的国情调查

1937年之前的民国时期,是中国社会调查运动纷繁兴盛的时代,对这一社会调查运动的研究,学术界已经取得了显著的成果。早在民国时期,赵承信就在《社会调查与社区研究》中对社会调查运动进行了论述②。近年来,中国人民大学李文海、夏明方、黄兴涛等学者在对民国时期社会调查文献整理的基础上,再次将民国时期的社会调查运动进行了全方位的探索,迄今已出版《民国时期社会调查丛编》至第二编,共22卷,3500万余字,是民国时期社会调查运动研究宝贵的第一手资料,在此基础上,对所涉及的"政治、经济、军事、文教、卫生、交通、婚姻家庭、宗教、习俗、人口、社会阶层与组织,灾害与环境等各个方面"③均进行了深入研究,取得了优异的成绩。

在社会调查运动的研究中,比较注重人物和学术史研究。社会调查运动中中国第一代的社会学家是倡导者和杰出的代表。李景汉在定县的社会

---

① 江小群、胡欣:《中国地理学史》,文津出版社1995年版,第252页。
② 赵承信:《社会调查与社区研究》,《社会学界》1936年第9期。
③ 黄兴涛、夏明方:《编者前言:清末民国社会调查及其学术内蕴》,载黄兴涛、夏明方主编《清末民国社会调查与现代社会科学兴起》,福建教育出版社2008年版,第4页。

概况调查，是社会调查运动研究中关注至多者①，并有学者提出其与陈达等学者构成中国社会学史上的"社会调查派"②。李景汉与陈达是近代中国人口国情研究的代表性学者，学术界在人物与学术史的研究中，多侧重于社会调查方法的贡献，却忽视了其以清华大学国情普查研究所为共同体，对国情调查与研究的示范意义。

社会调查运动中，除了中国共产党主导的调查活动外③，还有不少调查是针对人口国情的，从《民国时期社会调查丛编》中的"人口篇"就可知其数量之多以及在社会调查运动中的重要性。但对其相关研究却不多，王大任《近代中国人口调查的现代化过程与方法论演进》一文对1928—1942年间重要的人口调查活动就论述了14个④，可惜作者的论述重点在人口调查方法方面，对其在人口国情研究方面的意义与价值较少探讨，更对这些人口调查为认识国情调查所具有的价值少有论证，无疑对于人口国情的研究遗憾地缺失。此外，在相关的人口史、社会史的著作中，对社会调查运动中这些有关人口国情的研究，大多只有数百字的简要罗列，少有展开论证⑤。

社会调查运动是民国时期学术界认识中国国情的全方位尝试，所进行的时间段、研究的内容、涉及的学科领域，均达到了前所未有的高度，抗日战争时期中国国情调查研究，正是社会调查运动中对人口国情调查的延续，以清华大学国情普查研究所为代表的人口国情研究，是社会调查运动中科学调查与研究国情的优秀代表，亟待学术界深入探究。

四 云南学术史中对西南联大地理与人口国情调查的研究

西南联大对云南的贡献是得到云南学术界极大认可的，但以此展开的

---

① 李章鹏：《现代社会调查在中国的兴起》，博士学位论文，中国人民大学，2006年。

② 吕文浩：《重审民国社会学史上的社会调查派》，载黄兴涛、夏明方主编《清末民国社会调查与现代社会科学兴起》，福建教育出版社2008年版。

③ 汪小宁：《20世纪上半叶中国社会调查运动中的认识论转向考察》，《广西师范学院学报》（哲学社会科学版）2019年第40卷第3期。

④ 王大任：《近代中国人口调查的现代化过程与方法论演进》，载黄兴涛、夏明方主编《清末民国社会调查与现代社会科学兴起》，福建教育出版社2008年版，第132—190页。

⑤ 查瑞传主编：《人口学百年》，北京出版社1999年版；侯杨方：《中国人口史》第6卷，复旦大学出版社2005年版；卢汉龙、彭希哲主编：《二十世纪中国社会科学·社会学卷》，上海人民出版社2005年版。

研究却不多。代表性的云南近代学术史成果如陈友康、罗家湘《20世纪云南人文科学学术史稿》鲜明地指出，"联大学术对云南学术的影响最重要的是转移了云南的学术风气"，"促进了云南现代学术范式的建立"，"开辟出许多新的学术领域"，并"在学术研究的所有方面都为云南学术提供了示范"，在此基础上，作者断言："没有联大学术的濡染和激发，20世纪云南学术绝不会有现在的成就和地位。"[①] 若聚焦于西南联大对云南学术的贡献来说，该著具有一定的理论意义，但作者围绕的是"民族文化"这个学术视野，研究对象也只关注了南开大学边疆人文研究室，所利用的史料仅是校史资料，未关注云南地方相关史料以致缺乏具体的比较研究。

（一）云南地理学学术研究中的地理国情研究

现有地理学学术界对云南在这一区域地理的关注有较多成果，如《云南省经济地理》[②]《云南人口地理》[③]《云南农业地理》[④]《试论云南民族地理》[⑤] 等现代地理学的分支学科体系下的研究，还有《云南省志（卷1·地理志）》[⑥]《云南省志（卷4·地质矿产志）》[⑦] 等志书也对云南的地理学史有简单探讨。方国瑜《西南历史地理考释》[⑧] 对上古至清代云南的疆域政区、地名、民族、交通等均进行了至为精深的研究，是云南地理学研究中最为博大的成果，也是迄今为止最重要的云南古代地理学研究成果。但云南地理学的发展史中还有一些问题值得关注，如古代人们对云南的地理认识，相关方志中反映出的地理学思想，尤其是晚清民国以来，云南地理学成为中国地理学向近代迈进的重要实践地，得到了国内外大量学者的关注，却在学术界还没有出现过全面的探究成果，更没有对近代以来尤其是抗日战争时期云南的地理学为中国近代地理学发展所做出巨大贡献

---

① 陈友康、罗家湘：《20世纪云南人文科学学术史稿》，云南人民出版社2003年版，第49—52页。
② 张怀渝主编：《云南省经济地理》，新华出版社1988年版。
③ 柳德江：《云南人口地理》，云南大学出版社2012年版。
④ 《云南农业地理》编写组编：《云南农业地理》，云南人民出版社1981年版。
⑤ 尹绍亭：《试论云南民族地理》，《地理研究》1989年第8卷第1期。
⑥ 云南省地方志编纂委员会总纂，云南师范大学地理系等编撰：《云南省志》卷1《地理志》，云南人民出版社1998年版。
⑦ 云南省地方志编纂委员会总纂，云南省地质矿产厅编撰：《云南省志》卷4《地质矿产志》，云南人民出版社1997年版。
⑧ 方国瑜：《中国西南历史地理考释》，中华书局1987年版。

的科学解读。抗战时期先后迁入云南的高校达11所,其中中山大学、同济大学(测量系)、中央政治学校大理分校(地政系)设有地理学相关的学系和专业①,加之西南联大与云南大学的地理学系,云南的地理学在抗战时期的中国盛极一时,是中国地理学研究的重镇。

(二) 云南人口学学术研究中的人口国情研究

邹启宇、苗文俊等主编的《中国人口(云南分册)》云南人口研究中的重要著作,尤其对民国及其历史时期的人口研究。该著作的优点是借用公开出版的年鉴、报刊,专著及云南地方的人口统计报告等作为史料来源,利用不同史料中记载的相关数据进行比较研究,有多少史料下多大结论,猜测估算的成分甚少,结论也是为说明云南历史人口发展的大势,总体上来看较为合理地还原了云南历史人口状况②。但作者对抗日战争时期云南人口的研究和探索不足,尤其较少讨论历史时期人口数据来源的准确性,是为不足。《云南省志(卷71·人口志)》③是对先秦至1990年间云南人口的整体性概述,其重点在1949年之后的云南人口与计划生育,其中有关中华民国时期的人口研究,均照搬邹启宇、苗文俊的《中国人口(云南分册)》,甚至在史料的引用方面也没有超出后者的范围。此外,在路遇、滕泽之《中国分省区历史人口考》等论著中均对民国时期云南部分年份的人口数据进行了罗列。现有关于民国时期云南人口及其相关研究大致如此。

值得着重提出的是戴世光、陈旭光《1942—1982年昆明环湖县区人口的变动与发展:一个城乡社区的人口学研究》,该著是以戴世光参与主持的国情普查研究所于1942年在昆明市、昆明县、呈贡县、晋宁县、昆阳县的人口普查数据为基础,结合人口普查与人口登记的统计资料,对1942—1982年的40年间的人口数据进行了分析,以探析该区域内人口的数量、结构与生产发展变化,人口与社会、经济文化特征的变化,以及与无锡、北京、日本的人口进行了比较分析④。这种比较研究,充分发掘了

---

① 任祥:《抗战时期云南高等教育的流变与绵延》,商务印书馆2012年版,第166页。
② 邹启宇、苗文俊主编:《中国人口》云南分册,中国财政经济出版社1989年版。
③ 云南省计划生育委员会、云南省统计局编撰:《云南省志》卷71《人口志》,云南人民出版社1998年版。
④ 戴世光、陈旭光:《1942—1982年昆明环湖县区人口的变动与发展:一个城乡社区的人口学研究》,云南大学出版社1989年版。

国情普查研究所在环滇池区域的人口调查成果，其科学性在比较研究中进一步得到论证。该著作是对民国时期有关云南人口研究的最翔实著作，尽管范围限于环滇池区域，时间仅为1939—1946年，但十分科学地解析了环滇池区域的人口与社会状况。能进行这样的研究，必须依赖科学的人口数据，该著作正好以国情普查研究所的人口普查数据为基础，保证了研究的科学性，这些均为我们进行云南人口及其相关研究做了方法的榜样。

侯杨方《中国人口史（1910—1953年）》在分地区人口数字中对民国时期的云南人口进行了考证，其关注全省的状况，但在具体的人口死亡及原因等问题的论证中，曾使用清华大学国情普查研究所在呈贡县的普查资料，这是学术界能科学利用这些数据研究的代表①。

对民国时期云南人口及其相关问题的研究，学术界已经产生了上述几部重要的著作，也形成了部分重要的观点，同时也出现了部分不符合实际的估计结论。在大多数相关研究中涉及需要探讨民国时期云南人口时，常常是利用现有研究进行分年份的人口数据罗列，绝少探究这些数字的来源与可靠性，有些错误甚至长期延续。民国时期的云南人口及其相关研究，无论研究成果的数量还是质量，均有重大缺失，是民国时期云南研究的一大薄弱区，严重地影响了学术科研的推进与深化。在云南地方学术史研究的视野下，利用云南地方史料对西南联大的研究，还有诸多可以深入探析的空间。

第三节 研究范围的界定

西南联大因抗日战争产生，也随着抗战的胜利而结束，在时间上从1938年到1946年跨越8年时间。这期间西南联大一直驻于云南，其大量的学术科研也是以云南为研究对象而进行的。

一 以抗日战争时期为中心的时间范围

抗日战争为中国的学术界带来了巨大的灾难，这是毋庸置疑的，但就在这一时期内，中国的学术依然得到了持续的发展，本书关注的社会学、地理学，甚至在某些方面产生了开拓性的成就，如何解释或还原这一时期

---

① 侯杨方：《中国人口史》第6卷，复旦大学出版社2005年版，第394页。

内中国学术本来的发展面貌，本书选择对抗日战争之前的学术史进行论述，阐明近代社会学和地理学均最先在西方兴起，晚清以来受西学东渐的影响，这些学科学术逐渐被引入中国。对地理学的研究以中国近代地理学发展史为学术基础，以西南联大地质地理气象学系为学者整体，从他们在经济地理及土地利用等地理学考察中，发现地理学学术研究的范式，推动抗战时期乃至民国时期中国地理学学术史研究。

经过社会学专家学者的推动，中国到抗战前已经形成了实地调查的风气，抗日战争时期的学术活动基本传承了抗战前的学术研究活动。在这种传承的基础上，本书探索了社会学发展中，清华大学国情普查研究所推动的中国人口及其相关问题的研究进程，在环滇池区域的人口普查，确立了中国人口普查的基本方法，确立了户籍及人事登记制度，这一系列学术活动，对因抗战打断的社会学研究具有承上启下的时代贡献。

同时，抗战时期特殊的时代背景，更需要科学的国情调查与研究，故政府机构大力支持地理与人口国情调查，具有家国情怀的学者们也以己之所长，对国情进行了多方面的调查和研究，促成了中国第一个专业的国情研究机构——清华大学国情普查研究所的建立，也促使中国国情调查研究实现了长足的进步。

近年来对民国时期的学术研究屡有成果出现，但抗日战争时期的学术史研究则甚为薄弱，不仅文著鲜见，肯定抗战时期中国学术也有重大发展的研究亦不多见。故从时代方面来看，本书旨在以西南联大这一随抗日战争成立和结束的研究团队为核心，探究在民族危亡时期，中国学者在国情调查研究实验中为拯救民族、振兴中华所做出的杰出贡献。

二 以云南为中心的空间范围

云南位于中国西南边陲，元至元十一年（1274年）设云南行省，奠定了云南省的主要范围，明洪武十五年（1382年）置云南布政司，民国沿袭清置，其云南的范围与当今云南省的范围基本一致，本书所关注的地域空间也以此为中心。抗日战争初期，云南因为距离东部战场较远，成为国家的大后方，吸引了众多高校和学术机关迁入，大多直到抗战胜利后才返回。研究民国时期的学术，不能忽视抗战时期，研究抗战时期的学术，则不能忽略云南。

晚清以来，云南因为边疆问题得到学术界的关注，到抗战时期，西南联大地质地理气象学系教授张印堂在滇西的经济地理考察，代表了对关注边疆问题传统的继承，并利用科学的地理考察与研究方法，对滇西地区的地理基础、居民分布、物产、商贸等均进行了近代地理学视野下的科学解析，确立了交通线在滇西开发中的重大作用，发现了楚雄、大理、云县等十多个经济中心区，这是民国时期中国经济地理考察的重要成果，开拓了边疆经济地理及区域经济地理研究的新领域与新方法。

在环滇池区域，西南联大师生所进行的学术科研活动，则更具有代表性。环滇池区域的地理环境独特，靠近湖岸有湖滨和平原区，向四周扩展则为山地和丘陵区，这四种地形基本代表了中国主要的几种土地利用类型，可以推及全国性地理国情研究之中，在环滇池区域的地理调查与人口普查，均充分考虑到了这一独特的自然环境。鲍觉民、范金台等地质地理气象学系师生重点关注的是环滇池区域的自然环境，以对呈贡县洛龙河区以及昆明北郊的银汁河区的土地利用调查为核心，是西方土地利用调查及其填图工作首次在中国的实践。他们考察了该区域的土地类型、农田分布、农作物耕种及产量、其他物产与水利系统等诸多问题，尤其注重在不同的地理环境下，对土地利用的不同方式，对中国内地大面积土地利用国情调查与研究，具有很大的适用性。清华大学国情普查研究所重点关注的是环滇池区域的人口与社会，利用现代人口普查、人事登记方法对该区域内的人口进行了长时期的跟踪调查与统计，取得了诸多准确翔实的人口资料，是民国人口及其相关问题研究中举足轻重的成果。更重要的是，他们在社会调查时十分重视方法的普遍适用性，如国情普查研究所在呈贡县人口普查时明确提出"有好几方面可以代表我国西南的农业社会，其人口富有固定性及正常性"①。同样，在环滇池区域的人口普查，国情普查研究所也依据环滇池区域特殊的自然环境进行了合理的划分，将其分为市镇区、平原区、丘陵区和山区，这4种类型彼此间都有明确的区别，根据其所居民众的数量来划分调查区，陈达肯定地认为，"这四种类型我们相信可以广泛的应用到全国各地"②。在环滇池区域的自然环境条件下的居民，更包括了大多数的人口类型，如普遍的普通住户、市镇人口、公共住户，

---

① 清华大学国情普查研究所：《云南呈贡县人口普查初步报告》（油印本），云南呈贡县城文庙1940年版，第1页。

② 陈达：《现代中国人口》，廖宝昀译，天津人民出版社1981年版，第19页。

还有特殊的如寺庙住户、船户、商户以及少数民族人口等，均是为保证环滇池区域人口国情普查示范性的客观条件，为内地的其他地区乃至中国进行人口普查、户籍及人事登记等国情调查提供科学的方法借鉴。西南联大地质地理气象学系师生在环滇池区域的地质、水文、气象等方面的调查，加之清华大学国情普查研究所在该区的社会调查，使环滇池区域有关的研究达到了前所未有的高度，无论研究数量，抑或科学性，均是科学地调查研究国情的重要实践，是云南地方史、中国学术史上重要的成就。

第四节　研究方法

在地理学、社会学、人口学等学科的学术发展史中，专业的调查、考察、统计方法是促使该学科近代化和科学化的重要动因，在对西南联大地质地理气象学系与清华大学国情普查研究所的地理与人口国情调查实践研究中，他们探索实验地理考察与人口普查方法为地理学、社会学与人口学的学科发展做出了重大贡献。

一　地理调查方法

经济地理学与土地利用均是近代地理学中重要的分支学科。近代地理学成为一门科学，是在地理大发现等时代背景下，发轫于19世纪的德国，其在诞生时，就具有注重实地考察的特点。唐晓峰指出，要科学的地理学，就要研究自然界，研究自然规律以及自然影响人类的规律。探险是走向大自然的最崇高形式，达尔文、洪保德都曾绝域探险，涉足无人自然，因此推动了科学的建立。地理学家极应富于探险精神[1]。鞠继武也认为新地理学与古典地理学有5个重要的不同，排在首位的就是重视"野外考察"[2]。任美锷也曾明确指出地理考察对学术研究的重要性，"人地学的实验室在野外的自然界，所以我们要旅行、要考察、用精密的实验结果，来扫除空洞草率的弊病"。实地的地理考察"使中国的地理学能在短时期内

---

[1] 唐晓峰：《中国近代地理学的"身世"》，《读书》1999年第8期。
[2] 鞠继武：《中国地理学发展史》，江苏教育出版社1987年版，第202页。

达到至善至美的完全科学化的境地"①。孙特夫也指出:"地理的知识是日新月异的,假若我们没有实际调查的工作,我们所得的知识不过一点人云亦云的旧东西。不过我们还不能如此简单了事,我们最后的工作,还得要在每一次调查的个果中方加以详细的征实,征实之后,可以调查团体的名义发表之,以求得真确的记载。"② 地理考察是地理学的基本方法,是地理国情调查研究的基本要求。中国近代地理学的兴起,正是伴随着地理考察的出现而发展的,在丁文江、翁文灏、张印堂、鲍觉民等几代地理学家的努力下,中国近代地理学及其分支学科才逐步发展起来。

（一）经济地理学调查方法

在经济地理学的研究中,这一进程表现至为明显。早期的经济地理学著作,注重通过史料的梳理总结各地的物产③,从张印堂等留学归国的地理学家开始,才利用地理调查对经济问题进行细致研究,改变了重视统计数字而忽视地理因素的研究面貌。王成敬对经济地理调查有较为深入的认识,他指出"我们所说的经济地理调查是实际的调查,不是专靠有关机关的统计材料所做的室内工作。所以做经济地理的调查必须实际到野外去亲自工作"。"要亲自到工作的对象那里去调查,才能确实明白真相,才能得到正确的结论,才能指出正确的建设方针。这样的经济地理论文才能有参考的价值。其价值必定远较室内所做者为高。"④ 民国时期真正意义上的经济地理考察并不多,大都是社会调查、生物调查或其他地理调查中涉及经济地理的部分⑤,真正推动经济地理考察的是张印堂。徐近之通过对抗日战争时期地理考察的研究总结出:"区域经济地理工作,似限于滇川两省,张印堂先生之滇西经济地理,以当时建筑中之滇缅铁路沿线之经济现状与展望为书之核心,几及全书之一半;其中论农作、经济作物、矿产甚详";四川省的考察则是指王成敬1943—1945年间在四川东南山地区及成渝路区两次考察经济地理⑥。王成敬的调查被认为"是为反动政府

---

① 任美锷:《现代地理学的回顾与前瞻》,《中央时事周报》1934年第28期。
② 孙特夫:《关于经济地理之研究》,《史地丛刊》1933年第2期。
③ 王庸:《经济地理学原理》,商务印书馆1926年版;张其昀:《中国经济地理》,商务印书馆1930年版。
④ 王成敬:《经济地理调查与经济建设》,《新经济》1942年第10期。
⑤ 楼桐茂:《中国西南各省科学调查之实况》,《新亚细亚》1931年第6期;王成敬:《经济地理调查与经济建设》,《新经济》1942年第10期。
⑥ 徐近之:《抗战期间我国之重要地理工作》,《地理学报》1947年第14卷合刊。

（民国政府）下的经济界主办经济地理调查工作之开始"[1]，较其更早的张印堂在滇西的经济地理调查便是属于地理学界进行经济地理考察的开始[2]。

（二）土地利用调查方法

地理调查更是土地利用研究的核心工作，土地利用学在中国的兴起要归功于留学英国的鲍觉民、任美锷、吴传钧等学者。其中鲍觉民师承于英国土地利用调查的开拓者斯坦普，回国后其成为中国区域土地利用调查的开辟者。徐近之指出，"小区域精细土地利用调查，尚不甚多。有之，则如鲍觉民、张景哲二君之于呈贡县落龙河区，与任美锷、陈述彭、杨利普诸君之于遵义，陈恩凤之于汉中盆地"[3]。徐近之所述的几种重要的土地利用调查，鲍觉民及其指导下的张景哲、范金台、孙承烈在洛龙河区及银汁河区的调查是为最早，具有重要的方法论意义。

"地理的考察工作是地理研究的第一步工作"[4]，对民国以来的历史经济地理及土地利用的研究，应重视地理调查的贡献。故本书在追踪近代经济地理调查与土地利用调查时，以学术界还少有关注的张印堂、鲍觉民所在的西南联大地质地理气象学系为整体，对他们在滇西与环滇池区域的地理调查活动进行全面分析，尤其注重这些学者的学术背景及其研究成果的历史解析，目的是论证这些地理调查对他们的学术科研以及人才培养等方面的重要价值。同时在近代地理学的视野下，对他们的研究成果进行分析论证，展现他们领先于时代的优异成就及其对中国近代地理学以及地理国情研究的卓越贡献。

二 人口调查方法

中国史书中有丰富的人口资料，早在《汉书·地理志》中就已经有关于人口数量的记载。近年来，在葛剑雄[5]等学者的组织开拓下，历史人口的研究呈现欣欣向荣的态势。葛剑雄对传统史书所载历史时期的人口数

---

[1] 王成敬：《地理考察方法论》，中华书局1950年版，第10页。

[2] 张印堂在1933年进入清华大学任教后，即完成 The Economic Development and Prospects of Inner Monglia，奠定了他在边疆经济地理研究中的地位，因之前无中译本，长期被中国学术界所忽视。

[3] 徐近之：《抗战期间我国之重要地理工作》，《地理学报》1947年第14卷合刊。

[4] 王成敬：《地理考察方法论》，中华书局1950年版，第4页。

[5] 葛剑雄：《西汉人口地理》，人民出版社1986年版；葛剑雄主编：《中国人口史》，复旦大学出版社2005年版；葛剑雄主编：《中国移民史》，福建人民出版社1997年版。

字进行了辨析,认为"由于户口登记和统计的主要目的是征收赋税、征发徭役,所以登记和统计的重点只是人口中与赋税徭役有关的那一部分,其结果便是户口统计数据往往不包括全部人口";"所以对实施人口普查前的中国人口,一是只能以历史学的方法为主进行研究,而不是以人口统计学的方法为主;二是只能作描述和定性分析,辅之以可能的估计和推算,而不是以定量分析为主"①。葛剑雄提出历史人口及其相关问题的研究需要分期,分期的关键或标准是"人口普查"。

(一)人口普查方法

人口普查是学术界公认的针对静态人口的一种科学的国情研究统计方法②。中国1953年的人口普查是普遍认同的第一次全国人口普查,但侯杨方提出不同意见,认为宣统年间的人口调查为中国第一次全国人口普查③,引发学术界对人口普查的讨论。人口普查对于人口及其相关问题的研究具有重要的影响,同样对于清末以来的历史人口地理研究的方法具有决定性的作用。陈达对于现代人口普查的价值有深切的认识,"现代人口普查之在我国有两点重要意义,可以郑重地指出:1.采取直接调查后,无需再以间接方法来估计人口;2.提高分析人口资料的技术,由此可以增广人口资料的范围,及将其用途由纯粹行政方面扩展至科学领域"④。利用人口普查可以直接获得人口资料,对这些资料的分析技术与研究范围均扩展至科学领域,此科学领域,即指不需要辨析,便可以直接使用这些人口资料进行研究,是现代社会学、人口学发展的基础,更是现代国家进行科学国情研究的前提。葛剑雄曾感慨地讲,历史人口学者要花巨大的精力和耗费大量的时间去考证和研究历史时间某一阶段的人口数量,正是由于缺乏人口普查等可靠的人口统计数据⑤。所以,在历史人口地理、社会学、人口学的研究中,很有必要对人口普查等统计技术进行探究,侯杨方在这方面做了很好的榜样,他在《民国时期全国人口统计数字的来源》一文中说明其"试图阐明民国时期历次人口普查和统计的制度与过程,

---

① 葛剑雄:《中国人口史》第1卷,复旦大学出版社2002年版,第39、677页。
② 人口普查又称国情普查,是指在统一确定的时点,按照统一的调查表式、项目和填写方法,由政府组织对全国或一个地区的全部人口的社会、经济特征资料,逐人地进行搜集、整理、汇总、评价、分析和公布的全过程。参见上文。
③ 侯杨方:《中国人口史》第6卷,复旦大学出版社2005年版,第54页。
④ 陈达:《现代中国人口》,廖宝昀译,天津人民出版社1981年版,第10页。
⑤ 葛剑雄:《中国人口史》第1卷,复旦大学出版社2002年版,第38—39页。

以及现存流传最广、影响最大的几种全国人口统计数字的真实来源,进而揭示可能导致人口统计误差的原因。笔者认为这是研究民国人口不可回避的基础工作,而恕笔者寡识,迄今为止在这方面尚未见系统、完整的著述"①。侯杨方的研究是针对全国或分省区的人口普查与统计,而中国人口普查与统计技术的进步呈由下而上的过程,即从人口抽样调查到区域性人口普查再到分省区人口普查以至出现全国人口普查,这一进程在民国时期的区域性人口调查中表现尤为明显,而清华大学国情普查研究所正是这一进程中的集大成者。

(二) 人事登记

人事登记与人口普查是同样重要的人口统计方法,戴世光指出,"人口现象和过程的统计研究可以分为两个主要方面:一方面是人口数目和人口构成统计,它是由人口现象相对静止的角度来进行考察的;另一方面是人口的变动统计,它是从人口现象动态变化来着手考察的。人口静态统计的资料来源是人口普查;人口动态统计的资料来源主要的是人口经常登记"②。此人口经常登记即为人事登记,人口普查与人事登记共同构成了完整的人口统计。

以研究中国国情为己任的清华大学国情普查研究所,在呈贡县与昆阳县的人事登记,是中国第一次在人口普查基础上进行的人事登记。除了由小范围到大范围、由简单到复杂的进程外,注重具体的细节问题也是清华大学国情普查研究所在呈贡县、昆阳县人事登记取得成功的重要原因。例如在年龄和职业的分类中,国情普查研究所用属相年龄对照表,详细规定职业的类别等,依据这些统一的标准,使得对这些资料的分析比较有意义。无论从资料、内容、持续时间等诸方面,皆具有显著的历史价值。此次人事登记保存了大量珍贵的动态人口的资料,这样的登记在全国其他地方是不曾有的,在此基础上进行的云南地方人口与人事等研究,能有一个精细准确的数字作为标准,而且这样的数据在很大程度上具有代表性,可以作为中国国情整体研究的参照,其大大扩展了相关学术研究的范围。

(三) 户籍登记

清华大学国情普查研究所在人口普查基础上形成户籍登记制度的模

---

① 侯杨方:《民国时期全国人口统计数字的来源》,《历史研究》2000年第4期。
② 戴世光:《我国1953年的人口普查》,《教学与研究》1957年第4期。

式,成功建立了科学的设籍、转籍、迁徙、除籍等户籍管理体系,并得到当时学术界、政府和社会的认可,成为我国户籍制度发展史上重要的里程碑,推动了学术界和政府对户籍管理制度认识的深化,为全国范围内展开户籍登记做了科学的实验工作。

学术界对民国时期的区域性人口普查方法的研究成果不多,长期以来,对清末民国时期的人口及其相关问题的研究依然有较多薄弱区,甚至出现部分错误。清华大学国情普查研究所在社会学史及人口学史的研究中是较为常见的,尤其是民国时期的人口及其相关问题的研究中,他们的研究方法得到了学界的肯定,但是对于其在学术史中的地位语焉不详。基于此,首先,对国情普查研究所进行了详细的梳理,包括主持与组织者的学术背景,参与者的学习经历,并对他们举办的呈贡县人口普查、呈贡县昆阳县户籍及人事登记、环滇池市县区域户籍示范等几项主要工作具体的调查时间、方法、内容,均进行了深入的探析,整理分析了其研究成果,论证其科学性。其次,社会学的发展中,曾出现过多个学派,把国情普查研究所作为一个学派还没有进行整体关注过,本书以学术界对学派研究的范式为标准,确认国情普查研究所作为一个学派的成立。最后,把环滇池区域作为一个学术整体区域,将国情普查研究所在该区域内先后进行的工作方法与资料方面层次递进进行论述,论证他们在为社会学、人口学研究方法所做贡献的基础上,探讨这些工作对环滇池区域、云南乃至全国学术发展与国家建设之间重要的价值和深远意义。

三 学派和中国化研究方法

学术史研究有其鲜明的功用,"作为研究对象的学术史,是学者对学科发展所做的反思和总结。这项工作的目的,是通过对既有成果加以淘汰和筛选,在知识积累的意义上肯定杰出学者及其成果的价值,在技术进步的高度上总结经验和教训,最终为学术发展指明方向"①。这段对学术史研究功用的话,正是本书在地理学、社会学等学科学术史研究中所追求的整体目标。

（一）学派研究方法与内容

因为学派是以领导者为中心,以追随者和共同的研究理念、方法或范

---

① 蒋寅:《学术史:对学科发展的反思和总结》,《云梦学刊》2006年第4期。

式结合而形成的学术流派。学派研究是展现学者对学术发展产生贡献的重要方法,学派及其相关问题的探索是学术研究的升华。袁玉立指出,"学术流派的形成是学术自由的标志,是大学教育成功的标志,是人的自由自在创造性的直接证明"①,但我们在西南联大研究中,还未有关于学派的相关研究,无疑是缺憾的,也正好可以反映西南联大研究还有诸多可供发掘的领域。本书通过对陈达、李景汉这些中国第一代社会学家的学术背景、学术理念、科研活动进行细致梳理,对他们的学术追随者戴世光、袁方、苏汝江、廖宝昀等进行长期跟踪,确立以清华大学国情普查研究所成员为中心的"文庙学派"学术派别的成立,这是西南联大学者群体以及学术研究的深化,更是中国社会学发展史上占有重要地位的学术群体的整体性研究。

(二) 中国化研究方法与内容

中国化亦称本土化,是"使事物发生转变,适应本国、本地、本民族的情况,在本国、本地生长,具有本国、本地、本民族的特色或特征"②。中国化在民国时期是中国学术界极为重视的,学者们为了发展中国的现代科学进行了全方位的探索。地质地理气象学系的张印堂将经济地理学的研究方法应用于云南西部边疆地区的考察,鲍觉民、张景哲等师生开展的环滇池区域土地利用调查是依据陆军测绘局绘制的1:5万地图作为底图,并注重对其他相关资料的借鉴参考,对环滇池区域农业经济开发提出了诸多科学的建议,扩充了史料及研究范围。地质地理气象学系师生的地理考察,使经济地理学与土地利用学扩充了研究的视野,使之更加适用于中国地理学的发展状况。清华大学国情普查研究所是将国际上先进的社会学调查与统计方法引入中国后,结合中国社会状况与人民知识水平,在方法中进行了较大的修正,采取了更为适用于中国国情的条纸统计方法,并培养了大批人口学与社会学家,为社会学中国化做出了杰出的贡献。在民国时期中国学术发展的浪潮中,西南联大的师生们进行了诸多卓有成效的努力,同其他学者一道使中国现代学术更加适应中国国情,在中国化发展进程中获得了长足的发展。

---

① 袁玉立:《当代高等教育应该培育学术流派》,《云梦学刊》2007年第4期。
② 郑杭生、王万俊:《论社会学本土化的内涵及其目的》,载郑杭生《中国特色社会学理论的探索:社会运行论、社会转型论、学科本土论、社会互构论》,中国人民大学出版社2005年版,第383—393页。

地理调查与人口普查是地理学与人口学之所以成为一门科学的关键方法，作为地理学史研究的代表性学者之一的赫特纳曾说，"一种科学的方法论必须在这样两重基础上发展起来，即根据自己在科学的各种不同部分的研究和记述，以及根据对一般科学的方法论进行深刻的研究"①。可见方法论的研究是学科学术史研究的重心之一，更是国情调查研究是否科学的重要指标。但当前的中国地理学、社会学史及其相关研究中，对于历史时期的以考察为核心的研究方法不够重视，以至于对民国时期地理学、社会学及其分支学科的发展研究均存在较大的薄弱区，甚至出现部分偏差。基于此，本书以西南联大地质地理气象学系与清华大学国情普查研究所在云南的地理考察与社会调查为核心，探究其方法的先进性，论证其成果的科学性以及其为中国近代的地理学、社会学、人口学等学科学术适应中国国情发展方面的贡献。

立国要素有三："人口、土地、政权"②，西南联大地质地理气象学系师生在"土地"等地理国情调查方面，清华大学国情普查研究所的诸位师生在"人口"等人口国情调查方面，皆做出了卓越的贡献。他们在抗日战争时期艰苦的环境之下，以抗战建国为己任，在云南矢志不渝地坚持着学术研究，不仅对中国高等教育产生了重大影响，更为中国近现代国情研究提供了科学的方法与资料，在中国现代学术中的地理学、社会学、人口学、统计学等学科中具有继承与开拓之功，在中国近现代学术史中占据着重要地位。

---

① ［德］阿尔夫雷德·赫特纳：《地理学——它的历史、性质和方法》，王兰生译，张翼翼校，商务印书馆1983年版。
② 吴光杰：《国防常识》，中华书局1937年版，第3—6页。

上编　西南联大在云南的地理国情调查实验

西南联大在云南的地理国情调查主要是地质地理气象学系地理学组的师生组织进行的。其主要的工作有两项，第一项是环滇池区域的土地利用调查，第二项是滇缅铁路沿线的经济地理考察。这两项工作对环滇池区域和滇西地区进行了系统的研究，在近代地理学发展以及地理国情研究等方面做出了重大的贡献。

第一章

西南联大地质地理气象
学系和地理学组总论

西南联大由北京大学、清华大学和南开大学组成，因此西南联大与地理学相关的机构也带有三校既联合又保留各自学校原有学科优势的特征。三校联合后地理学相关的是西南联大地质地理气象学系，实际是涵括地质学、地理学、气候学三个学科，是由北京大学地质系与清华大学地学系在昆明合组而成的。南开大学在抗日战争开始之前则无地理学相关的系别。

第一节 西南联大地质地理气象学系的组成

在西南联大的地质地理气象学系中，地质学科的背景优势和主要成员是以北京大学原有的地质学系和清华大学地学系地质学组为基础形成的。北京大学地质学系最早成立于1909年的京师大学堂时期，当时的老师是德国人梭尔格，学生有王烈、邬有能、裘杰三人，王烈学习一年后留学德国成为专业的地质学人才，邬有能和裘杰则在毕业后并未从事地质工作[1]。1913年，在丁文江的倡导下，工商部开办了地质研究所，到1916年前后共有20余名学生结业，这些学生大都成为中国地质学史上的重要人物。1917年，在丁文江的推动下，北京大学恢复1913年停办的地质学门，1919年改为地质学系，何杰、王烈、王绍瀛、李四光、谢家荣等先后任系主任[2]。到1937年，已有多所高校成立了地质地理学系，培养了

---

[1] 张九辰：《地质学与民国社会：中央地质调查所研究》，山东教育出版社2005年版，第30—31页。

[2] 于洸、何国琦：《丁文江先生与北京大学地质学系》，载中国地质学会地质学史专业委员会、中国地质大学地质学史研究所合编《地质学史论丛》5，地质出版社2009年版，第201—207页。

专业人才（表1-1）。抗日战争时期西南联大地质学科的主要研究是与国家资源委员会联合进行的资源调查，重点是地下矿产资源调查，由于西南联大的地质学资源调查和学术研究非本书探讨的问题，故不详细论述。

表1-1　　　　　1937年主要的4所大学地质地理学系简况

大学名称	地点	成立时间	历年主任	毕业人数
北京大学	北平	1918年	王烈、李四光、丁文江、葛利普、谢家荣	188
中央大学	南京	1927年	竺可桢、李学清	31
中山大学	广州	1928年	叶格尔、韩姆、张席禔、何杰	32
清华大学	北平	1932年	翁文灏、谢家荣、袁复礼、冯景兰	13

资料来源：章鸿钊：《中国地质学发展小史》，商务印书馆1937年版，第40—41页。

西南联大地质地理气象学系的地理和气象学科基础来源于清华大学。1929年在翁文灏的推动下清华大学成立地理学系，1933年改为地学系，包括地质学组、地理学组和气象学组。冯景兰叙述了这三者的关系，"大气作用为地质变化之一种，如寒暖变易，空气流动，存在有地质上之兴趣，故研究地质者，不可不略知气象学。地壳为地质学研究之对象，如水陆分布，山川形势，存在有地质作用地球历史有密切之关系，故研究地质者，不可不略知区域地理。至地理一科，包罗万象，上自天文气候，下至山原河海，均须略知梗概，然后知动植物分布、民族消长、政治盛衰、社会经济状况，与自然环境之关系，故学地理者，亦不可不略知地质学与气象学，此地学系三组间之相互关系也"[①]。冯景兰的这一叙述表明地质学、地理学与气象学在研究领域内的交叉与互补的关系。地理学系的另一个特点是清华大学以及西南联大一直推崇的通识教育，他们的培养计划，冯景兰亦有如此叙述："本系学生，第一年可学物理化学、历史、普通地质、或生物等之基本科学；第二年可选矿物、测量、人文地理、自然地理、气象、历史、地质等本系之必修课程；第三四年可因性之所近，于地理、地质、气象，三者任择一组，而学习其必要学程及选修课程，庶免专攻太早之弊，而收融会贯通之效。"[②] 地质地理气象学系的学生们在一年级时以

[①] 冯景兰：《地学系概况》，《清华周刊》1935年响导专号。
[②] 冯景兰：《地学系概况》，《清华周刊》1935年响导专号。

基础课程为主，二年级依据地质、地理和气象组开设必修课程，三年级大致确定所修组别，以学习专业课程为主，四年级则还需要进行野外考察实习。在此基础上，地质地理气象学系学生们的毕业论文中产生了不少的优异成果，培养了大量的优秀地质、地理及气象学的专家。

西南联大合组后，原属北京大学与清华大学的地质地理学系依照清华大学的建置合并为地质地理气象学系，除保留原来两校学生外，并同时以西南联大地质地理气象学系为单位，共同招生和开设课程。彼时，西南联大的地质地理气象学系成为国内首屈一指的地理学学术中心地，在抗日战争时期的中国地理学术界占有重要地位。

西南联大迁往昆明后，地质地理气象学系集合了北京大学、清华大学以及同时迁入云南的中山大学的优秀教师群体，在以云南为中心的西南地区进行了长时间深入的地理考察与研究，并在8年间培养了160余名毕业生，应在云南及中国地理学史的研究中得到较高关注，无论是西南联大研究，还是地理学史的研究，都是值得浓墨重彩进行论述的。

第二节　西南联大地质地理气象学系地理学组的教师构成

西南联大地质地理气象学系设地质组、地理组、气象组，各有专业教师。依据职称又有教授、副教授、讲师、教员、助教以及绘图员等。1938—1946年间，教授的数量从8人增加到15人，讲师从2人增加到5人，教员由1人增加到3人，助教由6人增加到23人，并聘任有专门的绘图员。这些教师中，教授都有留学经历，讲师和助教多为本校培养的毕业生，随着留学人员归来和优秀毕业生的增多，充实了教师团体。

西南联大地质地理气象学系中的地理学组教师，是在清华大学地理学系的基础上组建的，除了上述学者外，还有翁文灏、王成组、涂长望、黄国璋、白眉初等均在地理学组开设课程，经过近十年的发展，西南联大时期的地理学研究呈现出蓬勃发展之势，并为中国地理学界培养了优秀的地理学人才。

西南联大时期地理学组的常任教师，资历最老、成就最高者当数张印堂。张印堂（1902—1991），字荫棠，山东泰安人，我国近代著名的地理学家、人口学家，在我国经济地理研究领域有重要贡献，是我国经济地理学的主要奠基人之一。1922年张印堂进入燕京大学地质地理系，1926年毕业后留学于英国利物浦大学，师从罗士培①。1931年获地理学硕士学位后回国，先任教于燕京大学，1933年进入清华大学地学系任教，并完成 The Economic Development and Prospects of Inner Monglia②，该著奠定了他边疆经济地理研究中的地位。1936年，张印堂带领清华大学地学系的白福祥等学生进入蒙古地区进行地理考察，1937年完成《蒙古问题》，他的目的是"研究蒙古目前政治、经济、社会的各项基本问题，所有评论皆根据地理之基础与历史之背景加以阐明，更以第三者之立场，为批评一切之态度，期望不偏不倚，以切实际并应需要为原则，而供关心边疆与从政蒙古之汉蒙领袖之参考，俾使各种问题因之将来得以逐渐改善以致圆满解决，不再成为问题，此乃著者之本意及所报之期望也"③。这段话反映出张印堂严谨的学术修养，以及浓厚的爱国情怀。抗日战争开始后，张印堂随校南迁，是西南联大地质地理气象学系地理组的主要教师，抗战胜利后张印堂离开大陆，从此再未归来。他长期任教于清华大学地学系，培养了众多优异的地理学人才，为中国地理学的发展做出了重要贡献。

西南联大时期，鲍觉民教授是在张印堂之后任教时间最久者。鲍觉民是著名经济地理学家、人文地理学家。1909年8月生于安徽省巢县（今巢湖县），逝于1994年6月。1933年毕业于南京中央大学地理系，同年任教南开大学；1937年考取庚款留英公费生，赴伦敦大学政治经济学院，师从于曾任国际地理联合会主席的著名地理学家斯坦普教授，1940年以《中国运输地理研究》一文获经济地理学博士学位后回国，执教于西南联

---

① 罗士培（P. M. Roxby, 1880—1947）是著名的人文地理及区域地理学家，长期在利物浦大学地理系担任教授，并兼任系主任；1912年开始重视中国人文地理的研究；1944年来到中国，任英国文化协会驻重庆代表，与中国地理学界交往密切，并介绍了吴传钧进入利物浦大学；1947年病逝中国，有手稿《中国手册》（3卷），重要成果有《自然区的理论》《东安格利亚的历史地理》等。除了张印堂，中国著名的地理学家林超也曾受教于罗士培，并且是利物浦大学第一个地理学博士。此外与张印堂同时受教于洪业的侯仁之也曾求学于该校地理系，据载，1938年侯仁之在洪业教授的指导授意下，准备去利物浦大学投师罗士培的门下，无奈受战事影响，1946年才成行，可惜罗士培已退休，后来侯仁之便投身于达贝教授门下。由此可见罗士培在中国地理学界的重要影响力。《吴传钧》，载孙鸿烈主编《20世纪中国知名科学家学术成就概览（地学卷·地理学分册）》，科学出版社2010年版，第357—370页；宋立志编著：《清华大学、北京大学》，京华出版社2010年版，第126—127页。

② 张印堂：The Economic Development and Prospects of Inner Monglia，商务印书馆1933年版。

③ 张印堂：《蒙古问题》，商务印书馆1937年版，第2页。

合大学理学院地质地理气象学系地理组,抗日战争胜利后,鲍觉民一直在南开大学任教,他是中国第一批区域经济地理学的博士研究生导师①。鲍觉民是我国第一代从国外学成归来的经济地理学博士,其在以人文地理学为基准,包括经济地理、政治地理、旅游地理等诸多领域中,均有突出建树。在国际上,鲍觉民也享誉盛名。1946年9月,受英国文化协会邀请,鲍觉民前往英国,以"中国土地利用""中国人口问题"等为专题在伦敦大学、曼彻斯特大学等10所大学演讲和座谈,同时再次对英国的土地利用状况作了深入了解②;1982年,鲍觉民作为中国地理学会代表团的五位代表之一出席了在巴西召开的"国际地理联合会拉丁美洲区域学术讨论会",提交了《解放前后中国铁路建设的比较研究》一文,访问了亚马逊河流域的部分城市与区域;1988年,又作为中国地理学会代表之一参加了在澳大利亚悉尼举办的"第26届国际地理大会";为世界了解中国的地理学,也为我国地理学的发展与世界接轨做出了较大贡献③。

林超是地理学组成就较高的教师。林超1909年生于广东揭阳,1929年在中山大学开始致力于地理学研究,1930年毕业后任中山大学地理学助教,1934年入英国利物浦大学,亦师从于罗士培。1938年博士毕业后归国,任中山大学地理系教授,1939年中山大学迁入云南后,林超被西南联大地质地理气象学系聘任为教授,1940年应中国地理研究所的工作需求,离开西南联大,1950年之后在清华大学和北京大学任教,1991年去世。林超在西南联大任教时间不长,却取得了优异的成绩。如1939年他首先提出景观生态学的概念,1940年11月至1941年6月带领西南联大的毕业生孙承烈等学生,在嘉陵江流域进行了地理考察,完成《嘉陵江流域地理考察报告(下)》,得到了学术界的极大推崇,被认为是"抗战时期中国地理学的代表之作"④。

钟道铭1908年生于安徽和县,1931年毕业于清华大学,1933年在南

---

① 季任钧:《沉痛悼念鲍觉民教授》,《人文地理》1995年第10卷第4期;李光正、范君石:《读万卷书、行万里路——南开大学鲍觉民教授谈治学》,《天津教育学院学报》1988年第2期;姜素清、季任钧:《为发展我国政治地理学作贡献——访南开大学鲍觉民教授》,《地理知识》1987年第2期。
② 季任钧:《沉痛悼念鲍觉民教授》,《人文地理》1995年第10卷第4期。
③ 杨海挺:《鲍觉民与滇池地区土地利用调查研究》,《思想战线》2011年第37卷第S1期。
④ 蔡运龙:《林超的学术思想与成就》,载林超、《林超地理学论文选》编委会编《林超地理学论文选》,北京大学出版社1993年版,第216—222页;高泳源:《中国地理研究所(1940—1949年)纪略》,《地理研究》1985年第4卷第1期。

京中央大学地理系学习，1934年与林超一同考取中英庚款第二届公费生，进入伦敦大学，1937年获英国伦敦大学政治经济学院经济地理博士学位，回国后任教于中央大学地理系，1942年进入西南联大任教。1947年之后在中山大学、南昌大学、南开大学、西北大学和开封大学等地任教，1954年去世①。

陶绍渊1903年生于江西九江，1937年入美国芝加哥大学地理系，1939年获硕士学位后回国，任教于"国立"师范学院，1941年进入西南联大师范学院任史地系副教授，因学术水平较高，1944年转任西南联大地质地理气象学系教授，1946年后在大夏大学、复旦大学、圣约翰大学、上海师范大学等校任教，2003年去世。1943年受粤汉铁路管理局的聘请，考察了铁路沿线的经济地理，完成《粤汉铁路沿线之烟煤矿》，被评为"是一份难得的经济地理调查报告"②。

洪绂又名洪思齐，1906年生于福建，1926年从协和大学物理学毕业，1933年获法国里昂大学地理系博士，1934年回国后任中山大学地理系主任和清华大学地理系教授，抗战时期任西南联大地质地理气象学系教授，并极力推荐聘请林超入教，1940年离开西南联大，后来在中国台湾师范大学以及美国的多所高校任教，创办加拿大圭尔夫大学（University of Guelph）地理系，在国际地理学界享有较高声誉③。

由上可见，地理学组的教师有5位常任教授，其中4位曾留学于英国，且除了张印堂以外，其余归国任教时间均在20世纪30年代末期以后。陶绍渊是西南联大师范学院史地学系的教师，林超原是中山大学的教授，中山大学迁滇期间被西南联大地质地理气象学系聘任。这些教师在西南联大地质地理气象学系形成了良好的教学与研究氛围，几乎每个教师都有优异的地理学调查成果，彼此之间也有良好的学术关系，如林超曾对张

---

① 北京大学、清华大学、南开大学、云南师范大学编：《国立西南联合大学史料》卷3《教学科研卷》，云南教育出版社1998年版，第182、382页；谢长法：《中国留学教育史》，山西教育出版社2006年版，第162页。

② 吴祥兴主编：《师道永恒：上海师范大学名师列传》1，上海人民出版社2009年版，第354页。

③ 杨宗干：《洪绂博士》，载吴传钧、施雅风主编《中国地理学90年发展回忆录》，学苑出版社1999年版，第69—70页；曾昭璇：《洪绂》，载中山大学地理科学与规划学院编，刘琦主编《中山大学地理人物传》，中国评论学术出版社2009年版，第12—16页。

印堂《滇西经济地理》进行过评述①，此评述带有介绍与讨论性质，是少有的地理学评论作品。

西南联大地质地理气象学系地理组的教师人员并不多，但均是中国近代地理学界的大师级人物，在他们的带领与开拓下，西南联大师生共同为中国近代地理学的诸多分支学科做出了卓越贡献。

第三节　西南联大地质地理气象学系的学生

西南联大地质地理气象学系隶属于理学院，1938—1939年的前两届共招生60余人，从1940年开始平均每届只招收10人左右，1938—1946年间共招收120余人。表1-2列出了西南联大地质地理气象学系历届毕业学生名单。这些学生主要是由统一招考录取，还有分区录取的学生，如陈梦熊、徐照明是1938年上海区招考录取的新生，胡伦积和邓建榕是战区补录的新生；还有个省教育厅保送免试升学的新生，如1938年入学的宁德铭是平津保送；此外还有旁听生、借读生、复学生和转学生等，新生的人数不易确定，相比较来说毕业生的名单则较为准确。

表1-2　**西南联大地质地理气象学系历届毕业学生名单**

毕业年份	北京大学学籍	清华大学学籍	南开大学学籍	西南联大学籍
1938	马祖望、白家驹、吴磊伯、王本荄	张时中、钟达三、胡善思、亢玉瑾、李式金、刘鹏岩、彭琪瑞、宋叔和（院士）、丁锡祉、王继光、陈鑫、谢光道、范中廉、周华章		
1939	钱尚忠、朱钧、梁文郁、王鸿祯（院士）、燕树檀	章人骏、张沅恺、陈贲、陈树仁、范金台、何明经、许衍敦、高崇照、高士功、高文泰、黎盛斯、白祥麟、孙毓华、邹新垓、王尚文、王乃樑		

---

① 林超：《评张印堂之〈滇西经济地理〉》，《地理》1942年第2卷第3期。

续表

毕业年份	北京大学学籍	清华大学学籍	南开大学学籍	西南联大学籍
1940	杨博泉、黄劭（绍）显（院士）、关士聪（院士）、杨登华、唐铮、曹国权、曾鼎乾、刘元镇、郭宗山、董申保（院士）、张炳熹、陈福曙	冯绳武、米泰恒、彭究成、徐煜坚、孙承烈、程传颐、朱和周、冯秉恬、谢义炳（院士）、李孝芳、刘乃隆、蒲英基、宋励吾、叶笃正（院士）		王云亭
1941	萧安源、贾福海（院士）、陈庆宣（院士）、高之杕、宫景光	池际尚（院士）、刘庄、徐淑英	王宪钊、钱茂年	刘钟瑜、赵景德、侯学煮、史立常
1942	李毓樟、谷德振（院士）	段国璋、张景哲、宁孝勰	杨锡诚、朱之杰、司徒愈旺、刘东生（院士）	顾知微（院士）、李广源、黎国彬、马杏垣（院士）、邓海泉、罗耀星、邓绶林、汪昌祚、杨开庆、陈梦熊（院士）、胡伦积、张秉文、宁德铭、黄尔瞻（黄衍）、叶璔光、何绍勋、韩德馨（院士）
1943		李璞、张澜庆、王大纯		张维亚、郝诒纯（院士）、胡士铎、李叔廷、罗明远、穆恩之（院士）、汤任先、汪稼耕、莫永宽、胡崇尧、张凯、黄秉成、钱振武、陈光远、黄质夫、杨起（院士）
1944		孙鸿銮	涂光炽（院士）	罗征勤、徐鸿友、刘心务、王亦闲、张敬凤、竹淑贞、何作人、曹念祥、刘鸿允、罗济欧、欧大澄、王忠诗、吕枚、陈鑫、高存礼、张文仲

第一章　西南联大地质地理气象学系和地理学组总论　　49

续表

毕业年份	北京大学学籍	清华大学学籍	南开大学学籍	西南联大学籍
1945		李廉		胡习传、杨义、吴达文、朱云霞、王凤翔、秦北海、贺德俊、刘匡南、杜精南、张忠胤、李文达、张家环、祝宗权
1946		任泽雨（赵心斋）、张其仁		张咸恭、邹达人、马万钧、吕端㻌、董南庭、苗树屏、江爱良

资料来源：北京大学、清华大学、南开大学、云南师范大学编：《国立西南联合大学史料》卷5《学生卷》，云南教育出版社 1998 年版；西南联合大学北京校友会编：《国立西南联合大学校史：一九三七至一九四六年的北大、清华、南开》，北京大学出版社 2006 年修订版，第 472—473 页。

　　上表所载地质地理气象学系毕业生共 166 人，其中西南联大学籍中有 10 人进入军队服务，担任译员等。在 1941 年西南联大地质地理气象学系第一届毕业生毕业之前，以清华大学和北京大学原来的地质地理学系学生为主，王云亭是 1938 年转学招考录取学生，故于 1940 年即行毕业。1941 年之后，以西南联大学籍的毕业生占据主要地位。西南联大时期，地质地理气象学系还延续了北京大学和清华大学培养研究生的传统，1940 年以北京大学学籍招收黄元宗、董申保为地质学部的研究生，1943 年招收韩德馨、杨起，1945 年招收李文达；1942 年以清华大学为学籍招收刘锦新为地学部研究生，1943 年又招收张澜庆、郝诒纯、顾震潮、李璞，1944 年招收涂光炽，1945 年招收王立本。此外，还有张炳熹于 1944 年考取了留美公费生，赴美学习矿物学，注重物理矿物学。南开大学则因未开设地理学相关专业，仅有鲍觉民教授 1 人教授经济地理且依附于经济学系，故难以统计。

　　西南联大时期，地质地理气象学系的师资并不充裕，得益于不断有优秀毕业生的加入，才使得该系的教学及实践活动能够顺利进行。讲师有杨钟健、高振西、王嘉荫、苏良赫、高士功等北京大学、清华大学早期的毕业生，以及西南联大时期的优秀毕业生。1938 年，清华大学学籍的毕业生宋叔和升为助教，甚至还未毕业的王鸿祯也被任为助教；1940 年师范学院史地学系的毕业生李学曾任为助教；1942年，高之杕、马杏垣、张景哲、段国璋、池际尚等亦被委任为助教；1943年起，又先后有谢光道、董申保、张炳熹①、陈光远、张澜庆、陈光远、刘心务、李廉、王凤翙、张忠胤、李孝芳、王云亭等，均担任助教一职；到1946年师资充裕时，仅助教就有23人②。西南联大时期的北京大学、清华大学以及南开大学的地质、地理及气象学均在传承抗战前原有学术体系基础上得到了更大的发展，培养了众多优秀的专业人才。

该系的教学理论与实践相结合，培养出了大量优秀的地质、地理及气象学家，在中华人民共和国成立后为中国相关领域的科学发展取得了巨大的成就。1980年中国科学院地学部的学部委员中有17人是西南联大地质地理气象学系的学生，他们是宋叔和、王鸿祯、董申保、谢义炳、关士聪、黄劭显、叶笃正、张炳熹、贾福海、池际尚、谷德振、刘东生、马杏垣、顾知微、穆恩之、郝诒纯、涂光炽；1991年又有陈庆宣、陈梦熊、杨起3人当选，1995年又有韩德馨和於崇文（1948年毕业）分别当选中国工程院院士和中国科学院地学部院士。这些学者中，叶笃正、谢义炳是气象学相关领域，郝诒纯、刘东生是古生物学领域，其余均是矿产地质相关领域的学者。出现这样面貌的一大原因是20世纪50年代初至70年代末期中国地理学在照搬苏联模式的学科背景下，地理学家之前的欧美地理学学术背景改为重新学习苏联地理学，或是改头换面，在允许的学术领域内开展有限的地理学研究。尽管这一时期的地理学学术科研发展有所局限，人才培养也有明显不足，但20世纪70年代末以后，在地理学学科的重建中，这一批学者承担起复兴地理学的重任，再次为中国的地理学做出了贡献。

西南联大地质地理气象学系在继承抗日战争之前北京大学地质系与清华大学地学系的师资、学生以及学科学术体系基础上，在西南联大时期，以云南这片土地为驻扎地和学术实践地，在地质学、地理学、气象学及其相关研究方面，均取得了显著的成就。

---

① 1944年8月考取留美公费生后离职。
② 北京大学、清华大学、南开大学、云南师范大学编：《国立西南联合大学史料》卷5《学生卷》，云南教育出版社1998年版；北京大学、清华大学、南开大学、云南师范大学编：《国立西南联合大学史料》卷4《教职员卷》，云南教育出版社1998年版。

第四节　西南联大地质地理气象学系地理学组的教学与科研活动

西南联大地质地理气象学系地理学组拥有民国时期中国重要的地理学家张印堂、鲍觉民、林超等，在这些学者的参与指导下，该系地理学的教学与科研均取得了优异的成绩。

一　地理学组的教学内容

西南联大地质地理气象学系地理学组的课程，关于《地理通论》《自然地理》《人文地理》等课程，大都是全系共同授课。到第三、第四年级时，鉴于学生们的学术兴趣与师资力量，特别开设出亚洲、欧洲等五大洲的地志，《经济地理》、《政治地理》、区域地理等课程，鉴于绘图在地理学研究中的重要性，还有《制图学》与《地图读法》等专业技术课程。根据地理学组教师的学术背景，各位老师所开课程如下①：

张印堂讲授《中国地理总论》《中国边疆区域地理》《西南边疆研究》《种族地理》《气候学》等课程②，并在云南大学讲授《中国地理》课程③，张印堂的《中国边疆区域地理》及《西南边疆研究》是当时中国唯一开设的边疆区域地理专业课程，是历史边疆地理作为学科进入课堂的重要起点④。

鲍觉民开设《亚洲地志》《经济地理》《人文地理》《中国经济地理》等课程。

洪绂讲授《人文地理》《经济地理》《中国地理区域研究》以及《世界地理（美洲）》等课程。

林超曾讲授《地理通论》和五大洲的地理志。

钟道铭讲授自然地理通论、《人生地理》、《政治地理》、《欧洲地理》

---

① 北京大学、清华大学、南开大学、云南师范大学编：《国立西南联合大学史料》卷3《教学科研卷》，云南教育出版社1998年版，第159、187、215、247、283、349—350页。
② 西南联合大学北京校友会编：《国立西南联合大学校史：一九三七至一九四六年的北大、清华、南开》，北京大学出版社2006年修订版，第197—198页。
③ 《国立云南大学科目表》，《国立云南大学一览》，［出版社不详］1947年版，第4页；杨海挺、石敏：《档案揭秘抗战时期云南大学与西南联大的师生渊源》，《云南档案》2014年第2期。
④ 杨煜达：《历史边疆地理：学科发展与现实关怀》，《学习与探索》2006年第6期。

等课程。

陶绍渊除讲授五大洲的地志外,主要承担有《制图学》与《地图读法》课程。

与西南联大地质地理气象学系地理学组关系密切的还有西南联大师范学院史地学系,地质地理气象学系的教师几乎都在史地学系兼课,其中有些课程二系同时进行,如钟道铭的《人生地理》课程,陶绍渊的《北美洲地志》等课程①。陶绍渊本是史地学系的专职教师,后来正是因为其出色的授课与学术水平,被调入西南联大地质地理气象学系任教授。

西南联大地质地理气象学系是西南联大通识教育的代表,一二年级的学生需要同修地质学、地理学、气象学的基础课程,三四年级之后才开始注重专业地理学课程的学习。西南联大地理学相关课程已经较为完备,为该系师生的系统学术科研活动奠定了坚实的理论基础。

二 地理学组的科研实践活动

西南联大地质地理气象学系地理组的教学还十分注重实地的科研实践,这些实践活动主要有两种:

第一,教师实地参与进行的科研活动。西南联大地理学教师均十分重视科研实践,在他们的实地研究中,为了能更好地培养学生,常常会带领部分学生参与。张印堂1939年滇西经济地理考察时,带领了该系1939年的毕业生邹新垓。鲍觉民1942年调查呈贡县洛龙河区的土地利用时带领了学生张景哲,并指导完成了调查报告。林超1940年嘉陵江流域调查时带领了该系学生孙承烈②,这些地理考察均是中国近代地理学相关领域内的重要成果。地理组的诸多学生,也正是在他们的指导下,在这些学术活动中提高了学术与科研能力。

第二,教师指导的科研实践。西南联大地理学在浓厚的教学与实践结

---

① 北京大学、清华大学、南开大学、云南师范大学编:《国立西南联合大学史料》卷3《教学·科研卷》,云南教育出版社1998年版,第283、350页。

② 《嘉陵江流域地理考察报告》分自然地理与人文地理两组,自然地理组为李承三、周廷儒、郭令智、高泳源,人文地理组为林超、楼桐茂、王成敬、孙承烈,分上、下卷分别述之。林超于1939年在西南联大任教,次年便离校,时间并不长,1946年西南联大全校职员名单上亦有林超的名字。参与此次考察的孙承烈亦为1940年清华大学学籍的西南联大毕业学生。在西南联大任教期间林超主要的地理考察并未在云南进行,故本书暂且不论。林超:《嘉陵江流域地理考察报告(下)·序》,中国地理研究所1946年版。

合的氛围里学习成长，地理学组的所有老师都参与地理学野外实习的指导，由此学生们的毕业论文均能利用学术前沿的理论与方法，并且有目的地集中进行，形成了系统进行区域地理研究的特点。如环滇池区域的地理学考察，包括土地利用、滇池水文、昆明城市地理、呈贡农村经济地理等，不仅是理论指导实践的优秀成果，更是中国近代地理学分支学科发展中的里程碑式的学术成就。在清华大学地学会的丛书《地学集刊》中，刊登了大量这些实习的论文，如张景哲《中国土壤侵蚀概况》，李孝芳《滇池水位之季节变迁》《昆明都市地理》，冯绳武《宜良坝子小志》《滇池西北岸水道考》，邹新垓《战后国都之位置问题》等①，在这些系统的地理调查中，不少学生锻炼了实地的科研能力，为其一生的学术事业奠定了基础。

  抗日战争时期的地理学科研实践活动，在西南联大地理学师生们的带领下，在以云南为代表的内地兴盛起来，并促使地理学考察与研究也从松散的状态呈现出向中国西部集中的态势。《中国大百科全书·地理卷》对这一时期的地理考察有如下叙述："40 年代时规模增大，先后有嘉陵江流域、川东、汉中盆地等地理考察，并出版了考察报告。"② 这是民国时期地理考察研究的重要代表，现有地理学考察研究，无不以上述内容为关注点，但对同样在近代地理学考察与研究中产生重要地位的云南地区的关注却甚为薄弱，尤其是西南联大地质地理气象学系和中山大学地理系，以及资源委员会经济研究室均在云南进行了数量众多且高质量的地理考察，这些考察的成果卓著，甚至毫不逊于同时期任何国内其他地区的考察活动及成果。并且，抗日战争时期中国地理学得到了重大的发展，这是学术界的基本共识，但发展的内容与方向，在哪些方面得到了深化或进步，学术界的探析是不明朗的，西南联大地质地理气象学系地理学组师生们在云南的教学与科研活动，代表了抗日战争时期中国地理学发展研究的重要方向，探究西南联大地理学师生们的贡献，从他们在云南的这些地理考察出发，便可窥见抗日战争时期中国地理学发展的全貌。

---

  ① 西南联合大学北京校友会编:《国立西南联合大学校史：一九三七至一九四六年的北大、清华、南开》，北京大学出版社 2006 年修订版，第 198 页。
  ② 杨勤业:《中国现代地理考察》，载中国大百科全书总编辑委员会《地理学》编辑委员会、中国大百科全书出版社编辑部编《中国大百科全书·地理学》，中国大百科全书出版社 1990 年版，第 511 页。

第二章

西南联大环滇池区域的土地利用调查实验

土地利用（land use），指人类为经济的和社会的目的，通过各种使用活动对土地长期或周期性的经营，亦指对土地资源的开发、改造、使用和保护。土地利用调查，指土地的调查和制图，现代土地利用学科的定义，指以一定行政区域或自然区域为单位进行，其任务是按调查单位查清各行政区域、各权属单位的土地总面积和利用分类面积及其分布状况，为土地利用规划和土地利用管理提供依据[①]，其主要是通过地理学家们描述性的工作，将其作为制订市区和郊区土地利用规划的早期任务。

第一节 银汁河区的土地利用调查实验

银汁河流域的土地利用调查是鲍觉民指导的第一批土地利用调查，其调查成果《昆明银汁河区的灌溉及土地利用》是最早的以"土地利用"为标题的专篇论文，奠定了西南联大地质地理气象学系师生关注土地利用调查研究的基础。

一 滇池北岸银汁河区域地理

银汁河的渠首在黑龙潭，渠尾在马村附近，途经蒜村、上庄、岗头村，入盘龙江，全长 11.5 千米。明代陈文的《南坝闸记》中说："今所

---

① 吴次芳、宋戈编：《土地利用学》，科学出版社 2009 年版，第 7 页。

谓南坝，即萦城银棱河之所流也。"① 据此，在明代以前，银汁河已是名副其实的"萦城"银带了。由于银汁河灌区都在明代云南府城（昆明城）的北部，这一区域地势较高，是元明以来的重要农业区，加之明代文献上银汁河河首至河尾莲花池等地名均已出现，可知银汁河灌溉体系在明代已基本形成。从元明清发展到20世纪40年代，银汁河水利和土地利用情况是滇池流域研究得较为清晰的。银汁河源自黑龙潭，其自然河道为从黑龙潭南流两千米汇入盘龙江。明景泰四年（1453年）后开挖新的河道，从黑龙潭起沿昆明城北的蛇山东麓往西南，在城北小菜园一带汇入盘龙江，新河共长12千米。据明人李元阳《云南通志》所记，大约景泰四年（1453年）明代官府曾组织人力大规模开挖银汁河，所谓新河即明代开挖的长12千米的河道。又据文献记载，景泰四年前（1453年）银汁河仅是一条由盘龙江分支而出的短促河道，从景泰四年至成化十八年（1482年）官府组织人力开挖疏浚新河和东西二沟，大约从松花坝、黑龙潭起至今昆明市小菜园后汇入盘龙江，经过30余年的开挖疏浚，银汁河在明代中期以后已成规模。

《读史方舆纪要》说银汁河为距离昆明城"西十里有银棱河，俗名'银汁'，亦引盘龙江水，由商山麓流过沙浪里，南绕府治。蒙、段时，堤上多种白花名萦城银棱。明朝弘治中常濬二河，亦谓之东西沟"②。所以银汁河是一条沿昆明市北部商山半山麓开挖的河流，与盘龙江形成并行的河渠，但银汁河所处地势较盘龙江高，形成一条高于该区田亩的自流灌溉河渠③。

银汁河的水源主要是泉水，最大的水源为黑龙潭，并非是盘龙江水，此外还有白龙潭、黄龙潭等龙潭泉水汇流而成，在银汁河的上游区域，岗头村、大麦西、茨坝等村附近，也有其他的一些无名的河流泉水相汇，不断增大银汁河水量。银汁河水源的这一特点，与金汁河有很大不同，受松花坝的影响较小。而且"银汁河四季水利一定。虽因雨水略有涨缩，究竟有限得很。同时河堤颇高，雨季时也无泛滥至患。即今河堤倒塌河水外

---

① （明）陈文：《南坝闸记》，见刘文征撰天启《滇志》卷19《艺文志十一》，古永继校点，云南教育出版社1991年版，第634页。

② 《边疆史地文献初编》编委会编：《边疆行政建制初编：西北及西南·13》，知识产权出版社2011年版，第39页。

③ 马琦：《明清时期滇池流域的水利纠纷与社会治理》，《思想战线》2016年第42卷第3期。

流，只要堰闸坝一开放，多余的河水马上便顺着沟渠，泄到盘龙江去"①。

银汁河灌溉区域在昆明东北部，是一带狭长低地的西半部，南端最狭不过百米左右，中间最宽约有千余米，北部和西部较高，南部和东部较低。但由西北到东南坡度非常和缓，仅在黑龙潭、蒜村与落梭坡间有一带梯田，此外梯田较少。村庄和道路建筑在其较高的地段上面。在山麓和田地之间便是银汁河，所以银汁河在山麓的边缘②。它的河床离田地相当高，这是一般的情形，其间也有例外。例如在上庄以北有些地方的银汁河和村庄之间也有水田存在③，明代文献上比较清晰地记载了银汁河的部分河闸，"王公堰闸、文殊寺闸，俱在银汁河"④。

民国年间银汁河灌溉区分为龙泉乡、北仓乡、范竹乡、莲花乡、松华乡等，今皆为昆明市北市区和工业区。根据20世纪40年代范金台、孙承烈的考察，"银汁河自承受了黑龙潭水以后，流往西南的方向，在起初一段曲折很多，流到尚家营以西乃西折几乎成正西的方向。流过约有500公尺后又折向西南，此后流近山坡不再有什么曲折。到岗头村一带，作了几个弓形小湾，造成几个储水用的堰塘。到大涵洞以下，似乎是分成两支，一支往南转了几湾到小菜园入盘龙江。另一支自大涵洞西去不过一二百米就不见了。全河的坡度很小，银汁河修筑的主要目的是在导引利用黑龙潭的水是无疑的，由地势与相对的位置及地形上我们可以推知在未开此河或其他导水工程之先，黑龙潭水所成的自然河一定是直率的南流，很快的在浪口落梭坡一带就归入盘龙江"⑤。由此可见，银汁河最大的特点是河渠高于农田，水流通过银汁河自流，分段建立堰闸，调控水量，分段灌溉。一般情况下，银汁河水流仅够灌溉所用，为避免冬春干旱无水灌溉，常常在地势低洼的地区设置常年的或季节性的堰塘蓄水，备冬春灌溉。而夏秋雨量充分或者过多时，多余的水则排入盘龙江，所以，银汁河区域由堰闸

---

① 范金台、孙承烈：《昆明银汁河区的灌溉及土地利用》，《地理学报》1941年第8卷第1期。
② 孟雅南：《清代滇池北岸六河区域水利研究》，硕士学位论文，云南大学，2010年。
③ 范金台、孙承烈：《昆明银汁河区的灌溉及土地利用》，《地理学报》1941年第8卷第1期。
④ （明）刘文征：天启《滇志》卷3《地理志·堤闸·云南府》，古永继校点，云南教育出版社1991年版，第121页。
⑤ 范金台、孙承烈：《昆明银汁河区的灌溉及土地利用》，《地理学报》1941年第8卷第1期。

共同形成灌排体系加以控制。

二 银汁河区的土地利用调查实验

范金台、孙承烈的调查范围以银汁河为中心，东接盘龙江，西以长虫山脚村庄为界，北抵黑龙潭，南至小菜园，所包括的土地总面积约为12.06平方千米。该区域沿银汁河呈长条状分布，南端小菜园附近最窄，大概100米，中间部分最宽，约有1000米①。

这一区域的地形大概从黑龙潭出发，自北向南海拔渐低、坡度渐缓；从长虫山以东至盘龙江，坡度与海拔亦渐缓、渐低。村庄和道路建筑在山麓较高的地段上，山麓以下为银汁河，再往东便是广布的稻田。从小菜园出发，依次往北分布的村庄主要有大涵洞（下马村）、小马村、大马村、冈头村（岗头村）、山半营、官拿威、右营、沙沟、上庄、小麦西（小麦溪）、大麦西、蒜村等②。

范金台与孙承烈的调查依据陆军测绘局1920年测绘的1∶5万比例尺的地形图，填绘制成银汁河区土地利用图。银汁河依长虫山麓自东北向西南流，流经区域坡度平缓，银汁河地区有发达的水利与灌溉系统。雨季来临后，丰沛的降水极易导致河水泛滥，要保证不对农业生产造成灾害，需广筑河堤，银汁河依山麓而流最大的优点就是靠近山坡的西北方向，无须筑堤。据范金台、孙承烈对9段河堤的调查，河堤东岸高于西岸平均达2米，并且东岸河堤宽阔，宽者达1.5米，且都高于堤旁之田地，西岸堤则仅有步行小道宽。原因有二：第一，银汁河西岸为长虫山，海拔原本就高于东岸，无须建较高之堤；第二，银汁河流域的田地除上庄以北有部分分布于河流西岸外，几乎都分布于河流东岸，西岸即使泛滥也不会对农耕造成大的影响，只有东岸筑高堤才能保证田地不被淹没，并且在灌溉时可以达到提高水位的目的。自蒜村以南，东岸河堤上整齐种植柏树，并且在每年夏季插秧完成后，各村农民皆分段进行河道的疏浚和河堤的维护。这种分工协作护堤是历史以来形成的传统，历代地方政府及当地民众都重视对银汁河的水利工作，彰显银汁河对该区域的田地所产生的重要作用。同

---

① 范金台、孙承烈：《昆明银汁河区的灌溉及土地利用》，《地理学报》1941年第8卷第1期。

② 昆明市人民政府编：《云南省昆明市地名志》，昆明市人民政府1987年版。

时，民国时期的云南省建设处水利局也注重对河流的疏浚工作，故而当时几年银汁河亦未出现大的水患①。

为了保证及方便灌溉，银汁河与盘龙江之间，有众多人工沟渠东西、南北向不规则分布，这些人工沟渠可将银汁河与盘龙江水顺势引入田地之中。银汁河流经岗头村附近有多个堰塘，这些堰塘可储水，雨季存水，旱季将水从塘底的涵洞引出灌溉，可补充银汁河水量的不足。银汁河流经区域田地的灌溉以村庄为单位顺序放水使用，这是按照银汁河的流量，根据田地种植作物的需要，历经多年形成的次序，从而使银汁河区史料记载与现实中都少有水利纠纷。

范金台与孙承烈这次调查还依据地理学知识对银汁河区土壤进行了深入研究。该区土壤的来源主要有两种，一种是岩石风化而成，另一种是河流冲积而成，大致可以上庄为界，以北至黑龙潭，山坡上皆为呈深红色经风化冲刷而成的玄武岩，本区北部，因地势较高，引水困难，是为旱田，当地人称"地首"，面积大概1.2平方千米，占本区总面积的10%，因水稻种植不易，故而夏季种玉蜀黍和土豆，并有种植豆麦。而上庄以南的山坡之下，则为深灰色和暗棕色的寒武纪灰岩与页岩，越趋于盘龙江沿岸，土壤的含砂性越大，这是河流冲积与岩石风化共同形成的土壤。因本区沟渠广布，灌溉水源充足，以水田为主，当地人称"田首"，面积最大，占全区总面积的61%，为7.5平方千米，广布于银汁河与盘龙江之间。作物以水稻为主，间或种有荞麦，秋季水稻收获后，续种豆、麦、油菜之类。由此可见，本区按西北至东南向的表面土壤，颜色从棕红色渐淡到盘龙江沿岸呈灰褐色，田地也由旱田渐变为水秧田②。

银汁河以西的山麓地区是为山坡地，面积约占总面积的24%，约2.89平方千米，土壤贫瘠，除有少量被开垦种植土豆玉米外，大都荒芜，有杉柏类树木零星分布。这些山坡地可以种植林木，不仅可以防护水土流失，还可以提供木材③。卜凯《中国土地利用》述昆明附近地区因石砾太

---

① 范金台、孙承烈：《昆明银汁河区的灌溉及土地利用》，《地理学报》1941年第8卷第1期。

② 范金台、孙承烈：《昆明银汁河区的灌溉及土地利用》，《地理学报》1941年第8卷第1期。

③ 范金台、孙承烈：《昆明银汁河区的灌溉及土地利用》，《地理学报》1941年第8卷第1期。

多，壤瘦，缺乏人畜资本或地主不准开垦，导致农业经济较为落后①，实则皆因土壤贫瘠之故。

本区除上述几种农业用地外，还有少量村落、道路与河流沟渠占用地，占本区总面积的15%②，这类用地，几乎都未曾占用可以耕作的良田。如主要的道路都建在山坡上，村庄除几个分布于盘龙江沿岸外，亦多分布于山脚。且银汁河也在水田之外的山麓，亦未占用良田。由此可见，在农业社会中，民众对于可种植肥沃土壤的无比珍惜。

三 银汁河区土地利用调查成就

银汁河流经区域，是历史以来环滇池地区重要的产粮区之一。到抗日战争时期，西南联大的这批优秀知识分子，第一次运用现代地理学的视野对该区域进行了研究。范金台和孙承烈在银汁河流域进行的调查，翔实精细。

第一，调查方法方面。范金台与孙承烈是西南联大地质地理气象学系的学生，这是他们结合当时国际流行的土地利用调查方法，在鲍觉民的指导下完成的，地理学是他们调查的专业基础，所以在调查之前的资料准备以及调查的视角方面，包括对地理环境的解析尤为透彻。对地形、气候、土壤等方面，都在相关研究的基础上有更加细致的推进，从他们填绘的银汁河流域土地利用图就可知晓这项调查的细致性。尽管这项调查早于呈贡县的土地利用调查，调查的范围与影响力也都没有达到鲍觉民在呈贡县土地利用调查的高度，但其方法与内容均已基本完善，填绘的土地利用图也是精细完善的，再次证明西南联大师生的一致优秀性，以及学术科研理论方法的国际前沿性。

第二，文献史料方面。范金台、孙承烈在这项调查中，以地理学为基础，但不局限于此。从他们发表的调查报告《昆明银汁河区的灌溉及土地利用》③可见，他们对银汁河流域的解读，还利用了历史时期银汁河及

---

① 卜凯主编：《中国土地利用》，金陵大学农学院农业经济系出版、成都成城出版社1941年版，第99—104页。
② 范金台、孙承烈：《昆明银汁河区的灌溉及土地利用》，《地理学报》1941年第8卷第1期。
③ 范金台、孙承烈：《昆明银汁河区的灌溉及土地利用》，《地理学报》1941年第8卷第1期。

流域地区的相关土地利用文献资料，并结合调查所得当时的人口、作物、生产经济等诸方面进行了比较论证，对本区来说，这一点是在任何时期都没有学者如此详尽全面地论证过。

第三，对银汁河流域及环滇池区域研究方面。银汁河流域内很少种植蔬菜，是因为农民都要把好田种植主食作物，舍不得去种菜，只有在小马村一带因为距昆明城近，蔬菜有较好的销路，比种植粮食作物能够获取更多经济价值，才有小规模的菜园，小菜园村庄之名亦由此而来。从这点也可看出，昆明市因为躲避战争而迁入的10多万人口，对本区传统农业经济的影响，还较为微小，当地农业生产，依然基本以自给自食为目的。

今日银汁河流域这一片地区，自蓝龙寺以北为盘龙区，以南为五华区属。与往昔不同的是本区已经成为昆明市的主城区之一，农业用地基本消失，取而代之的是生活住宅区和公共建筑，银汁河的水利灌溉地位已无用处，也消失不见，数十年城市化的进程很快摧毁了千年以来的农业土地利用形态。

范金台与孙承烈的这些调查成果，保存了民国时期银汁河流域农业和社会经济发展状况，记录了土地利用的情形，对于历史时期本区自然与人文地理的研究，有重要的借鉴价值，更对民国时期以滇池为中心的农垦区以及农业社会的研究，皆有重要的参考价值和借鉴意义。再对于今日本区城市建设的布局规划与地下排水管道的铺建等方面，还可以提供历史角度的考证，于学术于现实，都有贡献。

第二节　洛龙河区的土地利用调查

呈贡县位于滇池东岸，有滇越铁路与昆明相接，在抗日战争时期成为大批学者的聚集地以及学术科研的实践地。西南联大地质地理气象学系重要的土地利用调查便是在该县境内的洛龙河区进行的。

一　滇池东岸洛龙河区域地理

洛龙河，即落龙河，是呈贡县境内的主要河流之一，流经呈贡县主城区，全长8千米。洛龙河有多条支流流经白龙潭、黑龙潭等山间谷地和丘陵地段，在龙城镇东北部汇为一支，穿过广阔的湖滨平原，注入滇池。

以此为中心展开的调查范围是沿洛龙河区东起刘家营，西达滇池；南起郎家营,乌龙诸村,北达杨洛堡。除包括整个洛龙河流域外,东南亦包括捞鱼河上流之一部,最北地带则为马料河下流之一部。东西长约13千米,南北宽约8千米,面积约为100平方千米的区域①。

1940年鲍觉民回国后,正是抗日战争的艰苦时刻,他像那个年代的所有知识分子一样,即刻投入到科研兴国、学术兴邦的大潮中来。其在开设的经济地理类课程中,系统介绍了英国土地利用调查的过程、方法与重要意义。并积极参与和指导学生在环滇池区域内展开土地利用调查及相关学术科研活动。

鲍觉民有关土地利用的研究成果,是参与指导张景哲对呈贡县洛龙河区土地利用的调查。选择呈贡县作为调查区,基于以下几个原因:②

(一) 校中收藏之地方图籍,仅有昆明附近诸县区五万分之一的地形图,呈贡县幅,亦在其内。

(二) 呈贡县距昆明较近,且有铁道公路相通,交通便利,工作时较为方便。

(三) "国立"清华大学国情普查研究所设于呈贡,自民国二十八年起,相继举办呈贡全县之人口普查及农业普查。其已整理刊印之统计数字,间有可供利用参考者。

(四) 呈贡县之土地利用,乃以农业为主,其他各种土地利用之型态,微不足道。应用五万分之一的地图作填图工作,困难较少;盖因农业土地利用之面积单位较大,而变化较少也。

(五) "国立"清华大学农业研究所昆虫组,适在本县设有果园害虫研究工作站,又中央农事试验所亦在呈贡设有工作站,其研究所得之结果,亦大有助于今日土地利用之调查工作,及他日土地利用改进之参考。

上述诸条,说明了此次选择呈贡县为土地利用调查区的主要缘由有三点:

---

① 鲍觉民、张景哲:《云南省呈贡县落龙河区土地利用初步调查报告》,《地理学报》1944年第11卷第1期。

② 鲍觉民、张景哲:《云南省呈贡县落龙河区土地利用初步调查报告》,《地理学报》1944年第11卷第1期。

其一，此次土地利用调查，目的是仿照英国的土地利用调查，做土地利用情形的地图填绘工作，故而必须要有作为填绘的底图。当时我国土地、地形等地理地图，无论范围与比例尺，都是大范围粗略的地图，很少有能作为底图直接进行土地利用情形填绘的。幸而在西南联大学校收藏有昆明附近的大比例尺地图，这些地图是当时陆军测绘局为军事需要于1920年测绘，包括了呈贡全县的地理地形状况，比例尺为1∶5万，且呈贡县为农业县，各类农业用地单位面积较大，此比例尺能够作为底图进行土地利用图的填绘。

其二，据上文可知，呈贡县在抗日战争时期是我国重要的一个学术科研基地，大批学者和机构驻扎于此进行相关学术研究，如清华大学的国情普查研究所和农业研究所，其对呈贡县人口、农业、作物等方面的研究成果，可为土地利用调查提供丰富的资料借鉴，在其他地方进行该项调查难以拥有如此可靠统计数字为参考，也可以从多方保证在该县进行土地利用调查能够取得较为科学的成果。

其三，贯通呈贡—昆明的滇越铁路，为在该区进行调查工作提供了便利。从呈贡的学术科研方面就能够深刻印证交通对城市发展的重要性。

既已选定呈贡县作为工作区，但全县达560平方千米的总面积，为调查填图工作带来难度：如此大范围的调查，在抗战时期有限的人力财力条件下，需要的经费太多；再者，如要精细填图，范围越大，耗时越久，对联大师生来说会影响正常的教学活动。故而①

> 又于呈贡县境内，仅选定约百平方公里左右之落龙河区，以为实际工作区域。盖因：
> （一）此种工作在我国尚属试验性质，调查之面积不求其大，但期能于工作之过程中，对所应用方法之利弊，有所发现。
> （二）在落龙河区之范围内，举凡呈贡县境内所有各种土地利用之型态，一一具备，考察结果，可以代表全县。

---

① 鲍觉民、张景哲：《云南省呈贡县落龙河区土地利用初步调查报告》，《地理学报》1944年第11卷第1期。

在呈贡县丰富的学术科研成果条件下，加之有利的交通社会环境下，选择具有代表性的洛龙河区作为实验区，有多方面的优势：此次土地利用调查目的是为调查中所应用方法的实验，重点在调查与填图过程中方法的选择和应用，洛龙河区约 100 平方千米的面积，包含多种土地利用形态，能够为调查方法提供有效的实验，且不用花费太多的时间。再者，洛龙河源于呈贡县东部山地，流经中部丘陵山谷、西部广大的滇池湖滨平原，包括了呈贡县及环滇池区域内主要的三种地形地理态势，能够推而广之代表全县。

根据清华大学国情普查研究所在呈贡县人口普查研究所得，全县 91.87% 的 6 岁以上男子从事农业[①]，洛龙河区的土地利用调查，能够代表中国广大农村地区地理国情的基本面貌。

二　洛龙河区土地利用调查过程

洛龙河区域的土地利用调查始于 1942 年，调查时顺着洛龙河的流向，一边调查，一边进行土地利用图的填绘。对土地利用地图的填绘注重农业用地的不同土地利用形态，对于村庄、道路等皆简略标记，所以用时较短，共 10 天。

（一）主要的调查工作

先从自然地理角度出发对呈贡县现有土地利用形态的形成进行解析。包括洛龙河区气候、地质、地形、土壤等方面的归类和解析。因为土地利用必须在这些起决定因素的自然地理条件下才能进行，对于洛龙河这一个小流域来说，尤其在地形分布、土壤分类等方面对土地利用出现差异影响甚大。决定当地居民生活和生产的首要因素是地形，在平原上开垦和农耕都相对于山地、丘陵要为容易和方便；次而是土壤，土壤的状况直接决定作物的产量和种类，故鲍觉民在调查的基础上对地形和土壤都进行了详细的分类。

农民根据地形、土壤的肥力、水源，按照作物的生长时间，针对不同的土地采取不同的作物种植，实现土地利用价值的最大化。农民对土地的利用，并不是基于地理学的知识，而是根据多年的种植经验，在不同地

---

① 清华大学国情普查研究所：《云南呈贡县人口普查初步报告》（油印本），清华大学国情普查研究所 1940 年版，第 97 页。

形、土壤形态上种植不同作物，具有一定的实用性。

（二）主要的调查结论

洛龙河区域自东向西经地质构造形成山地、丘陵、盆地、平原四大区，依此次序分布的土壤类型是灰棕壤、黑色石灰土、红壤、水稻土，土地利用形态也依次为荒地、林地、果地、旱地、雷响田、水田、海埂田、菜地。这一系列的分布次序，是地理环境对土地利用起决定性作用的体现，由此可见此次对土地利用的调查研究是以地理学为切入点展开的。

因为农民对于地理环境等基础知识的缺乏，故对土地的利用几乎全部倚仗种植经验，这种利用方式尽管有其科学性，但也存在很大不足。如农民在较为陡急的山坡上开辟田地，不仅产量低，还破坏了生态平衡，导致严重的水土流失。因而，依据调查结果，为洛龙河区土地利用提供以下可资的参考：在山地区的坡面上，无论是否已开垦为种植区，都应扩充改为种植林木，以减少对土壤的冲刷。在丘陵区应扩大果地种植面积，丘陵区为旱地作物的主产区，主要种植豆麦、高粱、玉米等经济作物，其经济效益极易受地形与降雨的干扰，如雷响田，相比较果树而言，收入不够稳定；桃梨比较而言，气候对桃树在生长与成熟期间影响较小，产量较为稳定，可推广；又因呈贡离昆明市近，交通便利，昆明市人口增加后，水果的销量必然大增，因此，从自然状况与经济效益上来看，丘陵区若扩大果树的种植更有利。对于陡峭之独立丘陵，应在地表广植草皮，以涵养水土。湖滨平原种植水稻天然适合，只是若在海埂堤坝上设置水闸，则能有效控制湖水的灌入输出，必将大大提高产量[①]。

鲍觉民与张景哲在洛龙河区进行的这项土地利用调查，用时不长，规模也不大，却取得了重要的调查资料，他们完成的调查报告《云南省呈贡县落龙河区土地利用初步调查报告》是我国近代以来直接填图式土地利用调查的早期成果，与同时期的其他土地利用调查一起推动了我国小区域土地利用调查活动的发展，并为后续开展此类土地利用调查做了方法的示范。

三　洛龙河区土地利用调查成就

洛龙河区域的土地利用是鲍觉民教授及其学生张景哲共同进行的。鲍

---

① 鲍觉民、张景哲：《云南省呈贡县落龙河区土地利用初步调查报告》，《地理学报》1944年第11卷第1期。

觉民是我国重要的人文地理学专家，其在人文地理学学科体系下的各领域内均有贡献，在土地利用方面，也是国内少数的几位开创者之一，并在国际上享有盛誉。这样的成绩，与其在西南联大地质地理气象学系时期在环滇池区域指导和参与张景哲、范金台、孙承烈等的土地利用调查实验，关系甚大。

第一，从学术背景上来看。鲍觉民是英国著名土地利用调查的开拓者斯坦普教授的学生。斯坦普对创立填图式的土地利用调查贡献最大，这一点表现在我国，就是鲍觉民在留英回国后，将英国已经较为成熟完善的土地利用的调查方法，在充分结合了我国实际国情的现状之后，进行了以呈贡县洛龙河区为中心的土地利用调查。这项调查是我国以国际前沿的土地利用调查方法在环滇池区域的实验，对土地利用及其相关问题的研究，促使我国土地利用调查在抗日战争时期较多出现，为推动与土地利用密切相关的应用地理学、人文地理学等地理学分支学科的发展做出了贡献，实现了研究理论和方法与国际学术界的接轨。

第二，从资料和方法上来看。在鲍觉民指导张景哲于洛龙河区进行土地利用调查时，还有清华大学国情普查研究所的呈贡县人口和农业普查，清华大学农业研究所昆虫组则在呈贡设立果园工作站，专门对呈贡县的果产或果虫进行研究。清华大学这两个研究机构对呈贡县的调查研究成果，加之同时期其他学者的成果，如《云南呈贡附近之地质》[①]《滇西及滇中高山区土壤之垂直分布》[②]《最近十年昆明气象统计册》[③] 等，为此次土地利用调查提供了大量可靠的资料参考及丰富的史料借鉴。这些资料都是当时对这些地区精确的研究成果，鲍觉民和张景哲在实地调查前、调查之中以及在后期撰写报告的过程中，都广泛参考和比较运用了这些资料。

以呈贡县为代表之一的环滇池区域已经有的大量与土地利用有关的自然与人文地理的研究成果，对充分考虑气候、土壤、地形等与土地利用有关的内容，提供可资借鉴的大量史料，对这些成果的运用，使得鲍觉民和张景哲在洛龙河区的土地利用研究能基于一个具有前沿性的平

---

① 许德佑、边兆祥：《云南呈贡附近之地质》，《地质论评》1940 年第 5 卷第 5 期。
② 宋达泉：《滇西及滇中高山区土壤之垂直分布》，《土壤》1940 年第 1 期。
③ 云南省府秘书处统计室编：《最近十年昆明气象统计册》，云南省府秘书处统计室 1939 年版。

台，占有充分的精确数据，为取得更为全面和精准的调查成果奠定了基础。

第三，在底图的选择和填绘方面。陆军测绘局为军事需要于1920年测绘的1∶5万比例尺的地形图是此次土地利用调查填图的底图，这是当时环滇池区域存有的最大比例尺地图，为在填绘中能更加详细地标绘土地利用的状况提供了便利。因为当时呈贡县城市化与工业化发展水平较低，城市及工业用地较少，故在编绘和填图的过程中，鲍觉民和张景哲充分考虑了当时洛龙河区的实际情况，较为重视农业用地，对于村庄和居民分布，则不做分类，只简单标出。而对于现有的农业土地用地类型，以及非生产用地的土壤地形等皆详细分类填绘，这样不仅节约了调查填图所用时间，还更加直观地表现了农业生活生产的土地利用状况，在多个方面都具有先进性和科学性。

第四，资料价值方面。历史时期，以呈贡县为代表的环滇池区域土地利用状况，史料有记载曰："呈贡居省之南隅，半适平原，水势就下；非有蓄泻之法，疏浚之功，高者必苦其燥，下者必病其淹。""呈贡山多田少，黑白二龙潭外，常苦亢旱，地之所产有限。谷麦而外，间种西瓜、植桃杏梨栗，不过以佐粒食之所不足。"① 这些极其简单的记载，我们难以全面认识该区的土地利用，也难以找出造成区域灌溉、作物分布和种类差别的原因。鲍觉民和张景哲在洛龙河区的土地利用调查，其记载的滇池区域土地利用的主要情况，大大超出了历史史料的粗略和大概现象的记载。在他们的土地利用调查报告里，对各类土地利用详细的分布形态、形成原因、优劣等，都利用准确的调查统计数据作为表述方法，一一进行解析评价，其可靠性与精细程度，是历史时期任何文献资料都无法比拟的。

第三节　滇池区域的土地利用调查实验

元明清以来，滇池周边区域逐渐成为云南的政治、经济和文化中心，居民数量逐渐增多，农用耕地大量开发，成为云南最富庶的坝子之一。到

---

① 光绪《呈贡县志》卷3《水利·物产》，载林超民主编《西南稀见方志文献》第29卷《呈贡县志》，兰州大学出版社2003年版。

抗日战争时期，随着外来人口的大量迁入，昆明市粮食需求大增，如何合理有效地利用滇池区域的土地，成为现实与学术的双重需求。

一　滇池区域的地理状况

滇池区域有昆明市、昆明县、昆阳县、晋宁县和呈贡县，均环滇池分布，是为滇池盆地。与之相邻的还有安宁县所在的安宁盆地、富民县所在的富民盆地，连接这些盆地的是滇池的出海通道螳螂川河谷。此次环滇池区域的土地利用调查，包括了上述几个盆地。以盆地为中心，滇池区域有三种主要地形：盆地中心地带的平原区、盆地边缘地带的高山区，以及二者之间过渡地带的丘陵区①。

滇池盆地四周广泛分布有玄武岩，经风化后形成红土。在山地中，因坡度陡峭，且长期以来在滥采滥伐及粗放耕作的摧残下，表土植被稀少，当有雨水冲刷时，红土十分容易流失，导致土地利用问题突出。在丘陵区主要是砂页岩与红土层，岩性脆弱，当林木分布率不足时，水土流失亦十分剧烈。在平原区，则受河流冲积最为显著②。

沟通盆地内外地理环境的是河流。滇池盆地西部为西山，其余东、北、南部三面有海源河、盘龙江、宝象河、马料河、洛龙河、捞鱼河、柴河以及大河等，总计约有20条河流之多。这些河流是滇池区域地貌重要的构造者，大抵发源于盆地边缘的山地，故水流湍急，对山地土壤的冲刷较大。经过丘陵区进入平原后，水流放缓，尤其在滇池的湖滨平原区，从上游带来的泥沙沉积严重，形成广大的河口三角洲，滇池南缘的柴河三角洲就是这一地形地貌的典型③。还有盘龙江下游沉积所形成的草海，王云亭曾如此记述："盘龙江源流既远，流域亦广，支流甚多，流量自丰，对于含沙量之供给亦富，而其下游又分出上述数条河道，将其携带物质，尽量转送草海之内。致使各河之尾，遂盛行堆积。然因其与本流之距离及开引角度之不同，因使各子河之流量及含沙量亦异，是以各河之堆积速率亦

---

① 程潞、陈述彭、宋铭奎、黄秉成：《云南滇池区域之土地利用》，《地理学报》1947年第14卷第2期。
② 程潞、陈述彭、宋铭奎、黄秉成：《云南滇池区域之土地利用》，《地理学报》1947年第14卷第2期。
③ 刘灵坪：《16—20世纪滇池流域的乡村聚落与人地关系：以柴河三角洲为例》，《中国历史地理论丛》2012年第1期。

自然不等,由是三角洲之发展,无形受有限制,如其支流与支流间,皆不能尽量堆积,则草海之水,即不能尽被排去,而仍停滞其间,通于草海,更因各河皆束以堤坝,流水不得外溢以行侧积,于是海沟遂得生长与存在。"① 河流的沉积对滇池地区的地貌产生了重要的影响,填造陆地的同时,极大地影响着土地利用的方式。

滇池区域的居民,农业人口占据多数,据清华大学国情普查研究所在环滇池区域户籍示范的调查,除昆明市区外,昆明县79%的有业人口从事农业,昆阳县为87%,呈贡县和晋宁县则为90%的人口从事农业②,该区域内土地利用状况,对人民生产与生活水平具有重大的影响。

二 滇池区域土地利用调查内容

滇池地区的土地利用调查,是资源委员会经济研究室与国内地理学家合作进行的。资源委员会经济研究室在云南的地理调查则是政府与学术团体对云南地理调查研究的代表。

(一) 调查过程

1945年,资源委员会经济研究室筹划在云南省进行水利与土地调查,该年11月,派西南联大地质地理气象学系的毕业生黄秉成,以及浙江大学地理系宋铭奎、陈述彭,中央大学程潞,共同负责在昆明、呈贡、晋宁、昆阳、安宁、富民、宜良、澄江等诸市县境内的调查活动,1946年2月结束全部工作。滇池区域土地利用调查时,几位参与者分区进行,以陆军测量局1:5万的地形图作为底图,依据土地利用状况分别填绘土地的分布情形。

此次调查工作,"除以该区自然环境、土地利用、工矿交通、人口聚落等为调查主要对象外,该区未来建设之可能性,举凡土地利用之改善,工矿事业之发展,电力事业之扩充,水库之航运与渔业之发展,水库被淹区域之损失与拦河坝高度之探讨等,亦具在勘察之列"③。尽管调查的内容较多,但其工作成果见诸于刊物的并不多,主要有程潞、陈述彭、宋铭奎、黄秉成《云南滇池区域之土地利用》,陈述彭《云南螳螂川流域之地

---

① 王云亭:《昆明南郊湖滨地理》,《地理学报》1941年第8卷第1期。
② 云南环湖市县户籍示范实施委员会:《云南省户籍示范工作报告》,清华大学国情普查研究所1944年版,第69页。
③ 经济研究室:《六年来之资源委员会经济研究室》,《资源委员会季刊》1945年第4期。

文》，程潞《云南螳螂川水力区域调查报告》等①，资源委员会经济研究室在滇池周边的地理考察，是民国时期的云南区域地理调查的代表成果之一。

（二）调查的内容

滇池区域总面积为1297.24平方千米，其土地利用类型大致可以分为水田、旱地、林地与荒地、非生产用地等项。

水田是滇池区域精细利用土地的代表，其所占面积与产量，均是所有土地类型中最高者。"故区内各地，凡环境许可之处，又莫不开为水田，种植稻米。"②根据灌溉水源，水田又可以分为坝田、雷响田和海埂田。坝田依赖河流、泉水、堰塘等灌溉，每年两熟，第一熟以稻米等主粮为主，第二熟则以蚕豆、小麦、油菜籽居多。雷响田是指依赖雨季降水灌溉的田地，夏季雨水充沛时种植主粮，且收获较大，夏季降水少时只能种植杂粮，冬季缺水时大都闲置。海埂田是滇池沿岸地区依赖湖水灌溉的土地，受降雨和水位的影响尤甚，每年4月水位较低时开始播种，收获时需要驾驶木船，每年仅种植一次，产量难以保持稳定。与之相匹配的人口分布，也在膏腴之地密度较高，临海和山区则人口密度较低③。

旱地多分布于滇池盆地边缘之山麓坡地，呈贡东部之丘陵地区，除有大片红土层分布形成块状外，其余大致均呈狭长分布。根据土地利用的不同，旱地可分为三类：一为旱作地，二为菜地，三为果园。旱作地以栽植食用作物为主，每年两熟，冬季作物有蚕豆、小麦、大麦、油菜籽等，夏季作物有玉米、高粱、黄豆等。菜地的面积一般较小，大多育植于沿河两旁、村落或城市周边，其中呈贡县斗南村、梅子村出产蔬菜，享誉滇池地区；菜地每年可以收获三次，注重精细化耕作。果园是农村主要的副业之一，面积较小，仅占全区总面积的3%④。但就其分布地区而论，在滇池

---

① 程潞、陈述彭、宋铭奎、黄秉成：《云南滇池区域之土地利用》，《地理学报》1947年第14卷第2期；陈述彭：《云南螳螂川流域之地文》，《地理学报》1948年第15卷第1期；程潞：《云南螳螂川水力区域调查报告》，[出版社不详] 1951年版。

② 程潞、陈述彭、宋铭奎、黄秉成：《云南滇池区域之土地利用》，《地理学报》1947年第14卷第2期。

③ 程潞、陈述彭、宋铭奎、黄秉成：《云南滇池区域之土地利用》，《地理学报》1947年第14卷第2期。

④ 程潞、陈述彭、宋铭奎、黄秉成：《云南滇池区域之土地利用》，《地理学报》1947年第14卷第2期。

盆地均有种植。内中又以东部呈贡县的丘陵区最为重要，果树种类以桃梨为多，其中所产水果，90%"经由滇越铁路，输售昆明"①。西南联大清华大学农业研究所昆虫学组曾在呈贡县设立工作站，针对呈贡县的果树害虫进行过长时期的全面研究，为呈贡县近代以来水果产业的发展做出了贡献②。

　　林地与荒地的面积较大，其中劣地与可开垦的土地约占全区土地面积的27%，仅低于坝田的42%③。林木作为滇池区域主要的燃料来源以及生活用木来源，其面积在不断砍伐中逐渐减小。滇池区域荒地所占的面积极为广大，滇池盆地边缘的山区几乎全为荒地。这些荒地，除了一部分因为地表岩石裸露不宜开垦利用外，大部分是因为滥毁森林，强行耕作，以致水土流失剧烈，地表逐渐成为沟状劣地，无法使用。此类荒地，不仅面积广大，还呈现出不断扩张的态势，对其邻近的耕地产生了破坏，亟须整治。

　　非生产用地指村庄聚落、坟地、交通道路、河塘等用地，传统居民的非生产用地一般并不占用生产量较大的肥沃土地，如坟地大都分布在荒地之中，又如银汁河区的聚落沿山麓分布明显具有此种态势。但随着抗战时期机场修建、工厂、道路的用地逐渐开始占用优良耕地，对传统农村土地利用产生了较大的影响。

三　滇池区域土地利用调查的成就

　　西南联大的黄秉成等学者在环滇池区域的土地利用调查，对该区的土地利用现状进行了深入梳理，绘制了4种土地利用图，并对未来土地利用的前景进行了展望。

　　（一）滇池区域土地利用调查成果和土地利用前景

　　黄秉成等学者在滇池地区的土地利用调查完成后，完成《云南滇池区域之土地利用》一文，总结了滇池区域的土地利用现状："滇池区域之

---

　　① 程潞、陈述彭、宋铭奎、黄秉成：《云南滇池区域之土地利用》，《地理学报》1947年第14卷第2期。

　　② 《国立清华大学农业研究所各组工作报告（1941年7月至1942年6月）》，载北京大学、清华大学、南开大学、云南师范大学编《国立西南联合大学史料》卷3《教学·科研卷》，云南教育出版社1998年版，第627—628页。

　　③ 程潞、陈述彭、宋铭奎、黄秉成：《云南滇池区域之土地利用》，《地理学报》1947年第14卷第2期。

土地利用，实具有下列诸特性：一曰盆地之中耕植指数甚高，二曰滇池海埂田利用特殊，三曰灌溉制度盛行，四曰林木稀疏，五曰盆地边缘荒地面积广大。"① 在这些总结的基础上，他们对滇池区域的土地利用有了新的规划。

一是改良和完善灌溉体系，"本区目前已有灌溉设施农田之面积，约有八十四万余市亩，而诸盆地之中，需要灌溉之雷响田、旱作地，与盆地边缘可以开垦发展，施用高地灌溉之田地，共计六十七万余市亩之多"②。可见，若能提高灌溉田地的面积，可以显著提高粮食生产及土地利用效能。

二是提高作物产量，"为加强本区农田利用之程度，即提高每亩耕地之生产力是也"③。在现有生产条件变化不大的条件下，要想提高亩产量，利用科学的现代耕作方法是重要手段，如选育优良品种、施用化学肥料等，将会更加有效地提高单位耕地中的作物产量。

三是防止土壤侵蚀，"全区诸盆地边缘土壤侵蚀之情形，极为严重，老年之红壤，因土中养份贫乏，益以结持力过于疏松，侵蚀尤为剧烈。沟壑纵横，形成劣地"④。要改变这一面貌，植林种草是主要的方法，但要农民完全放弃耕地，则会断绝他们的食粮。如若借鉴呈贡县在水果园种植的经验，可以将荒地变良田，不仅保持了水土，更能对农民的经济收入提供一定的保障。

除此之外，在非生产用地的现状与展望，对呈贡县蔬菜的生产与市场等，也进行了较为深入的探索，对滇池区域的土地利用与城市发展、农村经济开发等之间的关系亦进行了科学的推断，具有重要的现实价值。

（二）对滇池区域土地利用调查的系统学术研究

黄秉成等在文中绘制了1∶5万的土地利用图，是包括滇池区域整体

---

① 程潞、陈述彭、宋铭奎、黄秉成：《云南滇池区域之土地利用》，《地理学报》1947年第14卷第2期。
② 程潞、陈述彭、宋铭奎、黄秉成：《云南滇池区域之土地利用》，《地理学报》1947年第14卷第2期。
③ 程潞、陈述彭、宋铭奎、黄秉成：《云南滇池区域之土地利用》，《地理学报》1947年第14卷第2期。
④ 程潞、陈述彭、宋铭奎、黄秉成：《云南滇池区域之土地利用》，《地理学报》1947年第14卷第2期。

的科学研究。

第一，补充了银汁河、洛龙河的土地利用研究。黄秉成等学者在文中对银汁河和洛龙河也进行了较多的关注，"滇池盆地之银汁河、落龙河、海源河等，可灌溉稻田万亩左右"；"蒜村、大麦西受银汁河灌溉之利"，"落龙河之于白龙潭、呈贡城"，"俱多承受较丰富且较可靠之水源"。①这些研究的特点，是在整个环滇池区域的视野下，论述银汁河与洛龙河在土地利用方面的相关价值。尤其"落龙河以南，呈贡、晋宁县境，河川与泉水较少，平原农田灌溉，大部仰赖堰塘储水"②，这段话把洛龙河置身于灌溉分区的分界之中，对洛龙河土地利用调查的价值和意义做了更为客观的提升。

第二，滇池区域大范围土地利用研究。银汁河、洛龙河区的土地利用调查，尽管其研究深度较高，但毕竟范围有限，其地域的学术价值也较难充分推广。黄秉成等学者的调查，包括了滇池区域的全境，甚至扩展至螳螂川、安宁和富民县等环滇池区域的邻近地区，在保证科学严谨性的同时，扩大了土地利用调查研究的地理空间。

第三，滇池区域的区域地理学发展。鲍觉民、孙承烈等学者在洛龙河、银汁河区土地利用调查的基础上，结合西南联大地理学组其他师生在环滇池区域的湖滨地理、水道水运、昆明城市地理、呈贡农村经济地理等相关研究成果，黄秉成等学者完成对环滇池区域土地利用的整体研究，是对滇池进行区域地理学研究的代表性成果，至此，将抗日战争以来滇池区域的人文地理和自然地理研究推进到新的区域研究的高度。

滇池区域在抗日战争时期是中国大后方的一大学术重镇，西南联大学者们在实地调查的基础上，对该区域进行了前所未有的全面研究，滇池区域成为抗日战争时期中国近现代学术发展的一面旗帜，具有重要的研究价值和学术意义。

---

① 程潞、陈述彭、宋铭奎、黄秉成：《云南滇池区域之土地利用》，《地理学报》1947年第14卷第2期。

② 程潞、陈述彭、宋铭奎、黄秉成：《云南滇池区域之土地利用》，《地理学报》1947年第14卷第2期。

第三章

西南联大的滇西经济地理调查实验

晚清民国以来，西南边疆危机重重，为维护领土与主权完整，出现了大量官方和个人的调查。对有关云南的部分，上文已有述。到抗日战争时期，随着滇缅铁路、滇缅公路以及史迪威公路的筹划和修建，使云南变成了抗战军需战略物资的关键运输通道。为了这些道路的修建与滇西开发，滇西地区又出现了多种形式的调查，涉及地质、矿产、民族、社会诸方面。近年来，在不同学科的视野下对这些调查开始关注，产生了一些成果，但从地理学的角度还缺少较为深入的研究。

第一节 张印堂主持的滇西经济地理调查

张印堂是中国以地理学为专业的第一代留学生，直接师承于对中国地理学界产生重要影响的英国地理学家罗士培，1931年回国后，张印堂又为中国近代地理学人才的培养做出了卓越的贡献，并且开创了近代边疆经济地理调查与研究的先河。

张印堂主持的滇西经济地理考察，主要是指滇缅铁路沿线地区。滇缅铁路从昆明出发，经孟定出云南界，包括楚雄、姚安、祥云、弥渡、公郎、云县等地，但张印堂的调查并未局限于此，在调查返回时，张印堂行进芒市、腾冲、大理等地，如此滇西重要的政治、经济与农业区便全部包括，其结果对滇缅铁路及滇西相关的研究也更为全面。

一 滇西经济地理调查的缘起

"七七事变"后，日寇所到之处，国土悉数沦陷，"敌蹄所不易到者，惟西南数省。华阳滇池之间，遂为政治经济军事汇流之都"①。于此，在国家危亡的时刻，云南的地位显得更加重要起来。

随着高校南下、国都西迁、资产南移、交通南换等，国家的重心随着这些南迁的因子进入西南地区。毗邻越南、缅甸、印度的云南，成为抗战所需重要的根据地与补给地。为了保证军需供应，打通云南与东南亚、南亚国家之间的通道，成为保证抵抗日寇侵略的重中之重。于是先有滇缅公路的开通，再有滇缅铁路和史迪威公路的修建。

滇缅铁路是英国政府为了与法国抢夺东南亚地区的市场与政治势力而最先议修的。早在1795年英国人西姆斯在关于阿瓦的报告中就提到缅甸与云南间有大宗的棉花贸易，之后为了促进棉花贸易，英国人开始注意云南与缅甸间的商路，到1905年之前，据不完全统计，英国人先后有11支队伍考察中缅之间的陆路交通，其中戴维斯的考察影响最大，他通过细致的比较研究，分析出由祥云至云县出孟定是最佳修建铁路路线。但是，英国抢夺我国路权的行为得到了云南有识之士的反对。1905年，在云南人民与云贵总督丁振铎的请求与支持下，云南成立滇蜀腾越铁路公司，开始发行路股，集资建路，同时清政府亦派人开始调查滇缅铁路修建路线。到1911年，该公司已集资400余万两白银，但随之而来的辛亥革命打破了原先的计划，之后虽然云南省政府各界一直没有放弃议修这条铁路，但从未付诸实践，其间不断有爱国的知识分子，为修建这条铁路进行社会与经济的调查。直到抗日战争开始，东部沿海和北方大部地区沦陷，打通东南亚出海口，运送国内外物资成为急需，滇缅铁路的修建才再次提上日程。张印堂的滇西经济地理调查，就是在此大的社会与政治背景下展开的②。

二 调查路线与过程

清华大学有一人性化的制度，教授每连续工作7年便可以申请一年休假③，

---

① 姜寅清：《国立云南大学西南文化研究室丛书缘起》，载张印堂《滇西经济地理》，云南大学西南文化研究室1943年版，第1页。

② 罗群：《滇缅铁路与云南——证第三座亚欧大陆桥的建立》，硕士学位论文，云南大学，1996年；[英] H. R. 戴维斯：《云南：联结印度和扬子江的锁链·19世纪一个英国人眼中的云南社会状况及民族风情》，李安泰、何少英等译，云南教育出版社2000年版；彭荆风："滇缅铁路"祭》，云南人民出版社2002年版；等等。

③ 《刘崇鋐申请国内休假函及研究计划》（1940年6月8日），载北京大学、清华大学、南开大学、云南师范大学编《国立西南联合大学史料》卷4《教职员卷》，云南教育出版社1998年版，第440页。

或出国留学,或野外考察,或埋头著说。1939 年是张印堂休假的年度,他得到梅贻琦校长的支持,并得到时任经济部长翁文灏介绍,与资源委员会及滇缅铁路局合作,对滇缅铁路沿线进行经济地理调查,梅贻琦校长与资源委员会共同为其提供调查经费 3000 元,后来滇缅铁路局还补助了 500 元作为编印报告费。

借助这笔经费,张印堂同其助手邹新垓于 1939 年 10 月初,从昆明出发,沿滇缅铁路线,途经安宁、禄丰、一平浪、楚雄、镇南(南华)、姚安、祥云、弥渡、公郎、云县、孟定等地区,逐一调查,至 1940 年 1 月,滇缅铁路国内段调查完毕。随后张印堂进入缅甸之腊戌,沿滇缅公路经畹町、遮放、芒市到龙陵,再向西到腾冲,而后东返至保山,经大理、祥云,于 1940 年 3 月底回到昆明。总路程大约 2500 千米①。

张印堂滇西经济地理考察完成的成果丰硕,具体有《滇缅铁路沿线经济地理调查报告书》,后改为《滇西经济地理》作为云南大学西南文化研究室丛书之一出版,同时还有《云南西南部掸族之体质特征与其地理环境之关系》②《滇缅沿边问题》③《云南经济建设之地理基础与问题》④《云南地形》⑤《云南气候的特征》⑥ 等专文论述其相关的调查成果。

张印堂的滇西经济地理考察时间持续 6 月余,人员也仅是张印堂和邹新垓,但他们的成就是极其显著的。在张印堂等进入滇缅铁路沿线调查之前,已经有多位学者进入该区,也已经有大量成果涌现,以《滇缅铁路路线商榷文丛》为例,共载 13 位学者的相关研究文章 23 篇,其中在路线探讨时都大量涉及山川、河流、气候、物产等地理情形,并绘有地势及岩石分布图等⑦,但与《滇西经济地理》相比,其表述较为简单,且利用近代地理学相关知识之处甚少,更没有对在地理环境基础上的经济作物、矿产等因素对经济发展的探究。由此基本可以显示出张印堂此次地理调查在地理基础上对滇西区域的综合研究之全面与先进之处。

---

① 张印堂:《滇西经济地理》,云南大学西南文化研究室 1942 年版,第 1—3 页。
② 张印堂:《云南西南部掸族之种族特征与其地理环境之关系》,李孝芳译,《地理》1941 年第 1 卷第 2 期。
③ 张印堂:《滇缅沿边问题》,《西南边疆》1941 年第 1/2 期。
④ 张印堂:《云南经济建设之地理基础与问题》,《边政公论》1943 年第 1/2 期。
⑤ 张印堂:《云南地形》,载《云南史地辑要》下,云南崇文印书馆 1949 年版。
⑥ 张印堂:《云南气候的特征》,《旅行杂志》1943 年第 17 卷第 2 期。
⑦ 李根源等:《滇缅铁道路线商榷文丛》,云南崇文印书馆[出版时间不详]。

第二节　对滇西自然地理和人文地理认识的深化

这些调查成果中，以《滇西经济地理》篇幅最大，内容最丰富，此外的相关几篇论文也是在本著基础上的再论述。张印堂从多角度探讨了滇西的自然与经济状况，是地理调查基础上对地理国情、边疆经济及其相关问题的深入科学研究。

一　地质与地形

张印堂认为"高黎贡山与野人山间地形，显与红河以东之高原区类似，理应自成一区"。他将洱海与红河连接起来作为分界线，把云南西南部的构造地质化为东西二区。东部是高原与盆地区，以水成岩为主，少数海拔在2000—2500米之间的高原上，有火成岩与变质岩分布。云南西南整个区域内盆地是由石灰岩、砂岩、页岩等风化的红土冲击而成。盆地周围的丘陵与低山，也是由易于风化的砂岩与页岩构成。张印堂将盆地分为盆地坝、河谷坝、山麓坝和丘陵坝四种：盆地坝多分布于东部和北部，如昆明、禄丰、楚雄、姚安、保山、腾冲等；河谷坝多分布于南部和西部，如孟撒坝、孟定坝、孟底坝、镇康坝；山麓坝以大理为典型；丘陵坝多在地形变换或过渡的地带，如安宁丘陵坝、龙陵丘陵坝等。西部是山地区，海拔都在2500米以上，是以变质岩为主，该岩石坚硬，不易侵蚀。该区的山岭是由于地壳上升断裂形成崇山深谷的横断山，加之澜沧江、怒江之流水下切，形成山顶到河谷落差达数千米的大峡谷，以高黎贡山与怒江为代表，气势雄伟，景色壮丽。以上的这些盆地坝与河谷坝内的土质最为肥沃，是云南经济与农业发达、人口密集的区域，山麓坝稍逊，在高原顶部与缓坡上，亦有少数人口，山地和丘陵区因为缺水，成为最劣之土质地区[①]。

张印堂在滇西调查的基础上，更深入扩展为对全省的地形研究。他以苍山为例对横断山地与冰川地貌进行了解析。苍山是随横断山脉的地壳运动上升而形成的，今日所见之十九峰，由山间的十八溪切割而成，大理平原也正是在这种地壳不断上升与流水堆积中形成山麓扇形丘与坡地的。到

---

① 张印堂：《滇西经济地理》，云南大学西南文化研究室1943年版，第4—12页。

第四纪冰期时，苍山上发生冰川运动，在海拔2600米以上的山峰中，冰蚀遗迹广布，以洗马塘与花甸为代表。此外，山上还有诸多湖与谷，皆是冰蚀而成①。

对云南盆地与湖泊的解析，张印堂以滇缅铁路沿线重要的滇池与洱海为中心。盆地即坝子，多为地质构造，一般的盆地起初都积水成湖，但随着时间的推移，因堆积、侵蚀、冲刷等，有的形成半湖半平原的盆地，如昆明坝子、大理坝子、澄江坝子等，有的则干涸而成为盆地，如腾冲坝子、保山坝子、禄丰坝子、玉溪坝子等。洱海作为云南的代表湖泊之一，是由地质构造、侵蚀与溶解三种作用形成的。苍山为抬升地质，上有溪流冲刷堆积，致洱海靠近苍山的西岸，地缓水浅，而东岸是同苍山相反的地质陷落带，约10米深的海水不断侵蚀与溶解着东岸，使得东岸陡峭壁立。因西岸的河流堆积与洱海主要汇入河——洱河的冲积，洱海海底必将不断抬高，再加之出海口河流下切降低海平面，所以，张印堂推断，洱海的面积必不断缩小，终究会干涸②。

张印堂对云南地形的观察论证，结论与现代地理学的内容基本相同。不同的是，今日地理学界划分云南的高原与横断山脉以丽江—苍山—哀牢山为分界③，比张印堂当时的划分更为细致。但在当时没有今日之先进的测量设备和科学技术的前提下，张印堂及其同时代的学者能做到如此详细和准确的研究，实属不易与可贵。

二 气候

张印堂称云南"乃我国气候最佳之地"，是以云南大部分地区温和的气候而言之。云南各地因海拔地形不同，又有区别，"夏季愈趋西南愈为湿热"。云南西南部高原山地气候有三个显著特征：山谷雾、山风与谷风、倒置气温现象。山谷雾主要发生在四面环山陷落较深的谷坝盆地中，如孟定、户板、一平浪、元永井、畹町河等地，成因是谷坝夜间受地面致冷影响较重，入夜后气温降至雾点，便产生雾气；山风与谷风则与海拔和气温关系密切，阴冷时，则山顶的山风下降，晴热时则坝底的谷风上升，

---

① 张印堂：《滇西经济地理》，云南大学西南文化研究室1943年版，第9页。
② 张印堂：《滇西经济地理》，云南大学西南文化研究室1943年版，第5—6、9页。
③ 赵济、陈传康主编：《中国地理》，高等教育出版社1999年版，第574—580页。

形成山风与谷风，大理地区著名的"下关风"即为此类；当气温不随海拔的升高而降低时，便出现倒置气温现象，在云南西部的高黎贡山、无量山等山地中，常可见林木分布的倒置情况，这与气温、日照有较为密切的关系①。

在上述气候研究的基础上，张印堂更加深入地探研了云南大部分地区四季如春不仅是因为较高的海拔和较低的纬度，更与空气中湿度具有密切的关系。云南夏季不热的主要原因："1. 因雨水致冷之调剂影响；2. 因云的遮蔽，减少达至地面之日光热；3. 夏季湿气助长人体之放热作用；4. 空气稀薄，人体内热辐射快，易于散热致冷。"冬季不冷的原因："是为冬季天晴，日间受热特多，高原山地空气稀薄"②，当地面变冷之后，稀薄的空气散热较慢，可以保持温暖。冬季山地气温逆升现象，是因为云南的山地落差极大，山顶与山谷之间受热面积与日照时数均有较大差别，所以秋冬之云南山地的高山气温，反而常比谷坝中温暖。

三 居民分布

张印堂对云南西南地区居民的研究注重经纬度基础上气候因素的分析。他以北纬 24.5°为界，以北的云南西部民族为"终年业农民族"，该区内的"坝子低地，尽为汉族所居，山地居民多为夷族"，因区域内人口密度较大，为补充夏秋收获的不足，"故冬作物之种植，甚为普遍"。以南为"半年休耕半年耕作民族"，以夷族（彝族）居多，间有少数汉族，低坝内多为摆夷（傣族），人口稀少，半年耕作即可满足一年食用。摆夷亦称为掸族，主要生活在海拔 1000 米以下的河谷坝子里，这种河谷坝子，夏秋季节极为湿热，病菌滋生，除摆夷外的其他民族很难长期在此生存。张印堂通过对 105 个摆夷的体质进行测量所得，摆夷为蒙古人种，唯鼻型为宽鼻式，"盖自干冷气候环境移居于湿热气候带人类鼻型指数之演化每五百年恒增加一单位。照此推论掸族之适应其目前之地理环境之时期已相当长久，至少在一万年以上"。张印堂以此推断："凡假想掸族原居优良气候环境之云南高地，后为汉族所逐，逼居现在无人乐居，而且人多不能忍受之湿热低谷中者，殊难令人置信也。"并且他"深信自掸族适应云南

---

① 张印堂：《滇西经济地理》，云南大学西南文化研究室 1943 年版，第 13—14 页。
② 张印堂：《云南气候的特征》，《旅行杂志》1943 年第 17 卷第 2 期。

西南部低谷平原气候以来其分布从未达于唐朝彼等所建南诏国（建都大理）以北之地。且其体质的发育亦无表示掸族原居云南高地之象征"①。这是作者以当时国际通行并先进的体质人类学方法，抵制外国学者挑拨汉傣关系，妄想分裂傣族独立的有力证据，同时也说明傣族的体质是适应自然环境的结果，是能长期生存于湿热环境中的特有民族。

滇西地区的地质地形具有特殊性，在同一纬度上，地形对局部地区的气候产生了决定性的影响。其对人类的影响是造就了体质有所差异的种族，由此也可以推断历史时期其大致的发展状况。张印堂是对这一区域性地理环境及其与种族形成关系进行综合探析的学者，这是其在边疆经济地理方面的重要贡献之一。

第三节　张印堂对滇西经济的调查与规划

为说明滇缅铁路修建的必要性以及其能为滇西经济开发带来的巨大价值，张印堂从矿业、农业、手工业与工商业等多个方面进行了论证。这些商业的发展，除了地理环境的制约外，交通及滇缅铁路所经过的城镇也是其中的重要因素。

一　以一平浪盐煤运输来看交通对滇西经济发展的重要性

出昆明，沿滇缅铁路既定铁路线向西，先至安宁坝，然后过禄丰县城，即到一平浪镇。一平浪镇原名为彝语"矣皮菠"，今属楚雄彝族自治州禄丰县，民国时期属广通县。一平浪以其丰富的盐、煤资源成为抗战时期云南重要的工业区，引起了张印堂的注意。

一平浪盐场经由以下几个阶段而成：1932年由省政府领导的黑井区"移卤就煤"工程委员会成立，该委员会的建立，是为"移卤就煤"工程的实现，所谓"移卤就煤"是时任盐运使的张冲，利用元永井到一平浪之间逐降的地势优势，将元永井的盐卤水用陶釉输送20.6千米至一平浪产煤区；后改组为云南一平浪制盐厂工程处，1937年工程处由舍资迁至一平浪，12月改为一平浪制盐厂，归财政厅管辖；1942年改称滇西企业

---

① 张印堂：《云南西南部掸族之种族特征与其地理环境之关系》，李孝芳译，《地理》1941年第1卷第2期。

局，1947年改为一平浪盐煤厂，隶属于云南省人民企业公司①。抗战时期，云南共有三处主要的产盐地：滇西白井区、滇南磨黑井区、滇中盐兴县的黑井区。黑井区主要有盐井四处：元永井（猴井）、黑井、阿陋井、琅井，该区在一平浪制盐厂成立后，亦称一平浪盐区。抗战时期，对云南盐矿、盐业的调查比较多，各方成果不一。张印堂从经济地理学的角度对滇中一平浪盐区进行的地理调查，具有科学性与前瞻性②，但是却没有得到学者们的重视。

1938年元永井产盐3100万担，黑井产盐1320万担，阿陋井产盐300万担、琅井产盐140万担③。一平浪制盐厂于1937年9月竣工，到1939年日产量就达6000公斤④，1940年底新厂修成后，日产量可增加至5万公斤⑤。一平浪盐区所产食盐占全省50%，为抗日战争期间的大后方建设做出了较大的贡献⑥。

元永井位于一平浪舍资坝以北，与一平浪相距20千米，海拔相差300米。元永井（猴井）以岩盐（峒矿）资源为主，开于明代洪武二年（1369年）。历史以来，因矿卤原料与柴薪燃料丰富，运销交通便利，元永井成为当时滇缅铁路沿线最重要的产盐区。张印堂调查之时（1939年11月），因战时征兵，及滇缅铁路与公路修建征工，开矿制盐与伐薪工人减少，导致盐产量减少，成本提高，从而引发盐价上涨。所以张印堂提出，元永井之盐，若能改为用煤做燃料，则会降低成本，唯有交通是导致煤炭资源使用的障碍。

此外张印堂还发现，因元永井之煮盐灶户一般分布于溪谷中，若逢暴

---

① 云南省地方志编纂委员会总纂，《云南省志·盐业志》编纂委员会编撰：《云南省志·盐业志》，云南人民出版社1993年版，第139—140页。

② 云南省盐业总公司、自贡市盐业历史博物馆编著：《滇盐史论》，四川人民出版社1997年版，第89—90页。该文罗列了1938—1948年间对云南盐矿的调查14人次、12井区，却没有张印堂的调查。

③ 数据来源于表12《云南黑井区各场规定常（增）产盐额分配图》，载张印堂《滇西经济地理》，云南大学西南文化研究室1943年版，第73页。

④ 云南省地方志编纂委员会总纂，《云南省志·盐业志》编纂委员会编撰：《云南省志·盐业志》，云南人民出版社1993年版，第90页。该志载民国时期盐的计量单位以担计，每担100斤，20担计1吨。张印堂所载盐的计量单位是每担为100盐斤，等于50市斤。

⑤ 张印堂：《滇西经济地理》，云南大学西南文化研究室1943年版，第85页。

⑥ 云南省禄丰县地方志编纂委员会编：《禄丰县志》，云南人民出版社1997年版，第179—183页。

雨导致山洪或泥石流，则不仅会影响生产，更可威胁煮盐灶户的生命财产安全，1939年9月24日，暴雨引发的山洪，就导致400人伤亡①。经过实地考察，张印堂建议："不若仿一平浪制盐厂之办法，藉自然引力，顺坡将（元永井）卤水导至舍资坝煎煮，较为便利。况舍资与一平浪，近在咫尺，煎盐燃料，不致匮乏，而所产之盐有公路与铁路，可资运输。如此既增产量，复省消耗，此举于制盐工业之前途，关系颇大，望有关机关，注意及之。"②

黑井开于汉代，一直延续至今。黑井以产卤水为主，1937年有盐水井42口③。该矿出产之卤水盐，因煎煮时间需耗费8小时，所以白细坚实，是"为滇中区之最上品"④。同时有龙川江贯通，煮盐之燃料可以通过河运来输送，所以产量稳定。

阿陋井在一平浪西北约13千米、元永井西南约5千米处，明代洪武二年（1369年）开，也为卤水井。张印堂调查时有灶户15家，平均每家有煎盐大锅5口，预热卤水小锅50多口。阿陋井卤水含盐成分平均为20%，但卤水产量小，盐产量很难得到提高。1939年秋，盐务管理局以阿陋井为实验区，进行食盐加碘实验，后由化学博士沈祖堃在煎盐过程中加碘实验成功⑤，随后推广至各井区，从此包括一平浪盐区在内的滇产食盐结束了缺碘的历史。

琅井开于南诏，主要出产盐卤，位于黑井南约10千米处，明清以来含盐卤逐渐变淡，在张印堂调查之时卤水含盐量仅为5%，开采价值较低。

到1939年11月，一平浪制盐厂已有用钢板焊制成长4米、宽2米、深0.5米的煎盐池2口，有2个灶的制盐房1座，每4小时可以出盐1次，每天3次，共可产6000公斤。正在筹划建设中的新厂于1940年底建成后，预计日产量可以达5万公斤⑥。

一平浪盐区所产之盐，多由盐务管理局运输至昆明转销至贵州及滇南

---

① 张印堂：《滇西经济地理》，云南大学西南文化研究室1943年版，第87页。
② 张印堂：《滇西经济地理》，云南大学西南文化研究室1943年版，第99页。
③ 云南省禄丰县地方志编纂委员会编纂：《禄丰县志》，云南人民出版社1997年版，第179页。
④ 张印堂：《滇西经济地理》，云南大学西南文化研究室1943年版，第77页。
⑤ 沈祖堃：《滇盐加碘》，《盐务月报》1944年第4期。
⑥ 张印堂：《滇西经济地理》，云南大学西南文化研究室1943年版，第85页。

地区，称为官盐。同时有商人去盐务管理局，先支付每100斤盐10.28元的课税，后依税票领盐，而后自行运销，称商盐。

从盐井到一平浪，因道路崎岖，食盐多由人背、马驮，过一平浪后有人背、马驮、车载三种运输方式，滇缅公路开通后，从一平浪转运到昆明及周边地区多由汽车运输。上述三种运输方式，成本不同，据张印堂1939年11月调查，从一平浪到昆明，人背每100斤盐需支付10元运费，汽车则需6.5—7.0元①，马驮的运价则居于人背与车载之间。在农闲时节及难行的路段，人背、马驮运盐的方式大量出现，该方式需通过禄丰与腰站进行转运，其中黑井和琅井以禄丰为主要中转站，元永井和阿陋井经一平浪以腰站为主要中转站。

汽车运输有从盐井直接运至禄丰者，有从一平浪起运达昆明者，也有从禄丰起运到昆明者，车载量为4500—5000斤。一平浪盐厂所产食盐多销往昆明，多由汽车直接运输。运至昆明的盐，目的地有海口、高峣及昆明城三处，平均运至高峣之盐占总量的50%，海口占20%，昆明城占30%②。这几种运输方式，与市场对食盐的需求、盐井的产盐水平及路况的好坏有关，其中制约一平浪盐区更大规模发展的，是输送能力的不足，如张印堂调查时见"一平浪各栈号内积盐如山，无法运出，盐运极感困难"③。一平浪盐区要成功运营，一是可以为盐厂煮盐灶户解决生计问题，因为以一平浪制盐厂为主要的官盐与各井并存的私盐之间竞争激烈；二是可以为以昆明为中心的云南及周边省份提供较为廉价的食用盐，拥有市场。要达到这个目的，如何将盐厂的食盐以较低的成本运出去，成为盐厂兴盛的关键。

一平浪的煤田是为盐业的发展而开发的，时属一平浪盐厂，由当时云南省政府财政厅下设滇北矿务局所管理，一平浪附近之煤矿，"为滇西仅有之重要烟煤，又堪炼焦，将来沿线一切新兴工业之发展所需燃料，均将赖以供给"④，主要有三处：洋桥箐煤矿、烂泥箐煤矿与新庄煤矿。新庄位于一平浪南，相距约12千米，是一平浪储量最丰富的煤矿，但"因交

---

① 张印堂：《滇西经济地理》，云南大学西南文化研究室1943年版，第88页。
② 张印堂：《滇西经济地理》，云南大学西南文化研究室1943年版，第89页。
③ 张印堂：《滇西经济地理》，云南大学西南文化研究室1943年版，第91页。
④ 张印堂：《滇西经济地理》，云南大学西南文化研究室1943年版，第55页。

通尤难，故尚未开采"①。洋桥箐煤矿在张印堂调查之时，共有煤洞8处，30余劳工，每人每天工作8小时，每天可以出煤15立方米，所产以煤末为主②。烂泥箐位于洋桥箐西南1千米，煤藏丰富，比洋桥箐煤质更优，据昆华铁业公司之调查，烂泥箐煤矿煤储量达433.2万吨。③据滇缅铁路沿线地质调查队队长、经济部地质调查所王恒升估计，"一平浪三处煤藏，最多为一千万吨"④。洋桥箐和烂泥箐煤田，每天大概可以产煤60吨，其中15吨供一平浪盐场煮盐之用，其余45吨由资源委员会购运至昆明作炼铜之用⑤。张印堂十分重视一平浪之煤田，"一平浪之煤，为滇缅铁路东段沿线唯一之烟煤区，可供机车及工业燃料之需，一平浪本身虽无兴建新工业之基础地，然密邇之舍资坝，地势宽展，居民众多，农产丰富，来日若就一平浪之煤，牟定与易门东山之铁砂，及元永、阿陋等井之卤水，大可兴办炼铁煮盐等工业之基地"⑥。可见一平浪之煤，不仅可为日后滇缅铁路上的火车提供动力来源，更可为当地一系列工业发展提供能源保障，价值巨大。

一平浪地势险要，向"东至禄丰一段，尤为陡峭，现铁路线亦以此段施工最为困难"⑦。一平浪的交通问题，是该地的盐业与煤炭发展的瓶颈。

滇缅铁路正好通过这一地区，日后一平浪区所产之盐若通过火车运输，则运送能力必将大大提高，运费亦将大大降低，对于一平浪区盐业发展甚为有利。同时一平浪区的煤炭亦可以通过铁路运送到前方战区与后方根据地，对其煤田的开发及抗战均有重要意义。

二 以楚雄为中心看滇西蚕丝业发展的潜力

楚雄位于一平浪以西，民国时期为楚雄县。1939年，经济部中央农业促进会与云南建设厅合组成蚕桑改进所，设指导所于楚雄、保山、大理、漾濞、玉溪、姚安、弥渡、宾川、蒙化、祥云等县，并以楚雄为推动

---

① 张印堂：《滇西经济地理》，云南大学西南文化研究室1943年版，第53页。
② 张印堂：《滇西经济地理》，云南大学西南文化研究室1943年版，第53页。
③ 转引自张印堂《滇西经济地理》，云南大学西南文化研究室1943年版，第54页。
④ 张印堂：《滇西经济地理》，云南大学西南文化研究室1943年版，第54页。
⑤ 张印堂：《滇西经济地理》，云南大学西南文化研究室1943年版，第98页。
⑥ 张印堂：《滇西经济地理》，云南大学西南文化研究室1943年版，第99页。
⑦ 张印堂：《滇西经济地理》，云南大学西南文化研究室1943年版，第97页。

中心①。由此，为彰显滇缅铁路修建之价值与发展蚕丝的重要性，张印堂以楚雄为中心展开滇缅铁路沿线的蚕丝调查。

云南的气候适宜养蚕，"如桑叶充足，每年可养至5、6次之多，较江浙每年仅饲育2次者，实隔霄壤"②。而且，云南独特气候下生长的桑叶品质优良，能为蚕提供上佳之营养，故云南"所产之丝，质量均佳，据蚕桑改进所实验之成绩，云南育蚕之精选率及缫折，均较江浙四川之成绩为佳（即在同一之结茧数中，优良之蚕数多，在同一之茧量中，所缫得之丝量多），故滇丝之品质，实驾于他省所产之上"③。更重要的是，云南山地多，且大都是可种植桑树的荒山，可以利用的荒山丘陵面积达90%以上，"据蚕桑改进所之调查，楚雄荒地中之百分之七十，永平、漾濞荒地中百分之百，均宜植桑"④。

云南的蚕丝业真正大规模发展肇始于清代，而楚雄蚕业在明成化年间就有知府倡导栽桑养蚕，到清末时开始大规模发展。"光绪三十四年（1908年）新任知府崇谦认为非振兴实业不能救穷，当时省内已有蚕桑学堂，从江浙引进新桑种，各地兴办蚕桑事业。不到一年，楚雄县种桑数万株，养蚕百余户。宣统元年（1909年），全县蚕茧产量达2300公斤，产丝290多公斤。宣统二年（1910年），全县蚕茧产量9201公斤，产丝1000多公斤。"⑤抗战开始后，大批具有蚕丝技艺的江浙人士迁入云南，云南的蚕丝事业进入科学养育阶段，并有富滇银行开云南丝业公司，与中国银行在开远大庄设有蚕业新村等，进行统制收买蚕茧，加工缫丝，进行运销⑥。到1939年，云南省建设厅蚕桑改进推广部设于楚雄，开办女子蚕桑训练班⑦，为云南当地教习植桑养蚕技术。至该年冬，楚雄共收丝60担，与上述9个指导所共收丝达200担⑧。

---

① 楚雄市地方志编纂委员会编：《楚雄市志》，天津人民出版社1993年版，第27、37页。
② 张印堂：《滇西经济地理》，云南大学西南文化研究室1943年版，第36页。
③ 张印堂：《滇西经济地理》，云南大学西南文化研究室1943年版，第37页。
④ 张印堂：《滇西经济地理》，云南大学西南文化研究室1943年版，第36页。
⑤ 楚雄市地方志编纂委员会编：《楚雄市志》，天津人民出版社1993年版，第214—215页。
⑥ 张印堂：《滇西经济地理》，云南大学西南文化研究室1943年版，第38页。
⑦ 楚雄市地方志编纂委员会编：《楚雄市志》，天津人民出版社1993年版，第215页。
⑧ 张印堂：《滇西经济地理》，云南大学西南文化研究室1943年版，第38页。

正是抗战时期这批学者和技工的提倡与指导，到1939年，楚雄的蚕丝产量达3000公斤①。根据调查，张印堂指出，"惟现有桑树，为数过少，因受桑量限制，未能大量饲有，故植桑与育蚕，应双方并进，方能为攻"②。而对于滇缅铁路沿线经济建设方面，张印堂提出："可在大理一带设置新式之缫丝推广所，交通便利，用水方便，就地缫丝，收集运销，均甚适宜。""故将来滇缅铁路西段沿线，发展蚕丝，希望最大"，"如此不但滇西一隅，可资富庶，即在我国对外贸易上亦占重要位置也"③。张印堂的论断对后来楚雄蚕丝事业的发展影响甚大，以至于后来评价楚雄经济发展时有学者述道："楚雄的经济命脉是什么？从先天和优越的地理条件上说，莫重于蚕桑和绩麻了。""楚雄经济的荣枯，实系于桑麻事业发展前途如何以为断。"④

楚雄的蚕丝业，在抗战时期达到了一个高潮，对包括楚雄在内的云南蚕丝业的发展有重要的推动与改进作用，抗战胜利后，地方政府减少了对蚕茧的统收，蚕价下跌，产量锐减。直到解放后，云南蚕丝业才有了新的发展。

---

① 张印堂：《滇西经济地理》，云南大学西南文化研究室1943年版，第103页。另据《民国时期蚕茧和蚕丝生产统计表》（载楚雄市地方志编纂委员会编《楚雄市志》，天津人民出版社1993年版，第215页）所载，楚雄1934年产丝量为2000公斤，1939年产丝量为478公斤，1941年产丝量为2104公斤。张印堂所载1939年楚雄县产丝3000公斤，为何有如此大的差别？试求证如下：张印堂载1939年楚雄县尚有30余万株桑树，一季可产桑叶165公斤，按当时桑—蚕—丝（桑3担—茧10000担—丝1000担）大概平均值来算，可产丝55000公斤。两者产量差别甚大的原因，主要有：1. 种植面积减少，1939年楚雄飞机场扩修竣工，占地1170亩；1939年8月中旬，连日大雨，龙川江、三街河泛滥，冲毁民房百余间，淹田万亩。（见楚雄市地方志编纂委员会编《楚雄市志》，天津人民出版社1993年版，第27页。）2. 从事蚕丝业的劳动力减少，1938年11月，一架轰炸机迷航落于子午法邑附近，民众赶修便道22千米，投工32000个，将飞机运至楚雄机场；1938年滇缅铁路楚雄段开工；1941年，滇缅铁路于3月复工，全县先后征调民工13000人；等等。（见楚雄市地方志编纂委员会编《楚雄市志》，天津人民出版社1993年版，第27—28页。）由以上两点我们可以推断：桑树以山区种植为主，而机场修建及洪水泛滥，影响最大的是平原坝子的农耕区，对桑树和蚕业的影响不会如此之巨；尽管因为抗战需要，楚雄地方大量劳动力不能全心劳作，但是这种抽调劳动力的行为从1938年起基本持续到1942年，1941年的产丝量反而增加，可见劳动力减少不能证明1939年楚雄蚕丝业有大幅下降。据以上两点，本书以张印堂的调查数据为准。

② 张印堂：《滇西经济地理》，云南大学西南文化研究室1943年版，第38页。
③ 张印堂：《滇西经济地理》，云南大学西南文化研究室1943年版，第39页。
④ 李子衡：《楚雄经济命脉的桑麻》，载《楚雄学报》1946年3月31日。转引自楚雄市地方志编纂委员会编《楚雄市志》，天津人民出版社1993年版，第874—875页。

三　煤铁等矿产资源对滇西经济及抗战的重要作用

出楚雄，过南华，即达祥云。祥云是入大理的第一站。抗战之初，祥云与弥渡及其周边地区因其优质的煤矿以及便利的交通，得到学者们的注意。祥云周边的煤矿分布较为广泛，张印堂调查之时，祥云有周家山、大湾箐与妙村三处在开采。

祥云之煤矿因无统一之管制，多以私人开采。如周家山煤矿，产权在村中的四十余户村民中，所有产地区域大小不一；再如庙村煤矿，只需为当地居民交50元，做淘取当地主要农业灌溉之牛圈海子泥沙的费用，即可开洞采煤。这种私开之矿，有许多不足之处：首先没有持续的产出，祥云煤矿，多在秋收后的农闲时开，利用较为充足的农工进行开采，且又是干季，少有水淹矿的危险，对矿洞的影响较小，但到农忙时节，矿工返工务农，矿洞自然废弃，就这样矿洞一年一开；其次是对煤矿资源利用的不科学，开采者因为缺乏科学知识，往往根据经验和感觉进行开挖矿洞，常常会有深挖10多米还未出矿的情形，如1938年8月，有集资开矿者，到1939年11月，在祥云挖矿洞6处，但出煤的矿洞仅有1处，花费甚大，浪费甚多①。

祥云出产的是无烟煤，为煤中上品，有较高的使用价值。尤其庙村之煤矿，距离滇缅铁路线上的前所车站10千米，铁路建成后，运输将十分便利，而且储量达400万—500万吨，故张印堂盛赞庙村煤矿"为滇西中部最富最佳之煤，是以将来大理、下关、祥云一带工业之动力，当以此是赖"②。

此外在弥渡有叶子山和利密酢、云县阿撒坝、蒙化公郎之长虫街和下猫街、耿马锡宜之大寨，皆产无烟煤，锡宜大寨之咪哩煤矿，更是"南丁河流域沿滇缅铁路线已知唯有之煤矿"③。除此之外，在禄丰、镇南、蒙化、得党、猛连、腾冲、保山等地，都有褐煤泥炭分布，因交通、技术及储藏量有限，开发规模都较小，滇缅铁路若开通，会有较多的开发价值。

---

① 张印堂：《滇西经济地理》，云南大学西南文化研究室1943年版，第59页。
② 张印堂：《滇西经济地理》，云南大学西南文化研究室1943年版，第56页。
③ 张印堂：《滇西经济地理》，云南大学西南文化研究室1943年版，第61页。

滇缅铁路沿线的易门、牟定、蒙化、昌宁、保山、腾冲线内铁矿蕴藏丰富,皆为露天的小型铁矿。其仍用土炉进行冶炼,方法陈旧,具体为:"土炉之筑造,乃用黏土及细沙混合制成之泥砖,堆砌而成,以柴木炭作燃料,将碎矿石置于燃料之上,层层密布,用风箱吹动,使铁慢慢熔化,熔化后铁汁即徐徐由炉门流出,凝成铁块,即成生铁。"[1] 这种土炉,对炉体及火候要求较高,炉体建筑不好,容易烧毁,一旦火候掌握不好,就会导致矿质不能从矿石中完全分解出来,这些情况都在很大程度上造成对矿产和资源的浪费。云南冶铁分季节进行,大抵在旱季农闲时。据张印堂调查,云南每年每铁炉最多冶炼150天,最少仅为80天,每炉每年可以产铁80吨。若全年按冶炼100天,调查区共50炉全年可产铁4000吨,实则有废炉者甚多,按经济部地质调查所估计,云南全年可产铁矿为1500吨,生铁仅为500吨[2],盖因产铁仅供制作农具及生活用具,且所处地区交通不便,少有外销,故而无须增加产量。由上可见,除交通及市场需要的限制外,冶炼技术的局限对云南铁业产量提高的影响甚大。

易门县的东山铁矿区是滇缅铁路沿线蕴藏铁矿最丰富的矿区。东山位于易门县城东北27千米处,有安宁至易门的铁路通过。东山海拔2100米,矿区面积为8835平方千米,矿体为赤铁矿,呈东北西南走向的脉状,约1.0—1.5米厚。经济地质调查所估计矿量约170万吨,昆华铁业公司调查为169.48万吨。在战时物资与资源匮乏的时代,易门铁矿因位于即将开建的滇缅铁路沿线,得到国家的格外重视,先后由经济部资源委员会设立易门铁矿局,军政部工兵署与云南地方人士合资成立昆华铁业公司,前者产铁用于经营,后者主要为兵工署所用。

资源委员会易门铁矿局占有了东山铁矿区内最富厚的部分,藏量200万吨以上。而昆华铁业公司拥有共约藏量100万吨的矿区,该矿区位于海拔2100米的东山上,矿脉深200米以上,长约300米,厚3米。据调查,昆华铁业公司矿区共有采矿工人30人,每天可出铁矿砂约30吨;炼铁炉为改良后的土炉,1939年底筑成土炉20座,每炉需工人70名,每炉每天需木炭500公斤,柴1500公斤,每炼铁1吨,需柴10吨,2吨铁砂可

---

[1] 张印堂:《滇西经济地理》,云南大学西南文化研究室1943年版,第64页。
[2] 《土法铁矿每年产额估计表》,载侯德封编《第五次(1932—1934)中国矿业纪要》《地质专报·丙种》,实业部地质调查所、国立北平研究院地质学研究所印行1935年版,第182—183页。

出铁 1 吨;若按 1939 年 10 月市价计算,每吨铁的冶炼成本为 30 元,每吨运往昆明则需运费 300 元,如加之燃料费、工人工资总计可得运费占铁售价的 70%①。由此可见,交通对易门铁矿发展的限制作用甚大。东山铁矿位于公路线上,易门铁矿及物产,皆可以通过安易公路运至腰站、禄丰、安宁等地,滇缅铁路开通后,则可以从此与铁路相接,运输成本可缩减 33% 以上。

第四节　张印堂滇西经济地理调查的贡献

　　1933 年克里斯泰勒出版《德国南部的中心地》创立了中心地学说,但在 20 世纪 40 年代前这一理论还没有被学术界广泛接受。张印堂在滇西经济地理调查中提出了安宁、禄丰等近 20 个经济中心区,尽管其理论及内容在全面性和市场层级的构建方面有所不足,但其经济中心区的建构可谓中国近代中心地学说研究中具有开拓性的研究。

　　本章所述的一平浪盐煤业、楚雄的蚕丝业、祥云和易门的煤铁业,均是张印堂以某一产业为中心梳理出的交通与市场体系。张印堂在这些研究中,极为注重自己亲身的调查数据,并参考和利用历史时期及其他机构个人的统计结果,在比较的基础上,论证当前相关产业经济发展的困境,以及未来发展的潜力。相对于同时期其他的相关研究,张印堂用科学的数据和客观的分析,勾勒出一幅滇西经济全面开发的宏伟蓝图,于彼于今,均极富参考价值。

　　1940 年秋,在滇缅铁路局的资助下,张印堂完成《滇缅铁路沿线经济地理调查报告书》,全书为张印堂手抄完成。1941 年完成《滇西经济地理》,1942 年正式铅印发行,并获得教育部第二届社会科学类第三等学术奖励。

　　《滇西经济地理》铅印本,全书 148 页近 9 万字,正文共七章,对此次调查的过程,滇缅铁路沿线的地理环境,包括地形、气候、土壤、居民分布等均详细叙述;注重滇缅铁路在滇西以及我国国际交通线中的地位探析;对滇西农作物分布、蚕桑、茶叶等物产及经济作物的种植,对煤、铁、盐等矿产的开发运输以及市场等问题均进行了深入的探讨;并对沿线

---

①　张印堂:《滇西经济地理》,云南大学西南文化研究室 1943 年版,第 68 页。

的 20 个城市组成的经济中心进行全面论述，对西南边疆的气候、民族、政治、货币、语言等诸多沿边问题均进行了翔实的梳理。该著共附图 29 幅，附表 22 种。林超对张印堂此著有详细的论述，认为滇西在移民与交通问题上值得深入探讨，"张印堂先生对于缅北交通成竹在胸，当有以教于吾人也"[①]。

滇缅铁路在抗日战争的很长时间内是中国对外物资运输仅存的唯一国际通道，在滇缅铁路议修前后，曾调用了大批专业领域内的专家进行考察研究和论证，张印堂便是这一批专家中经济地理调查的优秀代表。但在有关的滇西研究、边疆经济地理研究，均未关注和利用过张印堂的成果，包括《滇缅铁路沿线经济地理调查报告书》被中国地质图书馆视为馆藏珍品，但仅见展出，不见相关研究出现，这对张印堂及其滇西经济地理调查来说，是无法体现其真正的学术价值的。

西南联大地质地理气象学系张印堂及本系学生邹新垓对滇西的调查，范围与内容广泛。无论是滇缅铁路通过的市镇，还是沿线相邻的区域，张印堂都进行了调查，覆盖面达滇缅铁路所在的整个滇西片区。此次调查主要的贡献有：

第一，研究内容方面。以滇西各地自然地理为基点，对滇西地质、气候、地形、土壤等各个方面都做了精细的调查考证，奠定了滇西自然地理研究的基础。在此自然地理研究的基础上，张印堂推进了对沿线各地经济物产、民俗社会的研究，这种研究基于实地调查统计的数据，结合历史以来各类记载和数据进行比较，如楚雄的蚕丝，是对滇西地方经济社会的珍贵调查成果，进而结合自然与人文状况，对滇缅铁路能够带来的经济效益进行了评估，论证了滇缅铁路与滇西之间互相促进发展的双向积极作用，并利用当时多种调查成果进行比较研究，为开发滇西作了精致而生动的规划。

第二，学术意义方面。张印堂留学回国后便对东北[②]、蒙古及西北地区进行了经济地理考察，完成了诸多影响较大的学术成果。随清华大学迁入云南之后，张印堂以滇缅铁路沿线为中心进行的经济地理调查，把研究

---

① 林超：《评张印堂之〈滇西经济地理〉》，《地理》1942 年第 2 卷第 3 期。
② 张印堂：《中国东北四省之地理基础与问题》，《禹贡半月刊》1937 年第 3/4 期；张印堂：《绥东地势及其位置的重要》，《清华周刊》1936 年第 6 期；张印堂：《绥东地理上的重要性》，《月报》1937 年第 1 期。

范围扩大到西南边疆地区。同时，张印堂还在西南联大开设《中国边疆区域地理》《西南边疆研究》等课程，不仅是首位对中国边疆地区经济地理进行大规模考察和研究的重要学者，更将边疆作为重要的区域地理在学科学术体系之下进行了理论与方法的建构，对经济地理学、边疆地理学、区域地理学、中心地研究等诸多领域内做出了卓越的贡献。

第三，现实价值。张印堂进行滇西经济地理调查的大背景是滇缅铁路建设以及在抗日战争的艰难时期，他运用自己优秀的专业知识而进行的调查成果，不仅可为当时这条铁路建设提供依据，为抗战大后方军工、经济建设提供依据，更为抗战胜利后滇西的持续发展指明了方向。太平洋战争爆发后，日军再次入侵东南亚诸国，云南从抗战的大后方转为抵抗日军侵略的大前线，滇缅铁路还未来得及铺修铁轨，就因为资金、原材料及战争的条件限制，无法修建了。时至今日，桥头堡战略为这条铁路的复建带来了机遇，张印堂的这些地理考察为滇缅铁路的复建保留了大量民国时期有关人文和地文的珍贵文献资料。

从张印堂对边疆的重视，以及他在研究中多次对外国学者以各种目的扭曲历史或现实的研究进行了科学精确且有理有据的辩驳，我们可以体会到他热爱祖国，以学术兴国为己任的伟大地理学家的爱国情怀；从张印堂的这些成果中，我们可以看到一个原始而封闭的滇西，一个富庶的滇西，一个能担负起抗战兴国的滇西，一个充满无限潜力等待开发的滇西。利用这些成果，无论是对经济地理的学术史，还是滇西开发的社会经济史，都有无可替代的重大意义。

第四章

西南联大地理国情调查对中国地理学发展的贡献

地理学是研究地理环境中自然要素与人文要素交互作用的基本原理，阐明地域系统、空间结构、时间过程、人地关系以及各要素之间互相联系、互相制约、互相影响的生、克、竞分、协调等一般图式和总体规律，是一门复杂学科体系的总称。近代地理学出现的标志是地理学研究的科学化与地理学科体系的建立，西方学术界一般认为洪堡和李特尔是近代地理学的鼻祖，近代地理科学的体系也由此开启。中国近代地理学起步较晚，一直到清末民初才开始逐步迈向近代化。

第一节 西南联大对云南近代地理学的贡献

云南因为其独特的自然环境与人文社会风貌，一直是地理学者重点关注的地区。到清代时期，云南的矿产资源已经成为重要的国家资源，中国第一代地理学家丁文江1911年回国后首次重要的地理调查便选择了云南，其后又多次来云南调查，云南独特的地理环境为近代地理学的研究提供了广阔的舞台。

云南近代地理学的形成，是中国近代地理学发展的缩影，尽管晚清以来，已经有大量的外国人在云南各地进行了近代地理学的考察，传播了一些先进的地理学思想，也带入了一些科学的方法，但云南真正的近代地理学的形成和建立缘起于民国初期丁文江在云南的地理调查。

一 抗日战争之前云南地理学的发展

晚清时期进入云南的中国人还未有接受过近代地理学的训练者，在调查、游历基础上的文著,涉及地理知识的表述依然是中国传统地理学的记载与表述方法。丁文江在云南的地理调查,不仅是第一位中国人在云南进行的地理调查,更是中国真正系统地理调查的开端,这与中国近代地理学兴起与发展的进程同步,云南近代地理学在中国地理学史中开始占据更重要的位置。

中国近代地理学兴起的关键人物是第一代留学生丁文江、章鸿钊、翁文灏,他们都与云南有着密切的关系,丁文江在云南进行过地理调查①,章鸿钊、翁文灏曾分别在北京大学、清华大学担任教授,他们的学生在西南联大期间进入云南,同样在云南进行了大量的地理调查。学术界对上述三位地质地理学的开拓者均大加赞赏,但就现有研究中,赞赏的内容主要集中在地质学方面,尽管这样的研究符合实际,但我们必须注意两点:一是晚清以来实业兴国的社会背景,矿产资源开发与冶炼是工业发展的基础,又是军事强国的第一步,地质学是与地理学相关的学科中应用性较强的学科;二是早期留学生的学术背景,丁文江"正如绝大多数中国人一样,他最初只是为科学的有用性所吸引才转向科学的"②,早期中国的留学生所学专业都以认识与研究国情的实用为目的,而丁文江、章鸿钊、翁文灏等均是地质学的学科背景,以至于早期地理学的表现形式是与地质学的交叉融合,这些留学生既进行地质考察,又进行地理调查。这一发展态势是随着张印堂、鲍觉民等地理学专业留学生归国后才发生了变化,之后地质学与地理学逐渐分离开来,地理学学科体系的构建才更加完善③。

---

① 丁文江在英国格拉斯哥大学学习期间,1908 年学习动物学,以地质学为副科,1910 年主攻地质学,以地理学为副科,多学科的系统训练,使得丁文江在地质调查时能有更广阔的视野,尤其关注丰富多彩的自然地理与人文环境的状况。在云南进行地理调查时,他不仅关注周边社会环境,还首次测量了部分当地种族的体质,并记录了一些方言,尽管数量不多,但其开拓之功不可没。同时,对于滇黔之间的交通驿道,丁文江也做了深入的研究,并提出"川广铁路"的路线。以丁文江为代表的第一代留学生将西方近代地理学的理论体系与研究方法带入中国,并在逐渐实践的基础上促使中国近代地理学形成。在这一进程中,丁文江及其在云南的地理调查具有开拓之功。魏万平对丁文江在云南的地理调查进行了较为全面的梳理(《为文试论西南夷,半生走遍滇黔路——丁文江西南考察研究》,硕士学位论文,云南大学,2011 年),展现了丁文江对云南近代地理学乃至中国近代地理学的重要贡献。

② 〔美〕夏绿蒂·弗思:《丁文江——科学与中国新文化》,丁子霖、蒋毅坚、杨昭译,湖南科学技术出版社 1987 年版,第 22 页。

③ 司徒尚纪曾讲,"1934 年中国地理学会成立,标志着地理学与地质学分化完成,中国近代地理学脱离草创阶段,走向独立和成熟发展阶段"。见司徒尚纪《地理学在广东发展史》,中国评论文化有限公司 2003 年版,第 91 页。

当中国近代地理学形成后，云南又因为其优异的地理资源和社会环境，成为中国近代地理学发展中的一大重镇。抗日战争之前，还有大量的国家机关人士、学术机构人士等也因为工业建设、施政、学术等需要，亦对云南的地理产生了极大的兴趣，如中央大学地理系、中山大学地理系的师生曾进入云南进行过地理调查，产生了不少优秀的成果，但总体上未形成系统的研究。

二 抗战时期西南联大师生对云南地理学发展的推动

云南地理学发展的整体面貌，还没有学者进行过探究。通过对西南联大地理学专业师生的综合研究，本书发现，云南近代地理学在抗日战争时期得到了飞跃的发展，这得益于西南联大师生为云南地理学发展的推动。这种推动表现在两个方面：

第一，学科发展。云南在抗战前有高等院校东陆大学，但没有开设地理学相关课程。抗战时期，张印堂等西南联大一批地理学专家为云南地理学科的发展提供了师资力量。如张印堂在云南大学讲授《中国地理》课程[1]，西南联大师范学院史地系招收的学生大都是云南本地生源，其中地理学毕业的学生为云南地理学中等教育做出了卓越贡献，尤其西南联大北返后，师范学院史地系成为云南地理学科发展的核心主线，为云南当今地理学发展也奠定了基础。同时，就笔者所见，张印堂的《中国边疆区域地理》及《西南边疆研究》是当时中国唯一开设的边疆区域地理专业课程，是云南边疆地理作为学科进入课堂的重要起点[2]。

第二，人才培养。西南联大地质地理气象学系地理学组的师生，以实证性的认识地理国情为研究目标，注重自然地理与人文地理调查活动。如三年级的学生需要进行经济地理考察实习，四年级进行毕业论文的专题调查和研究，有不少学生在这些实习中取得了优异的成绩。特别是1940级的联大地质地理气象学系学生王云亭、冯绳武、孙承烈、李孝方，1941级的史立常、1943级的黄秉成等，他们在西南联大读书期间对滇池环湖地区集中的地理调查及发表的系列滇池环湖地理考察论文

---

[1] 《国立云南大学科目表》，《国立云南大学一览》，[出版社不详] 1947年版，第4页；杨海挺、石敏：《档案揭秘抗战时期云南大学与西南联大的师生渊源》，《云南档案》2014年第2期。

[2] 杨煜达：《历史边疆地理：学科发展与现实关怀》，《学习与探索》2006年第6期。

成为地理国情调查的经典之作,也是高原湖泊特别是滇池现代地理学研究的开山之作,至今仍占有重要地位。作为西南联大的学生,他们在西南联大时期的学术训练,成为他们学术生涯的起步和重要发展阶段,至今冯绳武、孙承烈、黄秉成、李孝芳、黄元宗、王云亭等都是新中国成立后我国地理学界赫赫有名的地理学大师和领军人物,还有多位中国科学院地理学学部委员或院士,为中国现代地理学学科发展和人才培养做出了重大贡献。

1949年底,云南省立昆华民众教育馆出版《云南史地辑要》一书,全书分上下两辑,包括云南沿革、部族、气象、边务、语言、地质史、地形、矿产、农村、文献共10篇,潘先林认为,"该书基本上涵盖了云南史地研究的主要问题,是对20世纪三四十年代云南史地研究的首次学术总结","在云南学术史上具有重要的地位"[①]。在此部著作中涉及云南地理的《云南地质史》作者张席禔、《云南地形》作者张印堂均是西南联大地质地理气象学系的教授,由此可见云南为西南联大师生们的学术研究提供了多姿多彩的自然与人文学术环境,西南联大学者则参与了云南史地研究的学术总结,对云南进行了多方面深入的研究,推动了云南近代学术的飞跃发展。

中国近代地理学的兴起,离不开学者们在云南的地理调查研究,中国近代地理学的发展,更离不开对民国时期云南地理学发展的关注,尤其在抗日战争时期,以西南联大地理学组师生为代表,中国地理学界的一大批学者在西南大后方依然矢志不渝地坚持着他们的学术活动,坚持着他们的学术理想,在深入认识云南独特地理面貌的基础上,为云南及中国地理国情的认识,对近代地理学乃至现代地理学的科学发展做出了卓著的成绩。

第二节 西南联大土地利用调查实验的贡献

土地利用调查作为地理学研究的重要方面之一,标志性的工作是从英国开始的。1930年,伦敦大学经济学院地理系主任斯坦普教授组织成立

---

① 潘先林:《二十世纪三四十年代云南史地研究的首次学术总结——〈云南史地辑要〉概说》,《史学史研究》2008年第1期。

不列颠土地利用调查所（Land Utilization Survey），于1931—1935年间领导了英国第一次土地利用调查，利用中小学生在1∶12000的底图上进行土地利用的填图工作，并组织编写了《不列颠的土地：不列颠土地利用调查报告》（共9卷），为详细说明大不列颠每块土地的用处，共绘有168幅地图，且配有文字作为说明，介绍土地的自然条件和利用状况，后总绘成两幅1∶620050的全国土地利用图，论证了合理利用土地的途径，斯坦普主持的这次土地利用调查获得了极大的成功，对于英国在第二次世界大战期间的粮食增产起了重要的积极作用，引起了全球范围内地理学界的关注。1949年，里斯本召开第16届国际地理大会，因此产生下列决议：在国际地理联合会（IGU）下开设世界土地利用调查专业委员会，推进全世界各国1∶100万土地利用图的编制，由斯坦普教授和美国克拉克大学范根堡教授主持委员会的工作[1]。之后，全世界多个国家陆续展开全国范围内的土地利用调查，土地利用学得到迅猛发展。土地利用学与区域地理学是近代地理学的重要分支学科，在中国的发展起步较晚，但在西南联大地理学师生们的推动下，发展迅速，成就显著。

一 土地利用调查的两个阶段与学术影响

中国近代以来的土地利用调查，根据引入时间的先后顺序以及所利用的理论方法，可分为两个阶段：

第一，在社会学家主持下的农村经济调查中涉及土地利用的部分。这个阶段大概是20世纪20—30年代。这一阶段主持有关土地利用调查的主要是社会学家，与美国的农业普查有渊源，如陈翰笙，重点是对农村经济进行综合考察。美国农学家卜凯（J. L. Buck），1915年起任金陵大学农学院农业经济系教授，主持了我国东部22个省168个地区16786个田场及38256个农家的土地利用、农村社会、经济生活等各个方面的调查，出版有《中国土地利用》，在国内外学术界均有较大影响[2]。这些社会学家主持的土地利用调查的直接影响是在全国各地兴起了农村经济、农业生产的热潮。当时的国民政府土地委员会亦于1934年8月至1935年7月对我国

---

[1] 吴传钧、郭焕成主编：《中国土地利用》，科学出版社1994年版，第6—7页。
[2] 卜凯主编：《中国土地利用》，金陵大学农学院农业经济系出版、成都成城出版社1941年版。

22个省的土地进行了调查,内容主要有土地行政、土地利用、土地分配关系等,并出版有40余种报告①。以上这些农村、农业调查中有相关土地利用的调查,基本都属于社会学家与农学家为改良社会而进行的,属于社会调查的范畴,同时,因为调查的范围包括全国主要区域,但参与调查的人员专业素养与知识技能的不足,这些相关的土地利用调查在认识地理国情方面存在较大的不足。

第二,地理学家主持的专业性土地利用调查活动。这一时期大致是20世纪30年代末期到40年代,在这近10年的时间内,因为受抗日战争的影响,学术活动一般以学者或高校所在地展开,如西南联大所在的云南、浙江大学所在的遵义、中央大学所在的重庆,皆开展了小区域的土地利用调查。其鲜明的特点是这些调查都由地理学家主持,将原来带有强烈社会调查特征的农村社会、经济调查转向应用地理学的地理调查与绘图工作。以西南联大地质地理气象学系鲍觉民为代表,将斯坦普主持的英国土地利用调查的经验直接带回国内,在呈贡洛龙河区绘制了1∶5万的大比例尺土地利用图,这项工作与同时期其他学者的调查一样,范围有限,但都是十分精细与准确的。这期间,我国的地理学家吴传钧、任美锷、李旭旦以及西南联大地理学组的范金台、孙承烈、王云亭、黄秉成等,皆以一定区域为范围做了土地利用调查研究,并绘制了土地利用图,所"发表的调查报告和论文,是这一时期我国地理研究最重要的成果之一"②。至此,我国土地利用学的发展开始与世界同步,并成为我国后来土地利用地理学科体系成长的基石。

中国地理学界对土地利用的研究中,有很多学者都认为中国最早的土地利用调查始于20世纪30年代,"1931—1932年,农经学家张心一的《中国农业概况估计》,即是利用实地调查和农业统计资料,编制了全国耕地类型(水田、旱地)和农作物分布图及统计表,它是中国近代较早的农业土地利用研究成果。1937年,金陵大学农学院对中国东部农业地区(不包括东部地区)进行了广泛调查,出版了《中国土地利用》一书

---

① 土地委员会编:《全国土地调查报告纲要》,土地调查报告第一种,1937年1月,转引自黄兴涛、夏明方主编《清末民国社会调查与现代社会科学兴起》,福建教育出版社2008年版,第210—211页。
② 熊宁:《我国近代(1840—1949年)人文地理学的发展概况》,《地理研究》1984年第3卷第2期。

及图集,比较系统地反映了当时土地利用的情况和问题。在抗日战争时期,中央大学、浙江大学、西南联合大学等地理系的一些学者,在西南地区开展了土地利用调查和制图研究,其中1943年吴传钧进行的四川省威远县山区土地利用调查,1944年程潞进行的四川长寿县水库淹没区和云南省滇池的土地利用调查,浙江大学进行的贵州省遵义县土地利用调查,都代表了40年代中期土地利用研究的状况和进展"①。这段话是学术界对中国早期土地利用调查研究的主流观点,这段话展示了这样一种信息,张心一、卜凯的土地利用调查与抗日战争时期几所高校地理系学者们的土地利用调查属同一类型先后进行的,事实上这一观点有值得商榷之处:

第一,从学科背景来看,张心一和卜凯是农学家和社会学家,他们的调查研究均是在农学与社会学学科视野下进行的,这与地理学家主持的土地利用调查有着根本不同的研究方法和理论,前者是为了农村经济社会的发展,而后者是为合理开发利用土地,二者研究目的也完全不同。与西南联大师生在环滇池区域土地利用调查不同的是,我国在抗日战争前就已经流行有涉及土地利用的调查,这些调查的理论方法大都学习于美国,主持者主要是社会学家、农学家或者农村经济研究者,用任美锷的话来讲:这些"内容多偏重于农民生活与农村金融","虽然详细却忽略了与地理环境的关系,换言之,即没有严格注意到地域性,把土地利用的详细情形绘在地图上,制成土地利用图"②。

第二,从调查方法与研究内容来看,尽管在研究的内容或者是遣词用语方面有所交叉,如对土壤、物产的分类与分布的描述归类都使用相同或相近的表述方式,但在具体的结论方面却有很大不同,张心一和卜凯注重农业统计数据,有关耕地、农作物的分布也绘有分布图,但是为补充文字或数据,是概述性的表达。任美锷也指出,"惟卜氏著作,系根据各地农业报告员之报告与统计,分析综合,并未测绘土地利用图,故全国土地利用之实况仍未能详知"③,且"材料的正确性很有问题"④。而地理学家更注重土地利用图的绘制,土地利用调查中填图是首要的工作,相关的文字

---

① 郭焕成:《土地利用研究》,载吴传钧主编《20世纪中国学术大典·地理学》,福建教育出版社2002年版,第133页。
② 任美锷:《举办全国土地利用调查刍议》,《新经济》1943年第9卷第9期。
③ 任美锷:《从英国的土地利用调查看中国》,《地政通讯》1948年第3卷第3期。
④ 任美锷:《举办全国土地利用调查刍议》,《新经济》1943年第9卷第9期。

是为了补充土地利用图而出现的。

之所以要清楚论述经济学家或农学家张心一与卜凯的土地利用调查与地理学家主持土地利用调查的不同，是因为近代地理学的分支土地利用调查，其开端应以鲍觉民等第一代地理学留学生或者是直接、间接的地理学者参与为标志。地理学家主持的土地利用调查，无论开展的范围与调查的数量，皆以西南联大地质地理气象学系为首。该系的教师不仅自己参与进行地理考察，更带领和要求学生进行实地的地理观察与考察工作，并形成定制。师承于斯坦普的鲍觉民教授，是这一系统研究的主要负责人之一，他带领西南联大地质地理气象学系1942年毕业生张景哲在呈贡县洛龙河区的土地利用调查便是这一时期的重要成果之一，同时还有1939年毕业生范金台与1940年毕业生孙承烈的银汁河区土地利用调查、1940年毕业生王云亭的环滇池北岸的湖滨地区土地利用研究，以及1943年毕业生黄秉成对环滇池区域土地利用的调查和研究等一系列成果，是中国土地利用国情调查与研究进程中开拓新局面的代表性成果。而上段所述20世纪40年代的吴传钧、程潞以及浙江大学的土地利用调查，尽管在调查的方法与研究内容方面均较为科学，但时间上晚于西南联大地质地理气象学系师生们的土地利用调查，且这些土地利用调查的参与人数以及调查深度，也不及西南联大地理学师生们在环滇池区域的土地利用调查。

二　西南联大对土地利用学的贡献

西南联大师生在环滇池区域的这些学术科研活动，是在抗日战争期间我国有限的学术科研活动与成果中闪亮的一笔。其不仅传承了关注现实的学术科研视野，更推动了土地利用及应用地理学的成长，推进了抗战时期中国现代科学的发展成熟。现代应用地理学的建立缘起于斯坦普20世纪30年代主持的大不列颠第一次土地利用调查，此次土地利用调查得到国际学术界的一致肯定，并获得极高评价，其不同于以往的显著特点是：首开大规模土地利用调查的先河、由地理学家主持、目的是绘制并研究土地利用图。西南联大地质地理气象学系的师生，正是在斯坦普此次调查的理论方法上，于环滇池区域进行的土地利用调查，并进行填图工作。斯坦普土地利用调查的文字报告以各州为单位，内容主要有三大部分：（1）影响土地利用之因素，为地质、地形、土壤、气候等；（2）目前土地利用情况之分析，以及土地利用区域划分之研究；（3）本州土地利用情况在历史上之演变①。而鲍觉民指导主持的这些调查，除了具有上述几项内容外，还借鉴利用了当时滇池区域的农村经济统计数据，如人口、农户地权、交通等方面的调查研究，这是方法上对斯坦普填图式土地利用调查的应用，内容上新的拓展，是科学地认识中国国情的成功实验。

西南联大师生们在环滇池区域的土地利用调查，推动了我国土地利用学的建立和发展，具有示范性和开拓性。20世纪40年代的中国土地利用调查研究主要集中在西南联大、浙江大学以及中央大学，其中西南联大有鲍觉民，浙江大学有1939年留英回国的任美锷，中央大学有1939年从英国留学回国的李旭旦，以及他的学生吴传钧，以这些学者为代表，成为中国土地利用调查和研究的开拓者、中国土地利用学科的创建者。

第三节　西南联大对中国近代经济地理学的贡献

西南联大地质地理气象学系地理组师生在云南的地理调查，范围广大、内容丰富，在经济地理学、土地利用学等多个分支学科研究中为中国近代地理学科的发展做出了贡献。

19世纪后半期，西方近代地理学在理论与研究内容方面逐渐科学和系统化，成为一门重要学科。民国以来，中国通过欧美学者讲学和向欧美派送留学生开始接受经济地理学。

一　抗日战争之前中国经济地理学的发展

就笔者所见，最早冠以"经济地理学"的专著是王庸完成于1925年的《经济地理学原理》，在该著的前言中，王庸曾如是评价当时经济地理学的研究状况："近来讲地理者，大都偏重无意义无关系之事实。其名为讲经济地理以求切于人生实用者，亦多列举物产，不曰某地产某物某物，即曰某物产于某地某地，如数家珍，几无理解之可言。"② 王庸所讲这些"列举物产"的"无意义无关系之事实"之经济地理研究，仅是传统志书所记载"物产"的重新组合。出现这样的现象，是两重因素造成的：其

---

① 任美锷：《从英国的土地利用调查看中国》，《地政通讯》1948年第3卷第3期；李旭旦：《书报介绍（英国精测土地利用图）》，《地理学报》1935年第2卷第3期。
② 王庸：《经济地理学原理·编辑大意》，商务印书馆1926年版。

一，彼时西方近代经济地理学并未系统地传入中国，部分商业地理学的翻译文著，仿照奇泽姆所注重"事实汇编"的方法①，中国有关经济地理的研究也趋于如此，尽管其有诸多不完备之处，却是近代经济地理学的早期发展阶段，是经济地理学的重要来源之一②；其二，科学的经济地理调查少有出现，对地理环境与物产的关系，依然需从史书中找寻，难免泛泛而谈。在这两重因素下，20世纪20—30年代中国有关经济地理学的研究，具有几个明显的特点：一是在研究内容上，以记述物产等经济情形为主，并利用了当时国内外的统计资料，如张其昀《中国经济地理》③、王金绂《中国经济地理》④等，偏重于经济方面的探究；以经济地理学理论为中心，如王庸《经济地理学原理》，注重地理环境与物产直接的关系解释，但探析的深度较为有限。二是研究的范围，以全国性大范围为主。三是开始绘制物产分布图，如张其昀的《中国经济地理》附各类物产分布图十多种。王庸和张其昀均是中国地理学学术史研究中的大师，以他们的《中国经济地理》为标志，代表了中国近代经济地理学早期的发展状况。

二　张印堂对经济地理学发展的贡献

20世纪30年代末至40年代，随着张印堂等专业的经济地理学留学生回国，中国的经济地理学有了新的发展变化。

第一，经济地理学研究精度的提高。抗日战争前，小范围的区域性经济地理学文著开始出现，如张先辰《广西经济地理》⑤、徐天胎《福建战时经济地理》⑥等，其中蒋君章在《西南经济地理》中讲道，"本书叙述，以物为经，以地为纬，期某种资源于西南各省之分布区域及其在全国之地位，了然可知，应如何利用之处，亦可得一纲领"⑦。可见相比较王

---

①　[英]R.J.约翰斯顿主编：《人文地理学词典》，柴彦威等译，柴彦威、唐晓峰校，商务印书馆2005年版，第174页。
②　杨吾扬：《经济地理学的来源和学派》，载华东师大地理系编《经济地理学教学资料》，华东师范大学地理系1985年版，第34—41页。
③　张其昀：《中国经济地理》，商务印书馆1930年版。
④　王金绂：《中国经济地理》，文化学社1929年版。
⑤　张先辰：《广西经济地理》，文化供应社1941年版。
⑥　徐天胎、陈庚孙：《福建战时经济地理》，福建人文出版社1943年版。
⑦　蒋君章：《西南经济地理·编者例言》，商务印书馆1945年版。

庸、张其昀的研究来说，这一时期依然有大量的文著以物产分布为经济地理学研究的主要内容，尽管以省或者地区为研究范围，论述的深度有所提高，但与传统经济地理研究相比，没有根本性的变化。张印堂在滇西的经济地理调查，是以滇缅铁路沿线作为研究对象，关注其自然地理与人文地理状况，借鉴了同时期其他的相关统计资料，他自己也进行了多方测量，记录了诸多地形、气候、土壤、农作物、矿产、物产等重要的地理和经济数据，张印堂的滇西经济地理调查，为近代经济地理研究做了小范围、精细化进行地理国情研究的典范。

第二，在调查基础上的经济地理学研究开始出现。经济地理学在20世纪40年代已经成为众所周知的学科门类，1938年出版的王庸《中国地理学史》已将经济地理学单独列为一节。但彼时的经济地理研究，依然重视对当时国内各机关或学术机构的统计数据的罗列，而轻视地理环境的因素。张印堂的《滇西经济地理》是中国近代经济地理学史中的一颗耀眼明星，是实地调查基础上经济地理学研究的代表性成果：其一，该著是张印堂亲历调查的结果，数据的可靠性有所保证，其中有大量的数据可与同时期其他相关统计数据进行比较；其二，关注边疆，注重地理环境与经济的相互作用，突出地理环境对经济开发带来的影响。

到20世纪40年代，中国的近代经济地理学在以张印堂为代表的留学生及国内学者的努力下，得到了较大的发展。有学者统计，1942—1949年发表在《地理》刊物中的136篇论文中，有60余篇属于经济地理学类[1]。以中国地理研究所为例，在1940—1949年间区域性的经济地理调查报告有5种，专题和通论性论文有20篇[2]。但这些论文和地理考察，基本都集中于贵州、四川等地，对于边疆的经济地理问题均少涉及，以至于现在的学术界，并未关注近代的边疆经济地理研究。近代中国经济地理学的研究无法脱离张印堂，云南边疆经济地理的研究更与张印堂密不可分，张印堂在滇西的经济地理调查与研究，成为近代中国用经济地理学方法科学研究国情的先例。

---

[1] 陆大道、张雷：《中国经济地理学研究》，载吴传钧主编《20世纪中国学术大典·地理学》，福建教育出版社2002年版，第97页。

[2] 周立三、吴传钧：《经济地理学》，载中国科学院编译出版委员会《十年来的中国科学·地理学》，科学出版社1959年版，第60页。

第四节　西南联大对区域地理国情研究的贡献

除了土地利用调查外，西南联大地质地理气象学系师生环滇池区域地理研究成果还有王云亭《昆明南郊湖滨地理》①和《昆明市郊的地下水》②，冯绳武《滇池西北岸平原区之人地景》③和《滇池西北岸水道考》④，李孝芳《滇池水位之季节变迁》⑤，史立常《滇池之水运与渔业》⑥，黄元宗《昆明盆地北部地形》⑦等数十篇相关成果，这些研究对环滇池区域的地貌地形、山川河流等自然地理有深入科学的论述，在社会环境、产业经济、交通等人文地理方面亦有科学的论证，是较为全面的环滇池区域地理研究。环滇池区域作为抗战时期中国重要的学术基地，除了得到西南联大师生们的重视外，还吸引了其他高校及学术机关的重视。其中重要的工作有资源委员会经济研究室资助学者们在云南的地理调查。参与此次考察队的队员有程潞、陈述彭、宋铭奎、黄秉成等，其中陈述彭和宋铭奎均毕业于浙江大学，程潞毕业于中央大学，黄秉成则毕业于西南联大，他们以资源委员会为单位组成了一个学术团体。此次环滇池区域土地利用调查，同样依据陆军测绘局1∶5万比例尺的地形图绘制了土地利用图，完成了报告《云南滇池区域之土地利用》⑧，从自然环境、人口与农业、土地利用之形态分布等多个方面对滇池周边各县市，包括海口以下至螳螂川的大部分环滇池区域，并有《云南螳螂川流域之地文》⑨等成果。

一　区域地理学的成就

在民国时期，像对环滇池区域如此丰富完整的区域地理学研究甚为少

---

① 王云亭：《昆明南郊湖滨地理》，《地理学报》1941年第8卷第1期。
② 王云亭：《昆明市郊的地下水》，《教育与科学》1946年第2卷第2期。
③ 冯绳武：《滇池西北岸平原区之人地景》，《地理》1943年第3卷第1/2期。
④ 冯绳武：《滇池西北岸水道考》，《地学集刊》1943年第1卷第4期。
⑤ 李孝芳：《滇池水位之季节变迁》，《西南边疆》1943年第17期。
⑥ 史立常：《滇池之水运与渔业》，《地理》1943年第3卷第3/4期。
⑦ 黄元宗：《昆明盆地北部地形》，《中山学报》1941年第1卷第6期。
⑧ 程潞、陈述彭、宋铭奎、黄秉成：《云南滇池区域之土地利用》，《地理学报》1947年第14卷第2期。
⑨ 陈述彭：《云南螳螂川流域之地文》，《地理学报》1948年第15卷第1期。

见，如果加之西南联大社会学、经济学等其他师生的成果，则在区域地理学中，环滇池区域的研究是首屈一指的。徐近之认为，"区域地理之代表作，乃黄国璋先生主编之汉中盆地地理考察报告，著者为王德基、陈恩凤、薛贻源、刘培桐四君，是吾国完全区域地理研究之第一种也"①。无论此汉中盆地地理考察，抑或嘉陵江流域地理考察，均是少数地理学专业人才集中考察所得，成果也主要是出版考察报告。而环滇池区域受关注程度远大于上述几种，不仅有西南联大地质地理气象学系学生长期以该区域作为学位论文的选题进行研究，更有专业的地质学家、气象学家、植物学家、人口学家、社会学家、经济学家等亦长期在该区调查考察，从区域地理学相关研究成果来看，环滇池区域当属第一种，培养的人才更多，影响也更大。

以鲍觉民、张景哲等西南联大地质地理气象学系师生为主要参与者，对环滇池区域的地质、水文、人文、经济等多方面多视角的研究，完成丰硕的调查报告和研究成果，将本区域提升到了一个崭新的学术科研高度，环滇池区域完全可以代表民国时期中国区域地理学研究的顶尖水平。

二 区域地理国情研究的实践

鲍觉民在呈贡县洛龙河区的调查，正如其在文中所述"在洛龙河区之范围内，举凡呈贡县境内所有各种土地利用之形态，一一具备，考察结果，可代表全县"，而作为环滇池城市之一的呈贡县土地情况，又可代表广大滇池区域内的土地利用状况。我们将洛龙河区同银汁河区土地利用状况比较来看，无论土壤类型及利用形态，确实具有相似性和共同性。他们的这些调查，还注意到与交通、市场相关联的农业耕种与生产。随着城市化进程的加剧，如何合理规划和利用环滇池区域的土地，西南联大师生们的成果为我们提供了丰硕的材料。

滇池在中华人民共和国成立以来，经历了围湖造田等一系列重大的人为变迁，21世纪初以来，随着该区域内人口的激增，对滇池水域利用保护不力，导致红土高原第一湖曾遭受到严重污染。鲍觉民在呈贡县的土地利用调查，范金台与孙承烈在银汁河的土地利用调查，不仅再现了传统滇池区域内土地利用的状况，更为如何利用土地、保护土地和滇池提供了自

---

① 徐近之：《抗战期间我国之重要地理工作》，《地理学报》1947年第14卷合刊。

然规律的视角,是今日滇池保护甚为科学的参考资料。

第五节　西南联大对地理学人才的培养

抗日战争时期,环滇池地区是我国重要的高校、学者集中地之一。以西南联大地质地理气象学系师生为例,就地取材成为当时他们开展学术研究的一大潮流,这种就地取材式的学术科研活动,在战时人力财力有限的条件下,规模与范围都有限,但却为地理学学科、学术发展,为抗战时期的云南和中国国情研究等方面,做出了巨大的贡献,也为中国培养了大量的地理学人才。

冯绳武在西南联大时期,曾在1939年跟随洪绂教授,从昆明乘滇越铁路至宜良境内进行地理调查,其后完成《宜良坝子小志》;1940年西南联大毕业后,他整理发表了对滇池水位以及滇池的水运与渔业等方面的研究成果,[1] 这些地理调查基础上的研究成果,为他在地理学方面的贡献奠定了坚实基础。在林超的介绍下,1942年冯绳武在中央研究院地理研究所人生地理组任职,期间开始翻译斯坦普等西方学者的著作,1946年,冯绳武调入兰州大学,是兰州大学地理学的主要创建人之一。冯绳武是中国自然地理区划理论和方法研究领域的代表性学者,并在历史地理学领域成果卓著。冯绳武长期在兰州大学任教,为中国培养了众多研究地理国情的专业人才[2]。

与鲍觉民共同在呈贡县进行土地利用调查的张景哲,是河南郏县人,1937年考入清华大学地学系,1942年在鲍觉民的指导下完成题为《云南省呈贡县落龙河区土地利用初步调查报告》的毕业论文。毕业后给张印堂当助教达三年,1947年起先后在美国克拉克大学和马里兰大学地理系攻读硕士和博士学位,1957年回国后任教于北京大学地理系,所授课程有《世界自然地理》《气象学与气候学》《地理学概论》《世界地理》《外国城市和城市规划》《城市气候》《区域地理研究法》等,因他的博士学位论文主攻拉丁美洲的区域地理,故世界地理是他的代表性研究领域。张

---

[1] 冯绳武:《滇池西北岸平原区之人地景》,《地理》1943年第3卷第1/2期;冯绳武:《滇池西北岸水道考》,《地学集刊》1943年第1卷第4期。

[2] 王乃昂:《冯绳武》,载孙鸿烈主编《20世纪中国知名科学家学术成就概览(地学卷·地理学分册)》,科学出版社2010年版,第228—236页。

景哲1988年退休，2011年逝于美国。张景哲是中国城市气候研究的开拓者，著名的世界区域地理专家，他的地理学术直接师承于西南联大地理学组重要的教师张印堂和鲍觉民①。

张印堂在1948年后寓居美国，20世纪50年代，因为其《中国人口问题之严重》②一文与马寅初人口论有相似的观点，受到点名批评，在后来的政治环境下，他逐渐远离了大陆学术界。张印堂从1931年起至1948年在清华大学任教长达17年之久，同时还在燕京大学、云南大学等兼课，有众多地理学者都曾受业于他，张印堂是民国时期中国地理学高等教育的卓越领导者之一。

跟随张印堂一起在滇西调查的是地质地理气象学系的学生邹新垓，邹新垓是中国近代著名地图学家湖南新化邹氏舆地世家的传承人。邹代钧于1894年受命完成《湖北舆地图》后结交了一大批舆地学家，1896年创办舆地学会，1903年完成《中外舆地全图》，成为中国最早的教学地图集。1908年邹代钧去世后其侄子邹永煊1899年创办亚新舆地学会，后改为亚新地学社，是专门出版舆图及地学书刊的专业学社。1920年其子邹兴钜接手，成立南京、上海、广州、成都、长沙发行部，先后出版各类地图30余种，是为全盛时期。1940年邹兴钜去世，其子邹新垓继承父业，继续译印各种地图及撰写出版地学书籍数十种。1947年前共出版各类图书300多种，1949年以后，依令编入国营地图出版社，结束了私营状态③。以邹代钧等为代表的邹氏舆图世家在中国近代地理学发展中做出了巨大的贡献，是民国时期中国最重要的地图编缉出版学社之一。邹新垓（1915—1975）在家族浓郁的舆地学风的熏陶下于1935年进入清华大学地学系，1939年毕业后留校任教，后作为助手跟随张印堂进入滇西进行调查，回来后便离校接手亚新地学社事务。与张印堂在滇西的调查是邹新垓一生中最重要的地理考察活动之一，让他深刻地认识到舆地学说与国家命运之间紧密的关系，这种热切的爱国情怀促使他在抗日战争时期无比艰

---

① 周一星：《追忆地理学家张景哲教授的业绩》，《地理学报》2012年第67卷第7期。
② 张印堂：《中国人口问题之严重》，《地理学报》1934年第1卷第1期。
③ 杨亦农：《湖南历代文化世家·新化邹氏卷》，湖南人民出版社2012年版；喻沧、廖克：《中国地图学史》，测绘出版社2010年版，第384—386页；周茹燕：《我国最早的教学地图集——清代〈中外舆地全图〉》，《地图》1988年第1期；张平：《邹代钧与中国近代地理学的萌芽》，《自然科学史研究》1991年第1期；朱炳贵：《地图世家的佼佼者——邹代钧》，《地图》2000年第3期。

难的困境中,一直坚持不懈地为中国地图及地理出版事业殚精竭虑地付出着努力①。

西南联大地质地理气象学系培养的人才众多,无须一一罗列,还有一点值得注意,那就是鲍觉民在改革开放以后,为中国人文地理学的复兴做出过重大的贡献。1984年,南开大学成为教育部经济地理博士学位批准授予点,鲍觉民是唯一的导师,先后培养了12名博士研究生和12名硕士研究生;从1985年起,鲍觉民开始主编《人文地理》杂志,并出版《人文地理学的理论与实践》,在理论方面为中国人文地理学做出了贡献,其间他还担任中国地理学会人文地理专业委员会主任,为人文地理学新的发展做出了很大贡献;1986年,鲍觉民在南开大学创办中国台湾经济研究所;之后到1989年,他指导培养出了中国第一个旅游地理学博士。

由此可见,西南联大地理学人才,不仅在西南联大时期为中国地理学发展做出了贡献,1949年以后,还通过不同方式延续着地理学的科学研究,到20世纪80年代以后,西南联大的这一批地理学者,又在新的地理学学术发展中焕发出新的光彩,为中国现代地理学的发展同样做出了卓著的贡献。

---

① 杨亦农:《湖南历代文化世家·新化邹氏卷》,湖南人民出版社2012年版,第109—119页;晏望贤:《开创新中国舆地事业的邹新垓》,载刘维瑶主编《古今中外宝庆人》,岳麓书社2005年版,第979—984页。

下编 西南联大在云南的人口国情调查实验

西南联大在云南的人口国情调查实验,是由清华大学国情普查研究所在环滇池区域举办的,主要的工作有呈贡县的人口普查,呈贡县、昆阳县的户籍及人事登记,以及环滇池区域昆明市、昆明县、昆阳县、晋宁县的户籍示范工作,对人口国情调查的两种方法人口普查与人事登记进行了全面的实验,建立了完善的户籍登记制度,并为抗战时期中国人口国情提供了科学的数据。

第五章

西南联大清华大学国情普查研究所总论

西南联大期间，清华大学共建有5个应用型特种研究所，即农业研究所、航空研究所、无线电研究所、金属研究所和国情普查研究所，其中4个为理工学科，对于发展、传承并实践清华大学"教学、科研和社会服务三项职能"[①]的办学宗旨和奠定今天清华大学的学科辉煌意义非凡，毋庸赘言。更值得一提的是其中唯一的社会科学研究所——清华大学国情普查研究所，以人口国情"调查研究"为重点，以与内地人口国情较为相似的环滇池区域为调查的实验区，力图通过在云南小范围的实验，寻求一套科学的、符合中国国情的人口调查方法。"国情普查，平时与战时同属切要之举，但其问题至为复杂，该所拟先在滇省择一区域，作实际之研究，以期对于普查之表格、统计之方法及各普查人才之训练各问题，于相当期间，有所贡献。"[②] 如此，一旦战争结束，国家建设兴起，即可将这些调查中"研究而有得，就把所得的交给国家，供国家实行普查时的参考采择"[③]。清华大学国情普查研究所在呈贡的人口普查研究，不仅是中国国情普查方法的创新实验和实践，更是我国学术界具有教学与科研相结合，为现实服务的应用型研究典范。

[①] 《行胜于言：清华大学改革与发展纪实》编写组编著：《行胜于言：清华大学改革与发展纪实（百年校庆）》，清华大学出版社2011年版，第80页。

[②] 《国立清华大学为扩充研究事业呈教育部文（1938年9月19日）》，载北京大学、清华大学、南开大学、云南师范大学编《国立西南联合大学史料》卷3《教学·科研卷》，云南教育出版社1998年版，第597—599页。

[③] 梅贻琦：《梅序》，载云南环湖户籍示范实施委员会《云南省户籍示范工作报告》，清华大学国情普查研究所1944年版，第6—7页。

第一节　西南联大清华大学国情
普查研究所的建立

　　清华大学国情普查研究所是在原清华大学社会学人类学系的基础上组建的。清华大学的社会学系成立于1926年，因注重社会学与人类学并教，该系名称有"社会学系"和"社会学与人类学系"等几次改换。并入西南联大初期，社会学系与历史系合称为历史社会学系，1940年又独立为社会学系，因北京大学和南开大学并未开设有社会学系，所以西南联大的社会学系就是清华大学社会学系的延续。

　　清华大学国情普查研究所建立于西南联大南迁昆明后的1938年8月。建立国情普查研究所的目的，梅贻琦校长在1940年12月致云南省政府函中明确说："敝校为求对于我国人口及相关问题，获得研究技术及搜集材料，以便对于政治、经济及社会的建设，有所贡献；并期为辅助学术的研究，作试验的调查工作，乃于迁滇之始，设立国情普查研究所。"① 于是该所成立之初便"拟搜集关于本国人口、农业、工商业及天然富源等各种基本事实，并研究各种相关问题，以期对于国情有适当的认识，并将研究结果，贡献于社会"②。拟订具体的认识国情方法是："（甲）试验并采用比较科学及比较经济之方法，搜集并整理我国人口及相关问题之材料。（乙）推广上述工作，以期全国可以采用此项方法。（丙）研究及发表甲项所述之工作，以期对于我国政府及我国社会科学，有所贡献。"③

　　清华大学国情普查研究所成立之初因西南联大刚刚迁至昆明，于是借驻于云南大学旁的青云街169号。由于国情普查研究所建立的目的是"该所拟先在滇省择一区域，作实际之研究"④，就是要进行以一县为单位

---

① 梅贻琦：《梅贻琦致云南省政府函》，载北京大学、清华大学、南开大学、云南师范大学编《国立西南联合大学史料》卷3《教学·科研卷》，云南教育出版社1998年版，第714页。

② 《国情普查研究所概况》（1940年5月12日），载北京大学、清华大学、南开大学、云南师范大学编《国立西南联合大学史料》卷3《教学·科研卷》，云南教育出版社1998年版，第695页。

③ 《国立清华大学国情普查研究所工作概况》（1941年3月），载北京大学、清华大学、南开大学、云南师范大学编《国立西南联合大学史料》卷3《教学·科研卷》，云南教育出版社1998年版，第697页。

④ 《国立清华大学为扩充研究事业呈教育部文（1938年9月19日）》，载北京大学、清华大学、南开大学、云南师范大学编《国立西南联合大学史料》卷3《教学·科研卷》，云南教育出版社1998年版，第597—599页。

的实地人口国情普查，因此，国情普查研究所的负责人陈达考虑到工作的性质，认为如果蜗居于昆明城内，不仅房屋狭小，而且不便开展工作，于是在昆明周围选择一县作为人口普查的先行实验区。通过一段时间的调查，陈达教授认为呈贡县是当时国情普查研究所工作和生活比较理想的地方，第一，交通优势。呈贡县离昆明市约20千米，有铁路和公路与昆明市区相通，交通便利，国情普查研究所的教授和研究人员大多在西南联大承担教学任务，便利的交通可以使他们有课时进城教学，完成教学任务后回到呈贡文庙驻所进行研究，不影响机构中的学者们在西南联大的教学工作；第二，拟选择呈贡县为主要的调查区。在少数民族众多的云南。呈贡县汉族人口较多，生产、生活方式与中国内地比较相近，在呈贡县进行人口普查实验，探索适合中国国情的人口国情调查方法，战后就能顺利地在全国推广；第三，调查条件具备。将国情普查研究所从昆明城区迁至呈贡县，研究人员不仅可以亲身体验呈贡风土民情，外出调查也方便快捷，亦利于工作全面开展①；第四，生活环境安全。抗战期间，昆明市区成为日本飞机轰炸重点，驻所在呈贡文庙，凭借文庙内林木葱葱掩护，在躲避敌机轰炸、保障研究人员安全的同时能够顺利进行研究工作。于是清华大学国情普查研究所的筹备人员在建所之初就先期来到呈贡，借住于呈贡县党部宿舍，设立"呈贡县人口普查工作站"。

1939年6月，因为日军飞机轰炸昆明频繁，为工作人员及人口普查资料的安全，陈达与时任呈贡县长李晋笏商议，借得呈贡县城内文庙为研究所的办事处。当时文庙为当地一所学校的校舍，经县长出面，并得到当地开明士绅的支持，才得以租借而来②。国情普查研究所全体成员迁入文庙后，呈贡县政府及地方士绅还举行了一个欢迎仪式，县长和士绅们致欢迎辞，国情普查研究所请到场的人员吃饭，至今呈贡县文物管理所依然保留着当年呈贡县长与陈达的多封通信。此后7年，直至1946年8月西南联大北返，清华大学国情普查研究所一直在呈贡文庙工作、研究和生活，并全面开展工作。以下是1940年国情普查研究所的基本情况。

---

① 陈达：《浪迹十年》，商务印书馆1935年版，第246页；清华大学国情普查研究所：《云南呈贡县人口普查初步报告》（油印本），清华大学国情普查研究所1940年版，第1页。

② 陈达：《浪迹十年》，商务印书馆1946年版，第319页。

国情普查研究所概况
（1940年5月12日）

（一）设置缘起

近年来，我国社会科学研究者，感觉关于本国政治经济及社会各方面，缺乏基本事实，以致各种建设，各种讨论及研究，难得系统的发展。本所拟搜集关于本国人口、农业、工商业及天然富源等各种基本事实，并研究各种相关问题，以期对于国情有适当的认识，并将研究结果，贡献于社会。

（二）历年发展概况

本所成立于民国二十七年八月，当即选定云南呈贡县为实验区。二十八年一月至五月，举行呈贡县人口普查。二十八年十月在呈贡县选出二十七村，试办人事登记，暂定出生与死亡为登记项目。二十八年十一月至二十九年三月，举行呈贡县农业普查。二十九年二月，推行人事登记于呈贡全县，登记项目增加婚姻及迁徙。

（三）经费来源及支配

本校发给本所每年国币肆万元。本所二十九年度预算如下：

(1) 薪金 $10000

(2) 人口普查 10000

(3) 人事登记 3000

(4) 农业普查 3000

(5) 机器租金 4000

(6) 统计用费 1000

(7) 书籍与出版 6000

(8) 房租 1000

(9) 杂项 2000

　$40000

（四）设备概要

（甲）图书：西文书350种，中文书150种，西文杂志39种，中文杂志15种，日文杂志1种。

（乙）仪器：

(1) 统计机器，一套共五架（未到）；

（2）计算机三架。

（五）主要负责人略历

陈达 所长，本校社会学教授。

李景汉 调查组组长，本校社会学教授。

戴世光 统计组组长，本校经济系统计学副教授。

（六）各部的工作成绩

（甲）呈贡县人口普查：此乃人口普查方法的试验，内容包括自材料的搜集至整理各主要步骤。其中整理方法两种已试验完毕，尚有两种方法正在试验中，俟四种方法试验完毕，拟印行报告一种。

（乙）呈贡县人事登记：自二十八年十月起，以二十七村为试验区，每村每月有报告。自二十九年二月一日起，登记区已推广至全县，每村每月有报告。

（丙）呈贡县农业普查：材料正在整理中，整理完毕后，拟印行报告一册。

（丁）中国人口问题文献索引：本索引于民国十五年由社会学系开始编纂，于二十八年底由本所完成。内容包括中国人口文献（如书籍、报告、小册及杂志论文）之用中、日、德、法或英文发表者。凡重要论文或书籍，每种有简短的提要；其他论文或书籍仅列著者名、论文名、出版处、出版年月等项。索引总数约九千条截至民国二十五年底止。

（七）出版刊物

（八）将来工作计划

（甲）大规模人口普查：拟在昆明湖邻近，选出十县，作一大规模人口普查，并拟于二十九年冬举行。

（乙）人事登记：拟于三十年春将人事登记区增加一县。

（丙）增设中国人口组：本所拟于最近期内增设中国人口组，其主要任务为搜集及分析本国人口资料，并拟定人口普查及相关问题之各种方案。

（九）所感困难

（甲）在抗战期内，不易举行大规模的调查及试验。

（乙）因经费有限，又因外汇关系，势难充分购置图书及仪器。

（丙）专门人才不易罗致。①

（清华大学档案）

第二节 国情普查研究所的人员构成

西南联大清华大学国情普查研究所是在原清华大学社会学系的基础上组建的，1938年8月成立，由西南联大社会学系主任陈达任所长，李景汉任调查组主任，戴世光任统计组主任。国情普查研究所的教员有很多来自清华大学社会学系，以及西南联大的社会学系，主要有倪因心、戴振东、苏汝江、周荣德，助教罗振庵、何其拔、萧学渊、周荦群、廖宝昀、郑尧、李作猷、沈如瑜、史国衡、唐盛琳、陈旭人、谷苞、陈珍谅、李舜英、黎宗献等，他们曾先后在所内参与工作。②清华大学国情普查研究所的三位负责人：陈达、李景汉、戴世光，是中国社会学界极其重要的人物。

陈达，著名社会学、人口学家，是中国社会学的开拓者之一。别号通夫，1892年生于浙江余杭。1912年至1916年考取了清华学校（游美预备班）学习。1916年至1923年进入美国哥伦比亚大学，学习并获得社会学博士学位，博士论文题目为《中国移民之劳工状况》（*Chinese Migrations, with Special Reference to Labor Conditions*, Washington：Government Printing Office，1923），该文被美国众议院第68次会议采纳编入档案出版，获得了高度评价。1923年回国后，执教于清华学校。1929年清华学校改为清华大学后，陈达负责创办社会学系，起初只有他一人，既当教授又兼系主任。1932年出版了《人口问题》，是人口学专业的教材，1938年出版《南洋华侨与闽粤社会》，被翻译为英文、日文本发行于国际学术界，"国外学者凡提及有关中国人口论著，都免不了引申他的著作"③。抗日战争时期随校南迁昆明，兼任西南联合大学社会学系主任和清华大学国情普查

---

① 载北京大学、清华大学、南开大学、云南师范大学编《国立西南联合大学史料》卷3《教学·科研卷》，云南教育出版社1998年版，第695—697页。

② 清华大学国情普查研究所：《云南呈贡县昆阳县户籍及人事登记初步报告》（油印本），清华大学国情普查研究所1946年版，第247—248页。

③ 廖宝昀：《译后话》，载陈达《现代中国人口》，廖宝昀译，天津人民出版社1981年版，第118页。

研究所所长。1924年陈达在成府村的调查是"最早由中国人主持的社会调查活动"①，1926年在清华大学开设的人口问题专题课程，"开创了中国人口课程教学的先河"，其《人口问题》一著就是在授课基础上完成的。陈达负责组建的清华大学国情普查研究所是当时中国唯一的"专门以人口调查为主的社会调查机构"②，他和著名的社会学家陶孟和于1948年当选中央研究院第一届社会学院士，是中国首位国际人口学会副会长。陈达是我国现代人口学与社会学的奠基人之一，在这两个领域内的研究，无论是学术史还是人物史，都是公认的一个重要人物，这是他在学界享有的地位③。

李景汉与陈达年龄相仿，是著名社会学家和社会调查专家。1895年1月12日生于北京通县。1917年赴美国后进入珀玛拿大学、哥伦比亚大学、加利福尼亚大学学习，获得硕士学位后于1924年回国。1926年在燕京大学任教。1928年受中华平民教育会的资助，赴河北定县进行社会调查。抗日战争时期任清华大学社会学系教授、国情普查研究所调查组主任、西南联大社会学系教授等职。1944年他又受邀赴美国国情普查局进修，实地参加了美国的农业人口普查。李景汉的《定县社会概况调查》是享誉世界的社会学调查报告，"代表了中国当时社会调查的最高水平"④，是社会学界公认的经典著作，在民国时期曾形成了学习其调查方法的热潮，从1932年起，每年到定县实验区参观者不下三四千人⑤，可见其影响力之大。1949年以后，李景汉先后在辅仁大学、北京财经学院、北京经济学院、中国人民大学等校任教。1979年被聘为中国社会学研究

---

① 陈达：《社会调查的尝试》，《清华学报》1924年第1卷第2期；陆军恒：《社会调查研究在我国的历史发展及其启示》，载李振第、戴建平《哲学社会科学新论》，红旗出版社1996年版，第439—452页。

② 卢汉龙、彭希哲主编：《二十世纪中国社会科学·社会学卷》，上海人民出版社2005年版，第192页。

③ 田彩凤：《陈达先生年谱》，《清华大学学报》（哲学社会科学版）1995年第10卷第2期。

④ 卢汉龙、彭希哲主编：《二十世纪中国社会科学·社会学卷》，上海人民出版社2005年版，第99页。

⑤ 廖泰初：《定县的实验——一个历史发展的研究与评价》，硕士学位论文，燕京大学，1935年；黄兴涛、李章鹏：《现代统计学的传入与清末民国社会调查的兴起》，载黄兴涛、夏明方主编《清末民国社会调查与现代社会科学兴起》，福建教育出版社2008年版，第1—46页。

会顾问,为社会学的复兴和发展做出了贡献。1984年被聘为中国人民大学社会学研究所顾问①。

戴世光,著名社会统计学家。湖北江夏(今武昌)人。1931年从清华大学经济系毕业。随后赴美,于1936年获美国密歇根大学数理统计学硕士学位。1937年起又在哥伦比亚大学研究经济统计学。作为中国"国情普查统计"门的留美公费生,戴世光在美国专门研习了国情普查及统计方法,并在回国前远赴英、法、德及印度等国家的国情普查、统计部门实习和考察,是当时中国最具有理论与实践经验的国情普查统计专家。抗日战争时期,戴世光在西南联大任经济商业学系教授②。1953年以后主要在中国人民大学任教。

参与国情普查研究所工作的还有清华大学社会学系教员倪因心、李作猷、苏汝江、周荣德,助教何其拔(1941年联大社会学系毕业生)、萧学渊(1941年联大社会学系毕业生)、罗振菴(1940年联大社会学系毕业生)、李舜英(1941年联大经济学系毕业生),还有1938年联大经济学系毕业生沈如瑜、李天璞,1938年联大社会系毕业生任福善、袁可尚③,1943年社会学系毕业生廖宝昀,等等。在呈贡县人口、农业普查中,监察员由这些教员和学生担任,在环湖户籍示范区的户籍普查过程中,他们主要担任巡查员,在统计过程中又担任指导员。有部分还参与了普查的设计、统计工作,但更多的是监察调查员和统计员在调查统计过程中出现的问题,负责直接指导修正。

利用社会学系内的师生参与国情普查研究所的工作,有两个明显的优点,对于研究所来说,这些经过系统化、专业化训练的师生,对人口普查、户籍及人事登记的内容与调查过程较为熟悉,不仅可以为研究所分担工作分量,还可以提高研究所工作的速度和质量;对于这些师生来说,在抗日战争艰苦的日子里,这是难得的理论联系实际的学习和锻炼机会,事实正是如此,参与这些工作的老师以周荣德为代表,学生以廖宝昀为代表,皆成为具有重要影响力的社会学家、人口学家。

---

① 郑杭生、杨榴红:《悼念著名社会学家李景汉先生》,《群言》1987年第1期;杨榴红:《社会学家李景汉二三事》,《今日中国》(中文版)1987年第6期。

② 西南联合大学北京校友会编:《国立西南联合大学校史:一九三七至一九四六年的北大、清华、南开》,北京大学出版社2006年修订版,第221—225页。

③ 陈达:《浪迹十年》,商务印书馆1946年版,第319页。

此外，国情普查研究所在调查中一直借用当地优秀的小学教师参与调查过程中的监察指导和后期的统计工作，这些教师中，有部分直接被聘为国情普查研究所的练习生，视为本所专职工作人员，如杨棻、李绍敏、马兴仁、华立中、毕正祥、戴芝、莫刚、李忠，他们几乎都是呈贡人，简易师范和中学学历，在呈贡县的人口普查中，因为表现优异，被国情普查研究所发委任状聘任。上述这几人从呈贡县人口普查开始，直至环湖户籍示范区人口户籍普查结束，主要负责普查过程中的辅导员、监察员职责，负责普查结束后的统计工作，一直是所内重要的工作人员。同时聘用农志俨①为医师顾问，在死亡登记这项工作中监察并指导死亡原因与相关的卫生事宜。

清华大学国情普查研究所由陈达负责人口普查的设计，李景汉负责调查的过程和方法的选择，戴世光主责统计，他们三人各是专业领域内的顶级学者，是中国抗日战争时期社会学界极佳的学术组合，加之西南联大社会学系其他年轻教员及优秀毕业生的不断加入，清华大学国情普查研究所成为当时中国最具影响力的社会学研究、国情研究的学术团体。

第三节　国情普查研究所驻所呈贡文庙

清华大学国情普查研究所是抗战时期长期坚持研究的学术机构，从1938年起到1946年，共历时8年，清华大学国情普查研究所从1940年出版第一部油印本的《云南呈贡县人口普查初步报告》起，到1946年出版最后一部油印本《云南呈贡县昆阳县户籍与人事登记初步报告》的共5部著作中，皆在引言或文末注明"云南呈贡县文庙"，明确表明这些工作皆是在文庙内进行的。

文庙是呈贡县最古老的建筑之一，光绪《呈贡县志》记载云：

> 爨宫建自明洪武十六年，至正统十四年知县何温迁于学基之左，弘治五年金事赵炯迁于北山之右，万历七年乙卯，改迁城内，后知县黄宇、廖东晞重修，至丁丑兵燹，仅存大殿五楹。康熙二年，知县赵

---

① 该名见于陈达《现代中国人口·序》，又"农志伊"。陈达：《浪迹十年》，商务印书馆1946年版，第302页。

申禧详请两院暨司道准迁旧县基址。十二年，署县何清、训导杨应先重修，余已详旧志。雍正九年教谕赵公亮重修。乾隆二十三年绅士重建大殿两庑后宫大成门，五十年，知县李达重修棂星门。嘉庆四年绅士公捐建泮池虹桥，十五年，绅士重修崇圣祠，二十五年知县赵怀锷详准以军务支费余银重修明伦堂。道光五年绅士李维新移修照壁于街心之外，六年绅士公捐新建文明坊规模宏厂。咸丰七年，烽烟偏滇，重地时为贼匪占据，折毁殆尽，仅留至圣牌位一座。同治十一年，军务初靖，绅士李汝霖、杨源、郭福成等倡首劝捐，村村人民均乐善好施，有重建者，有重修者，有葺葺者，通体整饬，旧规不改，一切牌位仍旧安设。又蒙岑抚军毓英给款添助，故得焕然一新，至今，文风因而蒸蒸日上焉。①

文庙是中国封建时代，为了纪念、祭祀我国伟大思想家、教育家孔子，由地方官府教育机构专门配建的祠庙建筑，呈贡县文庙始建于明洪武十六年（1383年），原址在伽宗城（今龙城镇大古城），明代"正统十四年知县何温迁于学基之左，弘治五年佥事赵炯迁于北山之右，万历七年乙卯，改迁城内"②，在县城北门街。万历七年（1579年）迁建于现址，即呈贡县城东门街。明清之际，屡经兵燹损毁，经清代历次重修和增建，现已有600多年的历史。呈贡文庙规制由北向南呈中轴线布局，建筑群规模壮观、古柏参天、环境清幽，现有崇圣祠、大成殿（含月台）、东西两庑、棂星门、泮池虹桥等建筑，占地8.34亩。清华大学国情普查研究所驻所文庙时，主体建筑均完好，最北为崇圣祠，前有大成殿，左右两侧为庑屋14间，左侧庑屋北端有3间膳房，众多的房屋能够满足研究所数十人居住生活和开展研究的各自独立的办公室需要。文庙内宽阔的场地，能够为国情普查研究所举办普查人员培训提供足够的空间。文庙内拥有数百棵百年以上树龄的侧柏，树荫下的文庙一片恢宏与宁静，为研究人员提供了优美宁静的办公环境，并且在日军飞机残暴轰炸下，保护了国情普查研究所工作人员和普查资料的安全。

---

① 光绪《呈贡县志》卷2《续修·庙学》，载林超民等《西南稀见方志文献》卷29《呈贡县志》，兰州大学出版社2003年版，第139—400页。
② 光绪《呈贡县志》卷2《续修·庙学》，载林超民等《西南稀见方志文献》卷29《呈贡县志》，兰州大学出版社2003年版，第139—400页。

1939年，陈达及家人迁入三台小学内的楼房居住，该小学与文庙同在三台山下，步行3分钟即到。居住数月后迁入文庙内，至此长期居住直至北返①。国情普查研究所所长陈达如此记录："普查工作进行时，外勤工作频受敌机空袭所阻扰。我们处于古老的文庙里，凭着松柏丛林的掩护，虽恬静的空间常为敌机声所侵扰，分析资料未尝稍懈。最近飞机翱翔空际的嘈音更属频繁，真是夜以继日，无时或息；可是这些飞机，已不再使人感到可厌与可怕了，因为飞机是美国的，其队员往往是中美合组的飞行员，这就是显示出敌人濒临于崩溃，胜利即将到来的预兆。即使在如是扰攘不安的环境中，若干近代人口学上的初步实验工作已有所成，亦颇堪自慰。"② 在呈贡县进行农业普查的9个月的统计时间里，有23天的日子是在躲避敌机轰炸的情况下度过的③，幸好文庙内苍松翠柏茂盛，不被敌机注意，至少生命财产得以免受灾难。可具体的调查工作，则须躲避敌机不得不停止。戴世光在怀念西南联大时光时也写道："在昆明的八年，生活是艰苦的。工资收入少，物价飞涨，只能不断降低生活水平。"④

第四节　国情普查研究所的主要工作

清华大学国情普查研究所以呈贡县为主要试验区，是因为"普查的工作，应循序渐进，就是说普查应从一县或一市起，然后推广至一省，最后而至全国"⑤。要能推广至全省乃至全国，就要求选择第一个普查的县或市一定要有足够的代表性，"（甲）呈贡为三等县，有好几方面可以代表我国西南的农业社会，其人口富有固定性及正常性。（乙）据本省的调查，呈贡仅有人口七万余人，因此本试验可于短期内完竣。（丙）呈贡居民目下纯属汉人，无夷人杂居的情形，因此人口的内容较简，适合初次试验的标准（虽两村旧有夷人，但今日完全汉化）。（丁）呈贡位于滇越铁

---

① 陈达：《浪迹十年》，商务印书馆1946年版，第221页。
② 陈达：《现代中国人口》，廖宝昀译，天津人民出版社1981年版，第15页。
③ 《呈贡农业普查》，载戴世光《戴世光文集》，中国人民大学出版社2008年版，第218页。
④ 戴世光：《怀念抗战中的西南联大》，载北京大学校友联络处编《笛吹弦诵情弥切：国立西南联合大学五十周年纪念文集》，中国文史出版社1988年版，第24—28页。
⑤ 陈达：《现代中国人口》，廖宝昀译，天津人民出版社1981年版，第15页。

路线上，县城离昆明仅 17 千米，对于我们一部分工作人员在西南联合大学授课者，给予相当便利"①。呈贡县的人口与社会环境正是中国国情基本状况的缩影，在呈贡县进行的国情普查方法探索、实验与实践，能够比较容易地推广到全国。故国情普查研究所在呈贡县主要进行了多项工作。具体进行的工作按时间排列大致如下。

1938 年 9 月，西南联大清华大学国情普查研究所成立后，随即便选定滇池东部的呈贡县作为试验区，举行人口普查。1939 年 4 月末完成人口普查事项②。

1938 年秋，国情普查研究所派出教员苏汝江赴个旧对锡业进行了调查，于 1942 年完成《云南个旧锡业调查》③，这是关于矿业调查中较为完备的调查报告。报告内容主要为两个部分：锡矿的经营和矿工的生活。锡矿的经营部分内容包括个旧的自然、人文状况，锡业本身的成分、成本和价格，锡业的生产、组织、运销和经营；矿工的生活部分包括矿工的性质、待遇、安全卫生、福利及生活状况等方面。云南省拥有较多的矿产和有色金属资源，苏汝江的《云南个旧锡业调查》，对于研究近代云南的矿产资源，尤其在对矿工的研究方面，亦提供了较为客观准确的资料④。

1939 年 10 月 1 日起，清华大学国情普查研究所选择呈贡县的 27 个乡村，进行人事登记，试办出生登记和死亡登记两个项目，每个村庄每月均需报告⑤。

1939 年 11 月至 1940 年 3 月，在呈贡县推行农业普查⑥。

---

① 清华大学国情普查研究所：《云南呈贡县人口普查初步报告》（油印本），清华大学国情普查研究所 1940 年版，第 1 页。
② 《国立清华大学国情普查研究所工作概况》（1941 年 3 月），载北京大学、清华大学、南开大学、云南师范大学编《国立西南联合大学史料》卷 3《教学·科研卷》，云南教育出版社 1998 年版，第 697 页。
③ 苏汝江编著：《云南个旧锡业调查》，清华大学国情普查研究所、开智书局 1942 年版。
④ 《国立清华大学国情普查研究所工作报告》（1941 年 7 月至 1942 年 6 月），载北京大学、清华大学、南开大学、云南师范大学编《国立西南联合大学史料》卷 3《教学·科研卷》，云南教育出版社 1998 年版，第 699 页。
⑤ 《国情普查研究所概况》（1940 年 5 月 12 日），载北京大学、清华大学、南开大学、云南师范大学编《国立西南联合大学史料》卷 3《教学·科研卷》，云南教育出版社 1998 年版，第 695 页。
⑥ 《国情普查研究所概况》（1940 年 5 月 12 日），载北京大学、清华大学、南开大学、云南师范大学编《国立西南联合大学史料》卷 3《教学·科研卷》，云南教育出版社 1998 年版，第 695 页。

第五章　西南联大清华大学国情普查研究所总论　　　121

1940年2月，呈贡县的人事登记推行至全县，补充婚姻登记和迁徙登记两个项目，共登记四项①。

1941年3月，清华大学国情普查研究所与昆阳县政府接洽，商定在该县推行人事登记。昆阳县与呈贡县的人事登记一直持续到1946年之后②。

1942年1月，云南环湖市县户籍示范实施委员会成立，3月，清华大学国情普查研究所与昆明市、昆明县、昆阳县、晋宁县政府合作，在环滇池区域举办户口普查，同时进行设籍工作③。

1942年5月，清华大学国情普查研究所与昆明市、昆明县、晋宁县政府合作，在该县区内开始户籍及人事登记④。

国情普查研究所陈达、苏汝江继续清华大学社会学系于1926年开始编纂的《中国人口问题文献索引》一书，并于1939年底完成。本书所载索引共约9000条，收录了对中国人口进行研究的文献，涵盖书籍、报告、杂志、论文乃至小册，同样收录日、德、法及英文发表的相关文献，俱收录在内，索引收录下限为1936年底，部分重要的文献附有简短提要，大部分文献仅列著者名、论文名、出版处及出版年月几项。该书1944年8月由贵阳文通书局出版⑤。

清华大学国情普查研究所曾计划过但并未完成的工作还有⑥：

---

① 《国情普查研究所概况》（1940年5月12日），载北京大学、清华大学、南开大学、云南师范大学编《国立西南联合大学史料》卷3《教学·科研卷》，云南教育出版社1998年版，第695页。

② 《国立清华大学国情普查研究所工作概况》（1941年3月），载北京大学、清华大学、南开大学、云南师范大学编《国立西南联合大学史料》卷3《教学·科研卷》，云南教育出版社1998年版，第697页。

③ 《国立清华大学国情普查研究所工作报告》（1941年7月至1942年6月），载北京大学、清华大学、南开大学、云南师范大学编《国立西南联合大学史料》卷3《教学·科研卷》，云南教育出版社1998年版，第699页。

④ 《国立清华大学国情普查研究所工作报告》（1941年7月至1942年6月），载北京大学、清华大学、南开大学、云南师范大学编《国立西南联合大学史料》卷3《教学·科研卷》，云南教育出版社1998年版，第699页。

⑤ 《国立清华大学国情普查研究所工作概况》（1941年3月），载北京大学、清华大学、南开大学、云南师范大学编《国立西南联合大学史料》卷3《教学·科研卷》，云南教育出版社1998年版，第698页。

⑥ 《国立清华大学国情普查研究所工作概况》（1941年3月）、《国立清华大学国情普查研究所工作报告》（1941年7月至1942年6月），载北京大学、清华大学、南开大学、云南师范大学编《国立西南联合大学史料》卷3《教学·科研卷》，云南教育出版社1998年版，第697—670页。

1940年，清华大学国情普查研究所曾计划在滇池附近，选择10个县，做大规模的人口普查，并拟定于本年底举办，1941年开始筹备，1942年因环滇池户籍示范工作开始，该项计划随后便无法举办。

1940年在清华大学国情普查研究所内成立人口组，"其主要任务为搜集及分析本国人口资料，并拟定人口普查及相关问题之各种方案"①，以便进行有关人口文献的研究，并计划发行一种定期刊物，鼓励学者们的研究兴趣。

1941年始，由清华大学国情普查研究所萧学渊负责呈贡县社会组织的考察与公路研究。社会组织的考察包括政治、经济、教育、卫生等项目，至1942年由萧学渊着手编著报告。呈贡县公路的研究注重自抗战以来呈贡县公路的修筑状况，由罗振庵于1942年开始撰写研究报告。

国情普查研究所计划的工作有：昆阳县农民的经济与社会生活、五种手工业调查、人口密度、制铁业研究、渔民生活和夷人汉化的经过研究共六项；呈贡县的有全县户籍工作、瓦窑业研究、人口密度、乡村劳力制度、壮丁与抗战五项研究内容。

因为抗战的缘故，国情普查研究所很多计划的工作并没有条件实施；这些很多的研究成果，也因为经费等诸多因素并未出版。但清华大学国情普查研究所对呈贡县和环滇池地区的人口普查和户籍与人事登记示范却是我国历史上第一次借鉴当时西方先进的人口普查和统计方法而进行的现代人口普查实验与户籍登记示范，尽管其研究的规模、范围并不大，但意义深远。

抗日战争胜利后，清华大学、北京大学、南开大学分别北迁，西南联大于1946年7月31日宣告结束。国情普查研究所亦随清华大学的北迁而宣告结束。大批调查成果未来得及整理和出版，除了周荣德所在昆阳县人事登记站的工作还在坚持外，所有的调查与登记工作均被打断，国情普查研究所在环滇池区域的人口普查与户籍示范就此结束。

尽管日军飞机轰炸，战时生活艰苦，但是国情普查研究所井然有序地开展了各种工作，在艰难的生存条件下，调查员大凡进村入户调查时，都

---

① 《国情普查研究所概况》（1940年5月12日），载北京大学、清华大学、南开大学、云南师范大学编《国立西南联合大学史料》卷3《教学·科研卷》，云南教育出版社1998年版，第697页。

会"随身携带一管毛笔、一个小墨盒、一袋普字签、一洋火盒的浆糊、一调查表、一本调查员须知和一张属相年龄对照表",逐户进行登记造册①,戴世光教授在 1985 年回忆这段光辉岁月时说呈贡县的村村寨寨,当年我们都全部踏遍,今天这些村落的名称和景况还历历在目②。普查研究所每年都有严格的工作计划和工作总结,今天还能见到 1939 年、1940 年、1942 年的年度工作报告,每年报告均清晰翔实地列出"本年已完成的工作""进行中的工作""计划中的工作"等内容以及经费使用、人员构成等详细情况③,其严谨、科学的学风令人敬佩。附 1941 年国情普查研究所工作报告。

清华大学国情普查研究所工作报告
(1941 年 7 月至 1942 年 6 月)

研究员　教授　陈达(兼所长)　　李景汉　戴世光

教员　苏汝江　周荣德

助教　罗振庵　何其拔　萧学渊

一、本年已完成的工作

(甲)《云南个旧锡业调查》。本报告包括锡矿的经营及矿工的生活两部,近由教员苏汝江编著,由开智书局承印,约于本年六月内出版。

(乙)《中国人口问题文献索引》。本著作近十余年来由本校社会学系编纂,由本所完成,近由贵阳文通书局承印,约于本年底出版。

(丙)《呈贡县农业普查》。呈贡县农业普查,前于民国廿九年底由本所主办,其报告初稿近已完成,现在审查中。

---

① 清华大学国情普查研究所:《云南呈贡县人口普查初步报告》(油印本),清华大学国情普查研究所 1940 年版,第 2—3、10 页。

② 戴世光:《怀念抗战中的西南联大》,载北京大学校友联络处编《箫吹弦诵情弥切:国立西南联合大学五十周年纪念文集》,中国文史出版社 1988 年版,第 24—28 页。

③ 《梅贻琦校长呈教育部函》,载北京大学、清华大学、南开大学、云南师范大学编《国立西南联合大学史料》卷 3《教学·科研卷》,云南教育出版社 1998 年版,第 599—600 页;《国立清华大学国情普查研究所工作报告(1941 年 7 月至 1942 年 6 月)》,载北京大学、清华大学、南开大学、云南师范大学编《国立西南联合大学史料》卷 3《教学·科研卷》,云南教育出版社 1998 年版,第 699—700 页。

二、进行中的工作

（甲）户籍示范。去年深秋本所提议与内政部及云南省政府合办户籍示范工作，未蒙采纳。云南环湖市县户籍示范实施委员会，于今年一月十九日在昆明成立，选定昆明市郊昆阳县及晋宁县为户籍示范区。户口调查及设籍工作已于三月一日起始，五月底完成；示范区各市县人事登记，亦于五月一日开始。关于户口材料的统计与整理，于六月一日起在本所集中进行，预计总报告约于本年年底可以印行。

（乙）呈贡县社会组织的研究。呈贡县内主要社会组织，如关于政治、经济、教育、卫生等项，由助教萧学渊负责研究，已历一年，近已着手编著报告。

（丙）呈贡县公路的研究。呈贡县自抗战以来关于公路的修筑，近由助教罗振庵担任研究，其报告即可完成。

三、计划中的工作

（甲）关于昆阳县者，专题研究暂定下列各项：

(1) 农民的经济与社会生活

(2) 五种手工业调查

(3) 人口密度

(4) 制铁业研究

(5) 渔民生活

(6) 夷人汉化的经过

（乙）关于呈贡县者，专题研究暂定下列各项：

(1) 全县户籍工作

(2) 瓦窑业研究

(3) 人口密度

(4) 乡村劳力制度

(5) 壮丁与抗战

（丙）关于本所组织者：

(1) 拟于最近期内设立中国人口组，以便进行文献的研究。

(2) 拟于最近期内发行定期刊物一种，以鼓励同仁对于研究的兴趣。

第六章

国情普查研究所在呈贡县的人口普查实验

人口普查是人口国情调查中最科学的方法和手段之一。现代人口普查的定义是指在确定人口范畴、规定标准时间、选择普查项目、拟定调查方法等方面，都能依据统一的标准，注重逐人地进行收集、整理、汇总、评价、分析和公布的全过程[①]。它是当今世界各国广泛采用的收集人口资料的一种基本的科学方法，是提供全国人口国情数据的主要来源。我国传统上均"因缺乏直接调查，仅由间接方法来估计国家人口数字"[②]，可靠程度是非常低的。抗战之前虽然已经在内地几个县进行了人口普查，但是江阴的人口普查，仅包括该县的一部，是南京金陵大学和美国司格立柏斯人口问题研究所（Scripps Foundation for Research in Population Problems）合作的试验。国防设计委员会与句容县政府合办农业及人口调查，以期明了人口分布及粮食产销的真像。江宁自治实验县举行人口普查，以树立自治的基础，在筹备训练调查及整理期间，并请国民政府统计局派员指导。中华平民教育促进会在定县试办实验有年。定县县政府于1934年举行全县的人口普查，历五个月而成；惜因人事更动，未印报告。邹平县政府与乡村建设研究院合作，办理全县的人口普查。兰溪实验县政府以为土地与人民是施政的基本，而尤注重于人口[③]。由此可见，江阴的人口普查是在外

---

① 沈益民：《人口普查》，载中国大百科全书总编辑委员会《社会学》编辑委员会、中国大百科全书出版编辑部编《中国大百科全书（社会学）》，中国大百科全书出版社1991年版，第239—240页。
② 陈达：《现代中国人口》，廖宝昀译，天津人民出版社1981年版，第4页。
③ 清华大学国情普查研究所：《云南呈贡县人口普查初步报告》（油印本），清华大学国情普查研究所1940年版，第2—3、55—56页。

国学者主持下进行的，对中国国情不甚了解；江宁县的人口普查是为地方自治管理进行的，调查面狭窄；定县人口普查是未完成的一次调查；邹平县的人口普查是为农村建设服务的，上述调查都未能严格按照人口普查五个统一标准进行。所以直至抗战前"我国尚无比较可靠的统计。关于我国人口总数的估计，据可考者言，近200年来中外人士已有47次的尝试，多数的估计恐与人口数量的实况相去尚远"①。因此，清华大学国情普查研究所把人口普查作为首要任务，"认为普查必须在一个指定时间和空间里以直接调查其全人口数"，普查工作"应循序渐进，就是说普查应从一县或一市起，然后推广至一省，最后而至全国"②，国情普查研究所希望通过严格的人口普查实验，探索适合中国国情的科学人口普查方法，最终推广至全国，从而实现对中国人口国情的准确掌握。

第一节 有中国化特征的云南呈贡县人口普查方法设计

基于人口普查的基本要求，必须在普查前进行调查研究，确定标准时间和空间，才能做到在"指定时间和空间里以直接调查其全人口数"③。国情普查研究所1938年8月建立时，戴世光正好回国1个月，旋即被学校聘入研究所内。当时陈达、戴世光、李景汉所在的法商学院还位于蒙自，西南联大租借得海关旧址为校舍，其间陈达、戴世光二人对于国情普查研究进行交流时，陈达表示想选一个小规模的实验区，进行人口普查实验。戴世光便择机开始对昆明周边各地区进行初步调研，1939年1月初，陈达、戴世光、李景汉决定以呈贡县为实验区，进行人口的普查前期调查与研究工作。

一 呈贡县人口普查的准备

经戴世光、倪因心等1938年末的前期调查，陈达、李景汉的实地调研，1939年1月6日，西南联大清华大学国情普查研究所决定以呈贡县

---

① 清华大学国情普查研究所：《云南呈贡县人口普查初步报告》（油印本），清华大学国情普查研究所1940年版，第2页。
② 陈达：《现代中国人口》，廖宝昀译，天津人民出版社1981年版，第15页。
③ 陈达：《现代中国人口》，廖宝昀译，天津人民出版社1981年版，第15页。

为人口普查实验区。在选定呈贡县作为实验区之后，国情普查研究所的几位组织者便积极开始同各级政府与地方人士接洽，以求得普查工作能够顺利开展①。

先以西南联大之清华大学为单位，邀请梅贻琦校长与云南省民政厅、教育厅、财政厅及建设厅等行政单位的行政长官商议，并分别聘任省政府秘书长袁丕佑、曲靖公署秘书长赵宗瀚、前民政厅厅长丁兆冠、现任民政厅厅长李培天、教育厅厅长龚自知、建设厅厅长张邦翰、财政厅厅长陆崇仁，组织成立顾问委员会，民政厅和教育厅分别政令呈贡县政府允其调用小学教员和乡保甲长，在行政上给予了便利②。

其后清华大学国情普查研究所所长陈达，统计组主任戴世光等利用自身的关系，多次拜访呈贡县县长等政府人士，托人介绍呈贡县绅士，又与地方乡保甲长、小学教员等相谈，得到了呈贡地方人士的支持。1938年12月20日，呈贡县普查研究委员会成立，常务委员是呈贡县县长李晋笏与国情普查研究所所长陈达，委员是调查组主任李景汉、统计组主任戴世光、清华大学法学院院长陈岱孙、清华大学教务长潘光旦、县党部书记长邓迪民共七人。并由李晋笏县长函聘本所同人分任普查工作的高级职员，发状委任小学教师为调查员，要求各地保长、甲长负责宣传及领导调查。这种方式减少了聘用小学教师和保长的经费。小学教师和乡保甲长皆无薪，有津贴，表现好的发给奖状，以示鼓励③。此外，有政府的政令，增强了参与调查人员的使命感和责任感，在一定程度上提高了普查的准确性。人口普查的工作进入实施阶段。

呈贡县的人口普查是抗战时期西南联大清华大学国情普查研究所举办的第一项重要工作，"我们要想对于人口总数及其相关问题渐求精确，必须摒除悬想或推测而搜集大量的人口事实，来作研究的基础，因此人口普查实是一种可靠而适当的方法"④。抗日战争开始前，我国仅有小规模的实验，但结果不甚满意，清华大学国情普查研究所在呈贡县的人口普查，

---

① 陈达：《浪迹十年》，商务印书馆1946年版，第319—320页。
② 陈达：《浪迹十年》，商务印书馆1946年版，第320页。
③ 清华大学国情普查研究所：《云南呈贡县人口普查初步报告》（油印本），清华大学国情普查研究所1940年版，第4—5页；陈达：《浪迹十年》，商务印书馆1946年版，第319—320页。
④ 清华大学国情普查研究所：《云南呈贡县人口普查初步报告》（油印本），清华大学国情普查研究所1940年版，第1页。

就是"对于人口普查找寻适当方法的尝试",此次呈贡县人口普查,清华大学国情普查研究所共拟定了需要实验的三个重要内容:设计、调查与统计①。

二 呈贡县人口普查的设计

在呈贡县人口普查开始前,清华大学国情普查研究所拟定了实验的四大原则:结果务求比较可靠、经费务求比较节省、时间务求比较经济、方法务求比较简单②。所以在普查开始前,国情普查研究所在普查的筹备与设计方面用足了功夫。人口普查的筹备和设计从1938年底选定呈贡县作为实验区开始持续到1939年2月。"设计的范围包括本试验自始至终各主要步骤,如试验区的选定、调查表的编制、工作人员的组织与训练、统计法的选择、人口统计的数量与性质的决定、经费的估计等。"③设计是整个普查工作的主干,设计是否科学,决定着人口普查实验的价值。

第一,标准普查时间的设定。在呈贡人口普查的筹备阶段,最重要的是确立普查的标准时间和标准空间。在选择标准时间的探索上,基于对中国国情的认识,曾讨论以正月初一,即春节为普查标准时间,"以农历元旦日为普查日于我国最为适当。因为这一天人口的流动量最小,而且也是最容易为大多数人所能记忆的一天"④。但春节是我国最重要的传统节日,民间有很多活动和家庭聚会,而且老百姓一般有在大年初一不做事、不做公干的习俗。为了既尊重民间习俗,又选取春节期间人口流动性小,便于普查的优势,决定在元宵节后务工人员尚未外出时进行普查,因为1939年春节的大年初一是2月19日,国情普查研究所确定1939年3月6日(旧历正月十六)为人口普查的标准时间⑤。普查标准时间的选择还需要

---

① 清华大学国情普查研究所:《云南呈贡县人口普查初步报告》(油印本),清华大学国情普查研究所1940年版,第2页。
② 李景汉:《呈贡县的国情普查研究工作》,载张昌山编《〈今日评论〉文存》卷9,云南人民出版社2019年版,第14—15页。
③ 清华大学国情普查研究所:《云南呈贡县人口普查初步报告》(油印本),清华大学国情普查研究所1940年版,第2—3页。
④ 陈达:《现代中国人口》,廖宝昀译,天津人民出版社1981年版,第15页。
⑤ 陈达:《现代中国人口》,廖宝昀译,天津人民出版社1981年版,第15页。

"考虑气候社会情形而定"①，呈贡县是农业县，在春节过后就逐渐进入春耕时期，所以选择在元宵节后一天进行普查，既顾及了云南农村的习俗，又考虑到此时还在农闲时期，且环滇池区域的气候并不冷，不会对调查工作造成影响。人口普查标准时刻的人口又分为两种，即实际人口与通常居住人口，"农业社会的人口，富于固定性，大多数人都有住所；况我国的家庭制度根深蒂固，无家的个人，比较少见。我们于举行人口普查时，如以住所为标准，对于计算固定人口的总数时，可以减少重复及遗漏"②。根据我国农业社会的特殊情况，依据呈贡县的社会状况，以通常居住人口为标准，更符合实际。人口普查标准时间的设定充分体现了国情普查研究所对中国社会的深刻认识，使源自西方的人口普查具有中国化的特征。

第二，标准普查区域确定。呈贡县是滇池周边重要的县份之一，位于滇池东岸，民国时北接昆明县、西濒滇池、东临澄江县与宜良县、南抵晋宁县。在呈贡有云南境内的第一条铁路滇越铁路连接昆明，抗日战争时期，呈贡因为远离市区，较少受到敌机轰炸的影响，且与昆明间交通便利，成为大批学者生活与开展学术科研的重要聚居地。在普查区域的选择上，国情普查研究所进行深入商讨和调研后决定选择呈贡县为实验区，也即人口普查的标准空间，因为：

（甲）呈贡为三等县，有好几方面可以代表我国西南的农业社会，其人口富有固定性及正常性。

（乙）据本省的调查，呈贡仅有人口七万余人，因此本试验可在短期内完竣。

（丙）呈贡居民目下纯属汉族人，无少数民族杂居的情形，因此人口的内容较简，适合初次试验的标准。（虽两村旧有少数民族人，但今日已完全汉化。）

（丁）呈贡位于滇越铁路线上，县城离昆明仅17千米，对于我

---

① 清华大学国情普查研究所：《云南呈贡县人口普查初步报告》（油印本），清华大学国情普查研究所1940年版，第4页。

② 清华大学国情普查研究所：《云南呈贡县人口普查初步报告》（油印本），清华大学国情普查研究所1940年版，第5页。

们一部分工作人员在西南联合大学授课者,给予了相当便利。①

依上述四点,从实验的目的来看,呈贡县的面积、社会结构、以农为本的人口生活状态具有稳定性,且呈贡县没有复杂的多民族聚居,可以作为我国西南地区农业社会的典型代表,选择呈贡县进行人口普查,基本可以代表我国西南及其他农业社会,能够推广,为全国人口普查做实验的目的可以实现;从实验的过程来看,呈贡县的人口数量7万余人,在国情普查研究所有限的人力、财力条件下,可以支持整个调查过程,又不至于人口数量不足,难以实现全面、细致的调查统计研究;对于参与实验的联大师生来说,呈贡县与昆明间便利的交通条件,可以方便地来回于上课地和实验地。为了便于普查,陈达教授等对呈贡县进行了全面考察,基于呈贡县原有的社会组织结构和自然聚落,决定"为了普查方便起见,将呈贡县分成为3个监察区,82个调查区"②。全县调查区与监察区的划分,是以呈贡县的行政区划、自然环境、交通状况及居民数量等情形为依据,将全县最小的行政单位136个乡镇村,划分为3个监察区,以普查研究委员会的7位委员为监察员,再按照小学和调查员的分布分为82个调查区,共82个调查员,每个调查员负责一个调查区。国情普查研究所选小学教员作为调查员,是因为这些教员一般都是当地人,熟悉本地情形,同时教员是当地的知识分子,得到地方民众的尊敬,调查时一般给予配合,并对教员解释的内容一般不会猜疑,保证了调查工作的顺利进行③。

第三,调查表格与调查项目的设计。调查表格和调查项目是人口普查的重要问题。为了实现节约经费,国情普查研究所一改传统的一户一张调查表式,将调查表修改为每张可以调查25人。该表首正中,写有"普查日民国廿八年国历三月六日旧历正月十六日",是为提醒调查员注意标准时刻之人口。左上表头是乡镇村名称以及调查时间,可以为复查提供方便;右上表头是监察区、监察员与调查区、调查员的名称,除为资料整理核查提供方便外,还可以落实调查责任,提高调查员的责任感。正表的上

---

① 清华大学国情普查研究所:《云南呈贡县人口普查初步报告》(油印本),清华大学国情普查研究所1940年版,第1页。
② 陈达:《现代中国人口》,廖宝昀译,天津人民出版社1981年版,第15页。
③ 清华大学国情普查研究所:《云南呈贡县人口普查初步报告》(油印本),清华大学国情普查研究所1940年版,第5页。

横栏为 1—25 号，表明调查的 25 人；左竖栏是调查的项目，共有 10 项：姓名、与户长的关系、通常住所、籍贯、性别、年龄、婚姻、教育、职业、废疾。调查项目对于调查结果有着十分重要的意义，这 10 个调查项目的选择，具有很高的科学性①。

第四，调查员培训。拟定基本的标准时间、表格、项目之后，国情普查研究所开始选拔调查员。国情普查研究所于 1939 年 3 月 1—6 日对调查员进行培训，来参加培训的小学教师有 82 人，保甲长约有 200 人，培训的内容主要为《调查员须知》。此须知是国情普查研究所依据呈贡县的实际情况自行设计的，该须知的导言中明确说明了其作用："调查员须知就是调查员的向导，它告诉你调查以前应准备的是什么，调查之时应该做的是什么和调查以后应该注意的是什么。熟读调查员须知以后，调查员就知道如何按表格中的各项目发问，如何填写；就知道什么是应该调查的，什么是不应该调查的。"《调查员须知》在内容中详尽说明了具体的方法，如调查员对于调查的责任，对于监察员的义务；调查员还应该特别注意的调查事项、应该调查谁、一般填表方法，详细的表格说明，并列举了 12 个职业填写的实例，真可谓此次调查的"百科全书"②。《调查员须知》的目的就是使每一个调查员都能以一个统一的标准进行调查，并且保证调查的准确清楚，所以国情普查研究所给每位调查员均分发，要求其调查时必须随身携带。调查员培训共 5 天，前 2 天以讲课的方式进行，地点在文庙内，由普查委员会提供餐食和住宿，若附近有亲戚者则居住于亲戚家。第 3 天开始练习填表，第 4、第 5 两天选定文庙附近的乡村进行实地练习，两天需调查 10 户，由研究所内成员收表、纠正错误，指导疑问。第 6 天则是毕业式，由县长主持，每人发给调查员证、调查表、普字签、面粉一小袋、调查员记事册及委任状各一份③。

第五，宣传动员工作。在调查开始前，国情普查研究所的成员还分批到呈贡县各乡镇进行人口普查的宣传，一般以茶馆为集中地邀请该乡镇保

---

① 清华大学国情普查研究所：《云南呈贡县人口普查初步报告》（油印本），清华大学国情普查研究所 1940 年版，第 4 页。

② 《附录 2：调查员须知（1939 年 2 月）》，载清华大学国情普查研究所《云南呈贡县人口普查初步报告》（油印本），清华大学国情普查研究所 1940 年版，第 132—149 页。

③ 清华大学国情普查研究所：《云南呈贡县人口普查初步报告》（油印本），清华大学国情普查研究所 1940 年版，第 8—9 页。

甲长，口头向其说明人口普查的目的和意义，以期向一般民众传达。同时请呈贡县长李晋笏以县政府的名义通令布告，要求乡保长参与配合调查，每个调查区都公贴，在晓谕普查意义的同时表明调查的正规性与合法性[①]。这样的广泛宣传可以减免民众对调查的误解，使得后来整个调查中没有出现拒绝调查的民众。

第二节 呈贡县人口普查的实施步骤

为了保证呈贡县人口普查的顺利进行及尽量保证获得数据的准确和科学性，清华大学国情普查研究所详细拟定了人口普查的具体步骤：

一 进村入户调查阶段

原定于1939年3月6日调查员培训完成后即开始的调查，因为当地有迎请教员的风俗，而教员不便未请自去，迎接活动的拖延导致调查开始时间延误，由此直到12日，调查工作才算正式开始[②]。

普查工作采取进村入户的方式进行。调查员在开始调查时，一般有保甲长陪同，宜先调查保甲长，以作表率。调查时需携带县长颁发的一管毛笔、一个小墨盒、一袋普字签、一洋火盒的浆糊、一束调查表、一本调查员须知和一张属相年龄对照表。调查路线则以学校或乡镇公所为出发点，以某一种固定路线，或者由北向南，或者由南向北，作为调查的先后，如有湖滨则先调查船户，有上下楼则先调查楼下[③]。

根据对调查员的培训内容，调查员调查时须按调查表中的项目，逐人逐项地询问。询问时首先需确定以户为单位要调查的人口，户指同居同炊的人。依据通常居住的原则，对于离家就学、旅行、住院、受训壮丁等，均需调查；对于居住的亲属和在本宅佣工者，也属于被调查者；无住所的乞丐亦属于应调查者；普查日前出生的婴儿及普查日之后死亡者，也属于

---

① 清华大学国情普查研究所：《云南呈贡县人口普查初步报告》（油印本），清华大学国情普查研究所1940年版，第7—8页。

② 清华大学国情普查研究所：《云南呈贡县人口普查初步报告》（油印本），清华大学国情普查研究所1940年版，第11页。

③ 清华大学国情普查研究所：《云南呈贡县人口普查初步报告》（油印本），清华大学国情普查研究所1940年版，第11页。

要调查的人口。除此以外,旅客、客人、佣工、长期在外工作者等均不应该调查①。

调查员每天均须按照上述步骤和内容调查至少 75 人,大约 15 户,即 3 张调查表。遇有符合调查但调查时不在家的,由家人代为回答,调查员在日后需再找本人核实。每调查完 1 户即在其门口贴上"普"字,以防重复与遗漏。调查员每天还需审阅该日的调查表,无误后等待监察员巡查时上交②。

调查开始后,监察员则每周需花费 3 天前往监察区内的调查员所在地进行巡查,与调查员见面地点一般在小学校、茶馆或调查员的家中。监察员先审核调查表,依据一致性、统一性、完全性及准确性的原则,发现错误随时更正,并及时指导调查中的问题,无误的则在调查员的记事册中签收并携归,再用 4 天时间审查表格。所谓一致性指各项目之间的内容应一致,如某人婚姻为已婚,年龄却只有 8 岁,则在婚姻栏或年龄栏一定有误;统一性指要按照上述调查表的要求填写,如某人就读私塾 3 年,填为"曾入学"与标准不符;完全性指调查表内不能有空白;准确性指数字的填写应准确。调查员每天调查的人数最少 40 人,最多者达 210 人,但因为赶街子、被调查者未归、监督不严等导致调查工作时有停顿,平均延误达 15 日之久。每个调查区调查完成后,由国情普查研究所的成员选择十分之一的调查表进行抽查,重新调查的目的为分析错误的原因和类别,抽查得到一般的错误率为 3.4%,年龄的错误是 2.0%,生月 4.0%,婚姻 0.9%,识字 0.1%,教育 1.0%,职业 10.9%,废疾 0.1%,多填 2.0%,漏填 2.0%③。

1939 年 5 月 1 日,西南联大清华大学国情普查研究所在呈贡县的人口普查调查工作全部结束。

二 注重符合中国国情的调查表填写

调查员进村入户调查的核心任务就是要准确详细地询问、观察并完成调查表的填写。调查表中共有 10 项:姓名、与户长的关系、通常住所、

---

① 《调查员须知(1939 年 2 月)》,载清华大学国情普查研究所《云南呈贡县人口普查初步报告》(油印本),清华大学国情普查研究所 1940 年版,第 132—149 页。

② 《调查员须知》,载清华大学国情普查研究所《云南呈贡县人口普查初步报告》(油印本),清华大学国情普查研究所 1940 年版,第 132—149 页。

③ 《调查员须知》,载清华大学国情普查研究所《云南呈贡县人口普查初步报告》(油印本),清华大学国情普查研究所 1940 年版,第 11—15、132—149 页。

籍贯、性别、年龄、婚姻、教育、职业、废疾。调查项目对于调查结果有着十分重要的意义，这 10 个调查项目的选择，具有很高的科学性。针对调查过程中如何正确填写调查表的问题，在陈达、戴世光、李景汉等亲自编写的《调查员须知》手册中有清楚的规定，调查员在调查过程中要严格遵循，调查员一般依据以下顺序逐项询问填写①：

第一，姓名：每户的第一位应该填户长的姓名，有些妇人不愿意说出名字，可以用姓氏代替，如夫君姓张，娘家姓杜，可填张杜氏。本户内与户长同姓者，填写名字即可。

第二，与户长的关系：是以亲属、非亲属、佣工的次序先后调查，公共处所及寺庙等，户主一般写主管人，其余以简称指代，如"办"指办事员，"卫"指卫兵，"僧"指和尚，"役"指侍役等。

第三，性别：无须解释。

第四，通常住所：通常住所指被调查者通常睡觉的地方。例如张某是外省人，但在县署工作，白天在县署办公，晚上回县西街 12 号居住，则县西街 12 号为其通常住所。再如杨某的女儿回娘家斗南村居住 1 月有余，且调查时仍然不知归期，则斗南村不能是其通常住所。还有王区长每星期有 4 天住在区公所，其余 3 天住家里，则区公所不是王区长的通常住所。照此原则确定被调查者的通常住所后，同一住户但不在本区常住者，亦不要调查。

第五，籍贯：分本籍、寄籍两种，在本调查区居住满 3 年以上者为本籍，居住 6 个月至 3 年者为寄籍，根据回答的时间，判断为本籍者在调查栏内"本籍"作符号"△"，"寄籍"作符号"×"，反之亦然。如居住未满 6 个月，均作"×"。

第六，年岁：中国人对岁数的计数有多种方式，属相、虚岁、实岁等。《调查员须知》手册针对民俗特征，设定了"岁数""属相""生日"三种。调查时先问属相，再问岁数，最后问生日。每个调查员都携带有属相年龄对照表，民众的年龄有虚岁与实岁之别，先问属相，大致可以确定真实岁数，岁数与生日是为补充校正实际的岁数。生日指农历，被调查者若不能记忆，则在该项作"×"。若三项全然不知，则调查员估计一个岁

---

① 《调查员须知》，载清华大学国情普查研究所《云南呈贡县人口普查初步报告》（油印本），清华大学国情普查研究所 1940 年版，第 132—149 页。

数，在属相和生日栏作"×"。

第七，婚姻：婚姻有三种形态，即未婚、已婚、鳏寡。若有童养媳则以是否圆房作为已婚和未婚之别，有离婚而未嫁者，以鳏寡记录。

第八，教育：民国时期中国农村教育状态参差不齐，有传统旧式教育和新式教育之分，但老百姓一般以识字、不识字来分。因而调查表设置了不识字、识字与学校教育三种，国情普查研究所对这三种进行了详细的规定。不能书写简单家常账目的人为不识字，识字指能书写简单家常账目，同样用"△"表示是，"×"表示否。对于学校教育，则依据类别加年数表示，如读私塾一年，填"私1"，普通中学就读2年，填"普2"，职业学校则依据专业填写"农""工"等。

第九，职业：在中国农村有男耕女织、耕读为家或农工并事等家庭经济形态，因此职业中行业、职务最为复杂，但却不能或缺，因为职业是调查中国人口质量和经济状况的基础。基于中国国情，调查表设定了行业、职业两项，但调查起来情况千差万别，因此《调查员须知》手册指出行业指经营的事业，职务指担任的职务。调查时，先要确定是否有职业，参加工作而获得收入，是为有业者，有收入不工作或有工作无收入，均属无业。上学者在行业填"就学"，职务栏作"△"。兼有两种或两种以上职业者，按照报酬高者或工作时间长者分为正业和副业。调查员对行业的问法主要是"做什么事？"或"做哪样？"若回答"农民"则填"农"，继而询问职务，依次询问"自己有地吗？""自己耕地吗？""租佃人家的地吗？"回答为是则在职务栏作"△"，否作"×"，根据问题在职务一栏填写三个符号表示答案。若被调查者的行业在机关、商店等，则需在行业一栏填写工作场所性质或名称，在职务一栏则根据职务名称详细填写"店主经理或主管人""雇员伙计或店员"或"侍役、徒弟或学徒"。若被调查者的行业并没有工作场所，在行业一栏写明经营事业的性质，在职务一栏需要询问自家经营或受雇，制造兼贩卖或者仅贩卖、仅制造。根据回答填写"自""雇""贩"等。举例如某人在卖米线，可问"自己经营还是被人雇用？"答"自己经营"，则填"自"；再问"自己做的还是买来卖的？"答"买来卖的"，填"贩"。再如王大的儿子王小赶马做生意，偶尔帮父亲耕农，则王小的行业是赶马，职务是自营；张某是乡长，在外地做有买卖，但不管事，他自己有地，并收租纳税，长期居住在吴家营乡，则对张某正确的行业填法是"农"，职业是"△××"；刘某在荣昌豆腐店当售货员，则正确的行业填法应是"荣昌豆腐店"，职务为"售货员"；刘某的妻子除了料理家务事外，还常常为人做媒，以取得报酬，则其行业当为"做媒"，职务是"自营"；等等。

第十，废疾：这一项要求填写具体的情况，如聋哑、手足跛、双目失明、痴呆、驼背、肢体不遂、疯狂、麻风、羊痫风、其他等项，无残疾在该栏作"×"。

三 数据统计方法的创新

对人口调查所得数据的统计，是人口普查重要的一项内容之一，也是衡量人口普查是否科学准确的重要指标之一。抗战时期西南联大清华大学国情普查研究所在呈贡县人口普查调查表的整理统计工作主要由戴世光负责。当时国际上流行的统计方法有划记法、条纸法、边洞法和机器法。边洞法和机器法均需要借助于价格昂贵的机器，相对于低廉的人工费用，机器整理并不适合战时的中国。在抗日战争前我国其他地区小规模的人口调查、普查活动中，采用了多种统计方法，如划记法在山东省邹平县的人口普查（1935年）里使用过，条纸法在江苏省句容县的人口普查（1934年）里曾使用过，对统计方法的杂乱和随意使用，使得这些人口调查、普查活动的人口数据与实际数据有不同的误差，但因为资料内容、统计工作人员文化水平的不同，对各种统计方法的优劣难以展开比较研究。

清华大学国情普查研究所统计组主任戴世光在印度曾专门学习条纸法，在他与陈达、李景汉商议后，决定先后选择划记法与条纸法对这批表格进行整理，目的是通过比较找出二者的优劣。国情普查研究所以调查员为主组织了一次考试，选拔出成绩较好的12人，为研究所统计练习生，这些练习生是：杨棻、李绍敏、李尚志、马兴仁、华立中、毕正祥、戴芝、莫刚、李仕陛、李忠、张崇义，他们大都是呈贡县当地的小学教员，初中毕业的文化教育程度。以这些练习生为主体，清华大学国情普查研究所在1939年7月8日开始划记法整理。

第一，划记法。划记法"是就某一统计表把统计资料中对于这个统计表式有关的项目，加以分类计算而产生一个统计表"，"分类时是由一个人诵读各种项目的符码，负责划记的人听了就在表内适当细胞中划上一道"①。从上述划记法的统计过程中，我们可以发现，划记法需要二人配合才能进行，此二人中，一人诵读调查表中的某一项，另一人以某种固定的方式记录，就如同我们日常生活中，类似于小型选举的唱票阶段。这样的统计方式，有几个明显的不足，一是诵读者的口误，二是记录者的听误或记录错误，三是发现错误无法查证是哪次错误。本次划记法统计用10名统计人员，完成于10月10日。

第二，条纸法。条纸法"是用一张纸来代表一个人，条纸的两端抄记上关于某个人的符码"，分类时"按条纸上已抄好的符码，分插入木表（类似于划记表）内适当的栏中"②。这种统计方法需要按照一定的符码对每个人进行归类。如图6-1所示的条纸式例：

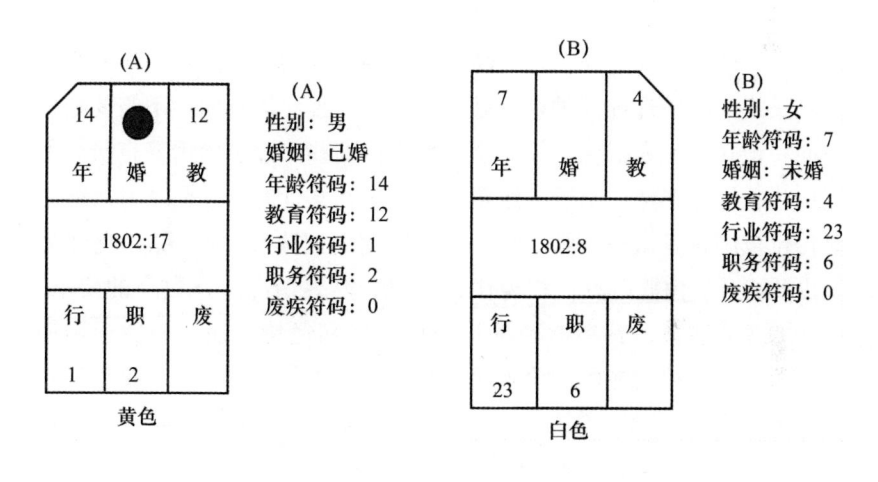

图6-1　清华大学国情普查研究所在呈贡县人口普查统计条纸式例

资料来源：清华大学国情普查研究所：《云南呈贡县人口普查初步报告》（油印本），清华大学国情普查研究所1940年版，第32页。

图6-2的这一条纸代表一位被调查者，中间的"1802∶17"是调查表的编号与排列位置。"年14"，年指年龄，14是符码，代表原先设定好的年龄段，比如将55—60岁年龄段的人口符码设为14，该人年龄57，在

---

① 清华大学国情普查研究所：《云南呈贡县人口普查初步报告》（油印本），清华大学国情普查研究所1940年版，第19页。
② 清华大学国情普查研究所：《云南呈贡县人口普查初步报告》（油印本），清华大学国情普查研究所1940年版，第30页。

此年龄段，便在此注 14。"婚●"，婚指婚姻，●是符码，根据设定●为已婚的符码，○指代未婚，◎指鳏寡，该被调查者的婚姻状况为已婚，在条纸统计时，便只需在"婚"这一栏打入●即可。以此类推，每一栏的汉字代表被调查者的项目，后面的数字符号即是符码，在需要分类统计时，只需统计符码便可。由此看条纸法的弊端是需要对各项目规定的符码十分熟悉，出现的错误主要是笔误造成的，但因为每张条纸都有编号能够与原始调查表对比，出现错误也能快速查找到问题所在。条纸法的实验始于 1939 年 10 月 15 日，用 10 名统计人员，完成于 12 月 31 日。

比较上述两种统计实验方法，我们可得，且不谈统计所需要经费与时间，相对于划记法来说，条纸法的准确率会更高。因为按照概率的计算，同样一件事情，参与的人越多，经过的步骤越复杂，其出现错误的概率将更高。条纸法的整理统计过程，是每个统计员独立进行的，不需要划记法的一诵一记式的二人配合，故而准确率应该高些。经过国情普查研究所的比较计算，结果亦然。条纸法经费要比划记法多 3%，这是因为条纸法需要对每位被调查者做一条纸之故，但时间比划记法省 8%，错误更比划记法减少 86%[①]。由此可见，在现代人口普查需要精准人口数字的要求下，条纸法的优势明显，其在准确率与统计速度和经费方面，均胜于用划记法，优于推广。故而在国情普查研究所后来的工作中，一律直接使用条纸法进行统计。

第三节 呈贡县人口普查成就

清华大学国情普查研究所在呈贡县人口普查之所以能得到学术界的一致认可，就在于其在成果、方法等方面能充分结合中国国情，具有科学性和示范性。

一 《云南呈贡县人口普查初步报告》

抗战时期西南联大清华大学国情普查研究所在呈贡县的人口普查调查

[①] 清华大学国情普查研究所：《云南呈贡县人口普查初步报告》（油印本），清华大学国情普查研究所 1940 年版，第 50 页。

与统计工作完成后,于 1940 年 8 月整理出版《云南呈贡县人口普查初步报告》,该部著作为土纸,手写油印本,内中有不同的手写字体,可见是几个参与者共同完成的,尽管其中不乏印刷模糊不清,或纸张褶皱错乱者,但其中工整的笔画,彰显著者认真严谨的工作态度。该报告全部手工完成,与呈贡县人口普查相关的材料全部收入文中,并在正文中可以见到毛笔更正之处,还有对于条纸法统计拍了不少照片粘贴于正文中。该报告全文语言简洁、表达清晰,只要粗通文墨之人均可以读明白,正文前后严谨,表述客观,在表现清华大学国情普查研究所成员们工作态度、学术能力水平的同时,也展现了他们实事求是的学风。

《云南呈贡县人口普查初步报告》全书共三编九章 153 页,手工编制页码,近 9 万字。其中第一编述人口资料的搜集,包括调查以前的筹备和调查经过,第二编述统计方法的选择,以划记法、条纸法及其比较和经费为主,第三编是人口资料的分析,包括呈贡县人口普查成果与他县的比较,以及呈贡县人口普查统计表和统计图。除正文中整理有各种统计表 29 种外,在文尾还有统计表 27 种,统计图 10 幅,并附有《人口调查表式》《调查员须知》《复查说明单式》《家庭符码抄录单式》《呈贡县人口普查工作人名录》共计 5 种附录。

《云南呈贡县人口普查初步报告》是清华大学国情普查研究所对呈贡县人口普查的全面总结和论证,也是民国时期少有的关于人口普查的研究成果。因为抗日战争时期印刷条件以及资金的限制,该报告出版数量较少,时至今日已较为罕见。有关民国时期的人口及其相关问题研究中,对该报告的了解仅限于作者、名称,对具体内容的论述研究还处于空白阶段。如谢泳指出,"韩明谟、杨雅彬和阎明三位的社会学史中,虽然对这次学术工作评价很高,但从他们的叙述和引述文献中,我感觉他们可能也没有看到过这册报告,所以叙述非常简略,而且基本相同"[①]。作为人口普查方法研究里程碑式的成果,对《云南呈贡县人口普查初步报告》的忽视,会直接导致对民国时期人口及其相关问题研究的偏差,基于此,本书发掘了该报告,利用报告中详细的调查分类与统计数据,在还原这一经

---

① 参见谢泳《史料收集与旧书业的存在价值》,《图书与情报》2008 年第 4 期。谢泳于 2005 年购得《云南呈贡县人口普查初步报告》后,随即写成《读〈云南呈贡县人口普查初步报告〉》一文,未发表。

典成果的基础上，对其学术贡献进行客观论述。

二　人口普查项目设计的中国化

人口普查兴起于西方国家，虽然人口普查的主要项目有重合之处，但是完全照搬西方国家的人口普查项目和表格设计，必定不符合中国国情，为此，国情普查研究所的人口学家精心设计了符合中国国情的普查表格，并编写了针对农村社会教育水平和风俗习惯的翔实的调查手册。

在西南联大清华大学国情普查研究所《云南呈贡县人口普查初步报告》中指出，"现代式的人口普查，在对于一国的人口，搜集基本事实以为政治、经济及社会建设的依据。问题表内所列项目，以对于人口的各方面含有重要性者为限，项目不可太多，亦不可太少。多则计算时费时费款，少则对于有些基本事实，恐有脱漏。我们详察本国的需要及欧美的成例，拟定人口普查表"[①]。调查项目对于调查过程与结果均有重要的影响，国情普查研究所选择的10个调查项目，富有先进性与科学性。

清华大学国情普查研究所在呈贡县人口普查的各项目中（表6-1），姓名、与户长的关系，是统计与进行家庭规模研究的重要指标。呈贡县的人口普查是按户填报，其实户与家庭是有差别的，家庭是由婚姻和血缘关系形成的群体；而户指生活在一起的群体，包括除血缘关系外有雇佣关系、经济关系、组织关系等的共同体，如有佣工的家庭、寺庙、学校等。历史以来，由于我国户口统计的主要目的是赋税和赋役的征集，所以其中户或口的含义在多数情况下并不等于实际的家庭和该家庭的人口数[②]。国情普查研究所在呈贡县的这次普查，严格区分了户和家庭，国情普查研究所给户下的定义是："凡同居的又同炊的人，就算为一户；凡同居而不同炊的人，就算为数户。凡普通家庭、商店及船户，在同炊的原则下，以户计算。"[③] 经统计，呈贡县共有家庭15974

[①] 清华大学国情普查研究所：《云南呈贡县人口普查初步报告》（油印本），清华大学国情普查研究所1940年版，第3页。
[②] 葛剑雄：《中国人口史》第1卷，复旦大学出版社2002年版，第42页。
[③] 《调查员须知》，载清华大学国情普查研究所《云南呈贡县人口普查初步报告》（油印本），清华大学国情普查研究所1940年版，第11—15、132—149页。

个，不包括佣工或寄居人的总人口为70456人，平均每个家庭有4.41人[①]。这样的家庭人口，与当时我国其他地方人口普查调查所得家庭人口平均数4.84人比较来看[②]，差距小，这说明呈贡县与我国其他广大的农村社会一致，基本都是小家庭聚居的形态。

第一，通常住所、本籍、寄籍三项是研究人口迁移的指标，通过此三项统计可知本县区在普查时所有的迁入和暂居人口。本次人口普查以固定住所为标准，通常住所反映的是被调查者的一般状况，其与本籍、寄籍等同于中国2010年全国人口普查时的"居住地、户口登记地、离开户口登记地时间、离开户口登记地原因、户口登记地类型、户口性质、出生地、五年前常住地（5周岁及以上人口）"诸项目类似。只是前者略微简单，但并不影响对迁移人口的整体研究。

第二，对性别的研究，分为两个方面，一是出生性别比例，二是普通性别比例。出生性别比例的调查与研究较为困难，因为传统医疗卫生条件和观念下对于婴幼儿的死亡都认为无关紧要且不吉利。还因家庭抚养能力、婴儿性别选择而广泛存在杀婴、溺婴现象，进一步导致出生性别比成为当时人口普查与研究中最复杂的部分之一，呈贡县出生人口的性别比例为89.1，这是很少见的低性别比例[③]。普通性别比例可以反映社会结构，呈贡县普通性别比例为90.7，这个数字也偏低，由于战时征兵，导致男子人口减少，但当时民众还担心人口普查会为征壮丁提供依据，故而部分瞒报现象依旧存在。

第三，岁数是年龄分配、绘制生命表与人口预期寿命研究的重要方面，为更直观、方便地调查和登记，调查表下列有属相、生月等具体内容。我国方志和史书中所载之"丁"，尽管从理论上来说是一定年龄段男子人口的数字，但事实上这只是一项赋税指标，完全无法用之于人口

[①] 第20表：《全县各乡镇村家庭数及人数》，载清华大学国情普查研究所《云南呈贡县人口普查初步报告》（油印本），清华大学国情普查研究所1940年版，第103—104页。

[②] 根据第11表《我国十处的家庭平均人数》计算，见陈达《现代中国人口》，廖宝昀译，天津人民出版社1981年版，第133页。

[③] 第12表：《全县职业人口：性别人数及百分比》、第13表：《全县13岁以上各年龄组职业人口：性别人数及百分比》、第18表：《全县13岁以上各年龄组无业人口：性别人数及百分比》，载清华大学国情普查研究所《云南呈贡县人口普查初步报告》（油印本），清华大学国情普查研究所1940年版，第94—96、102页。

年龄结构的研究①。呈贡县的这项普查，从属相、生月几个角度来印证年龄调查的准确性，因为有的民众并不清楚地记得自己的出生年份，且年龄又存在周岁、虚岁之分，属相是大众都可以清晰分清楚的自身印记，故而这项调查的准确率较高。呈贡县年龄分配在 0—14 岁之间占总人口的 34.85%，15—49 岁占总人口的 48.41%，50 岁以上占总人口的 16.74%，依据宋德波（Sundbaerg）人口构成三分法，属于稳定式的年龄构成②。

第四，婚姻是人口品质的重要指标，包括未婚、已婚、鳏寡三项。民国时期的呈贡县，婚姻状况主要有三种：正常结婚、童养媳结婚、招赘，因离婚受民风不齿，故而离婚情形少见。但因民国时期纳妾已属非法，故家庭中的妾在普查时被列入"同居家属"，但不注明身份，这是针对特殊情况制定的特殊调查登记方式，保证了人口数字的准确，并不必引起被调查者怀疑、反对。呈贡县未婚男子占 15 岁以上总人口的 10.84%，女子占 6.01%③，结婚率较高，由此引发的生育率亦较高。

第五，受教育程度是人口质量研究的重要标尺，本次调查将其分为三类：不识字、识字、学校教育。识字指通过各种方式懂得文字和知识，学校教育指进入过私塾学校，经过专业系统的学习。但在实际的调查过程中，将能记录、计算家庭事务账务者，皆按识字算；有些人尽管进入过学校，但不能读写，实际为不识字人口，则按不识字人口算。这是符合我国国情的科学划分原则，并没有死板地按照教条来，提高了受

---

① 葛剑雄：《中国人口史》第 1 卷，复旦大学出版社 2002 年版，第 69 页。
② 第 3 表：《全县各乡镇村壮丁人数及年龄分配》、第 14 表：《全县 6 岁以上各业男子：年龄分配、人数及百分比》、第 15 表：《全县 6 岁以上各业女子：年龄分配、人数及百分比》宋德波氏人口三分法：

	少年 0—14 岁（%）	壮年 15—49 岁（%）	老年 50 岁及以上（%）
前进式	40	50	10
稳定式	33	50	17
后退式	20	50	30

清华大学国情普查研究所：《云南呈贡县人口普查初步报告》（油印本），清华大学国情普查研究所 1940 年版，第 58、76—77、97—98 页。
③ 第 5 表：《全县各年龄组男女婚姻状况：人数及百分比》，载清华大学国情普查研究所《云南呈贡县人口普查初步报告》（油印本），清华大学国情普查研究所 1940 年版，第 79 页。

呈贡县人口普查人口调查表

表6-1 ___区___乡镇___村

调查日期民国廿八年___月___日

普查日民国廿八年国历三月六日旧历正月十六日

监察区___ 监察员___
调查区___ 调查员___

	1	2	3	4	5	6	7	8	9	10	11	12	13	14	15	16	17	18	19	20	21	22	23	24	25
姓名																									
与户长的关系																									
通常住所																									
籍贯 本籍																									
籍贯 寄籍																									
性别																									
年岁 岁数																									
年岁 属相																									
年岁 生日																									
符码																									
婚姻 未婚																									
婚姻 已婚																									
婚姻 鳏寡																									

续表

		1	2	3	4	5	6	7	8	9	10	11	12	13	14	15	16	17	18	19	20	21	22	23	24	25
教育	不识字																									
	识字																									
	学校教育																									
	符码																									
职业	行业																									
	符码																									
	职务																									
	符码																									
	废疾																									
	符码																									

资料来源：清华大学国情普查研究所：《云南呈贡县人口普查初步报告》（油印本），清华大学国情普查研究所1940年版，第131页。

教育程度人口调查的准确性,具有较高价值。呈贡全县有一人以上识字的家庭占全县家庭总数的23.6%,余有76.4%皆为文盲家庭①。这组数字代表我国传统农业社会中民众的基本受教育程度。所以周荣德指出,农民要从社会的最底层上升一两个台阶,不仅需要机遇、聪明的头脑,更需要几代人的努力②。

第六,行业、职务是职业的调查内容。民国时期是我国农业、手工业向近代化迈进的重要时期,民众的职业也开始不断分化,出现多样性。但在内陆广大的农村地区,这种变化还极其微弱。以呈贡县为例,农业人口占职业人口总数的比例达93.39%,农民、农村、农地还是我国大部分地区的真实写照。

第七,废疾一项,是针对残疾人口的调查。历史以来我国社会中残疾人口的数量并不少,但甚至连描述型的记录都罕见,根本无法统计研究。呈贡县共有残疾人口1190人,双目失明者占残疾人口总数的40.34%,为数量最多者。其次为聋哑、手足跛,分别有220人、205人③。呈贡县的这些残疾人口,只有少部分是先天性的残疾,大多数是后天疾病导致的,可见当时我国广大农村地区医疗卫生条件的低下。

依据国情普查研究所在呈贡县调查并统计出的重要且珍贵的人口普查资料,不仅清晰可见呈贡全县的人口数量,更可见全县的人口品质。总体来说,呈贡县人口的发展状态呈良性,只是在人口品质方面,还有诸多可提高的方面。上述诸项调查结果同时说明民国时期我国人口的质量水平低下,人口品质的改良需要迫切,但科学的调查统计资料阙如,更说明国情普查研究所为我国人口学的精细研究所做出的巨大贡献。

再从调查项目的科学性来说,对于所调查项目的内容,根据普查前调研的实际情况,进行了细致化、多样化的设计,如受教育程度、婚姻等项

---

① 第6表:《全县男女各年龄组就学情形:人数及百分比》、第10表:《全县各乡镇村男子受教育程度》、第11表:《全县各乡镇村女子受教育程度》、第16表:《全县各业男子识字人数与百分比》、第24表:《全县各乡镇村文盲家庭》,载清华大学国情普查研究所《云南呈贡县人口普查初步报告》(油印本),清华大学国情普查研究所1940年版,第80、86—93、99—100、110—111页。

② 威廉·洛艾·华纳(W. Lloyd Warner):《导言》,载周荣德《中国社会的阶层与流动——一个社区中士绅身份的研究》,学林出版社2000年版,第5页。

③ 第19表:《全县男女废疾人数》,载清华大学国情普查研究所《云南呈贡县人口普查初步报告》(油印本),清华大学国情普查研究所1940年版,第102页。

目，都按照现实国情进行归类登记，并非一成不变地照搬西方或者其他地方人口普查的内容，保证了调查数字的全面性和准确性，并在很大程度上为调查的顺利进行提供了客观和主观上的便利。综上，我们可知，呈贡县的人口普查，是完全符合现代意义上人口普查标准的，无论调查的设计、过程还是后期的统计数据方面，都已经同当时国际上通行的人口普查原则和内容一致，并能结合我国国情进行创新，保证了普查的科学性。

三 人口普查方法的创新

抗战时期西南联大清华大学国情普查研究所在呈贡县的人口普查，十分注重调查方法的规范化，在对调查员的培训中，向小学教员和保甲长分配了彼此间共同的责任，尤其一改依赖保甲长进行调查的保甲编查传统，利用文化水平较高以及受人尊敬的小学教员，为调查工作的顺利开展以及结果的准确奠定了基础。同时，对调查员填表及询问均做了细致的要求，如要求调查员调查时不得誊写，随问便随时填入调查表中。对于询问的步骤也有详细的规定，依据回答再填写不同的内容。这些细致的标准，保证了调查表内答案的准确性，提高了科学性。

民国时期云南省也曾多次进行过人口调查统计活动，但是在调查方法中，均有很大的不足之处。1912年云南地方政府仿照宣统年间的调查方法对全省人口进行调查，但其调查项目要不过于细致，要不遗失重要的性别等项，方法上没有多大改进。1917年和1924年云南省的两次人口调查，调查项目中有"壮丁若干""曾当兵者几人""曾充团者几人"，调查壮丁的意图明显，这是当政者为扩充自我实力，企以征兵的表现，这样势必会对民众造成担忧，影响其如实汇报，进而使统计数据有较大误差，难以表达人口的实际数量。如果说1928年是继宣统人口调查后中国最为可靠的一次人口普查[1]，那么对于云南省来说，到1932年，户口调查才实现民国时期较为准确的一次。首先，户口调查时省内政治环境稳定；其次，云南省政府的管控力已深入沿边各地方，建立起了可靠的行政区划，政令可以通达[2]；再次，组织、参与此次户口的调查人员，都经过专门培

---

[1] 侯杨方：《中国人口史》第6卷，复旦大学出版社2005年版，第66页。
[2] 凌永忠：《民国时期云南边疆地区特殊过渡型行政区划研究》，博士学位论文，云南大学，2012年。

训，对民众有宣传，对数据有复查，调查的可行性和准确性有了保证；最后，此次调查的成果汇编印行，成为中央、省府、各地方施政的参考，并依此数据开始了全省的户籍、人事登记。由此我们可以说，环滇池区域的户口数据也在这个时期运用了较为科学的方法，实现了第一次较为准确的调查。这次户口调查的成果基本包括全省的人口数量，尽管调查项目略显简单，但仍可为探析人口结构奠定初步研究的基础。1935年开始的户籍及人事登记，同1937年以后的保甲户口编查的方法基本一致，因相关的人口调查是为户籍行政服务，又缺乏长期有效的监督机制，如民政厅在督促编查时，"以一纸命令委之县长，县长又责之区、乡（镇）长，互相推诿；甚而借口为财力、时间所限，畏难苟安，不肯亲历其境，挨门逐户详细调查，而只翻检历年底册，以意增减，敷衍填表，希图塞责，遗地方负担不均之害"①。保甲户口编查在方法与执行层面受人为的影响较大，不实之处颇多。清华大学国情普查研究所在呈贡县的人口普查，从根本上改变了这一面貌，聘任小学教员作为调查员，知识水平较历史时期的为高，并严格按照现代人口普查的标准进行调查，重复与遗漏的数量必定较少。抗战时期清华大学国情普查研究所在呈贡县的人口普查是呈贡县历史以来最为科学的人口统计。

清华大学国情普查研究所还十分重视调查过程中的审核与复查工作。不仅拟定审核的原则，还对错误的项目和原因进行了统计，总结出复查最多的问题是：3岁以下小孩的遗漏，行业职务所填内容不完整，视力不佳常被误填为失明，对识字的定义不明。对所有调查区进行10%比例的抽查，并计算出错误率，这是国情普查研究所另一大贡献，根据抽查的错误率，可以基本判断这批调查成果的准确性，这是民国时期在中国其他县区人口调查中均缺乏的重要步骤。

四 人口普查资料统计方法的贡献

抗战时期西南联大清华大学国情普查研究所对划记法与条纸法统计方法的比较实验，是当时任何一个研究机构和学者都没有进行过的，国情普查研究所利用同一种资料，同一批统计员进行的比较实验，这样的实验不

---

① 云南省志编纂委员会办公室：《续云南通志长编》中册，云南省科学技术情报研究所印刷厂1986年版，第70页。

会因为数据和人为因素的不同而引起争论，具有极强的可比性，实验结果经过多次考证，完全正确，这样不仅为国情普查研究所进行其他统计活动提供了方法基础，更为当时国内学术界所用统计方法的选择指明了方向。至此以后，条纸法成为学术界和政府机关进行有关统计时普遍采用的方法。

西南联大清华大学国情普查研究所在呈贡县的人口普查统计出重要的个人统计表有 19 种，重要统计图有 10 种，家庭统计表有 8 种。这些人口资料主要涉及呈贡县以下几个方面的内容：1939 年呈贡县全县人口为 71223 人，其中男子人口 33874 人，女子人口 37349 人①；该县共有 15974 个家庭，有 4 个人的家庭有 3552 个，占总数的 22.24%，是比例最高的家庭数②；全县有 4942 人的男子识字，占总数的 14.95%③；5—14 岁的人口占全县总人口的比重最大，为 20.87%④；废疾人口中以双目失明、聋哑和手足跛为多⑤；呈贡县人口中从事农业者高达 91.87%⑥，反映出呈贡县是我国典型的传统农业社会。国情普查研究所对人口普查方法的实验及对云南呈贡县人口资料的整理，反映了呈贡县人口和社会的基本状况，符合当时中国的实际国情，为我国近代人口研究保留了珍贵资料。

历史时期，呈贡县有关人口的记载主要是："旧志明宏治间呈贡户六百二十九，口六千九百九十，归化户二百二十，口三千一百一十三。续通志明万历癸酉间（1573 年）呈贡人丁一千七百七，归化人丁一千四，许伯衡州志明万历四十五年（1617 年）呈贡户四百四十九，口四千一十三，归化户二百三，口一千九百九十一。""呈贡丁口自咸丰六年丙辰七年丁巳军兴，咸丰十一年辛酉大疫，同治四年乙丑大疫，七年戊辰又大疫兵

---

① 第 1 表：《全县各乡镇村男女人数》，载清华大学国情普查研究所《云南呈贡县人口普查初步报告》（油印本），清华大学国情普查研究所 1940 年版，第 73—74 页。
② 第 21 表：《全县各区家庭人数》，载清华大学国情普查研究所《云南呈贡县人口普查初步报告》（油印本），清华大学国情普查研究所 1940 年版，第 104 页。
③ 第 10 表：《全县各乡镇村男子教育程度》，载清华大学国情普查研究所《云南呈贡县人口普查初步报告》（油印本），清华大学国情普查研究所 1940 年版，第 86—89 页。
④ 第 24 表：《六县人口的年龄分配·百分比》，载清华大学国情普查研究所《云南呈贡县人口普查初步报告》（油印本），清华大学国情普查研究所 1940 年版，第 60 页。
⑤ 第 19 表：《全县男女废疾人数》，载清华大学国情普查研究所《云南呈贡县人口普查初步报告》（油印本），清华大学国情普查研究所 1940 年版，第 102 页。
⑥ 第 12 表：《全县职业人口：性别人数及百分比》，载清华大学国情普查研究所《云南呈贡县人口普查初步报告》（油印本），清华大学国情普查研究所 1940 年版，第 94—95 页。

燹，十二年癸酉又大疫，相继死亡过半。迨光绪元年乙亥军靖，至今将及十载。幸邀圣天子休养生息元气虽未全复，户口已见日增。现今贡境男共九千四百三丁，女共一万十六口。化境男共四千五十一丁，女共四千二百三口。"① 与清华大学国情普查研究所在呈贡县人口普查的结果相比，历史时期的数据仅有户数与口数，间次记载导致人口损失的事件，而清华大学国情普查研究所的这些统计结果，包括性别、年龄结构、婚姻、职业、受教育程度等多方面的信息，相对于传统数据仅能提供有限的人口数量研究，此次人口普查能为呈贡县进行全面的人口数量、人口质量研究提供丰富与科学的资料，是历史以来最为优异的统计成果。

总之，西南联大清华大学国情普查研究所在呈贡县的人口普查是我国历史上第一次以县为单位，科学、完整、细致的人口普查，是利用当时世界上先进的人口普查与人口统计技术，结合我国实际国情而进行的，是真正意义上我国第一次以县为单位科学的现代人口普查。

---

① 光绪《呈贡县志》卷1《户口》，载林超民等《西南稀见方志文献》卷29《呈贡县志》，兰州大学出版社2003年版，第139—400页。

第七章

国情普查研究所呈贡县、昆阳县人事登记实验

人事登记是针对人事变动的登记，所谓人事变动，"就是指人民的身份事件的变动，这些变动是与人民在社会上法律上的身份或地位大有影响的，简单地说，人事变动，是指人口的动态"①。人口资料的搜集方法主要有两种，即人口普查与人事登记。"前者在教育未普及的国家，往往由政府派遣曾经受过训练的调查员，携带调查表，分区挨户，向人民直接访问，按照预定的项目，据实填写表格。这样所得的结果是人口在某时期下静止的情况，即所谓'静态的人口统计'，藉供国家施政的根据，及学术研究的参考。后者则由人民将各户内各人所发生的变动事件，按性质与时间等报告政府，由其逐件登记下来，这样获得的人口资料，就是所谓'动态的人口统计'，根据已得的人口资料，可计算生育率、死亡率、婚姻率、婴儿死亡率及编制生命表等，藉以研究人口将来可能的演变，及推测民族兴衰的趋势。"②

由此可见，人事登记与人口普查有着本质的区别，在对象方面，人事登记针对动态的人口，而人口普查是针对静态人口；在调查资料搜集方法上，人事登记依赖发生人事变动来登记，而人口普查需要政府组织人员逐人去调查；在成果方面，人事登记可以编制生命表，计算出生率、死亡率等，而人口普查则可以分析人口结构、性别比例等。人事登记对于人口及其相关问题的研究同样具有重大的作用，也是获得国情资料的重要方法，

---

① 云南环湖市县户籍示范实施委员会：《云南省户籍示范工作报告》，清华大学国情普查研究所1944年版，第129页。

② 清华大学国情普查研究所：《云南呈贡县昆阳县户籍及人事登记初步报告》（油印本），清华大学国情普查研究所1946年版，第1页。

第七章　国情普查研究所呈贡县、昆阳县人事登记实验　　151

鉴于此，西南联大清华大学国情普查研究所在呈贡县人口普查工作完成后，随即开始人事登记的实验。

第一节　呈贡县、昆阳县人事登记的缘起

现代人事登记的主要目的，是在搜集人口动态的统计资料，借以研究人口变动及其相关的现象。清华大学国情普查研究所在呈贡县的人事登记工作前，还没有真正以人口普查为基础进行并建立的科学人事登记制度。抗战时期西南联大清华大学国情普查研究所的几位负责人，对于国情问题有着至为深入的认识，他们认识到人事登记工作的开展，必须依赖于有详细的人口普查数字做基础，然后才能准确把握人事的相关变动，故而首创在人口普查的基础上展开人事登记工作。

完成呈贡县人口普查后，国情普查研究所积累了经验，决定再接再厉，乘势扩大人口国情调查的深度和探索人事管理的科学方法，于是1940年12月西南联大校长梅贻琦亲自致函云南省政府，阐述国情普查研究所呈贡县人口普查成果并请求省政府继续支持进行呈贡县、昆阳县人事登记实验。

梅贻琦致云南省政府函
（发函日期为1940年12月）

敬启者：

敝校为求对于我国人口及其相关问题，获得研究技术及搜集材料，以便对于政治、经济及社会的建设，有所贡献；并期为辅助学术的研究，作试验的调查工作，乃于迁滇之始，设立国情普查研究所，并选定贵省呈贡县为人口普查试验区。业于民国二十七年组织顾问委员会，聘请贵省行政长官为名誉顾问，计有省政府秘书长袁丕佑，绥靖公署秘书长赵宗瀚，前任民政厅厅长丁兆冠，现任民政厅厅长李培天，教育厅厅长龚自知，建设厅厅长张邦翰，财政厅厅长陆崇仁诸先生，以期多获指示，俾利推行。随即商请民教两厅分令呈贡县政府，在行政上给予便利，并予协助进行。后经敝校，与呈贡县政府合组人口普查研究委员会，除聘本校教授数人参加外，并聘前任呈贡县县长

李晋妫,现任县长李悦立两君及敝校国情普查研究所所长陈达,为常务委员,主持该县普查工作。该会成立以来,其工作已告一段落者,计有呈贡县人口普查,并已出报告一种,名曰《呈贡县人口普查初步报告》,兹特随函奉赠一册。敬希察收,不吝赐教。至呈贡县农业普查调查工作,已于今年春季完竣,其材料现正在整理中。人事登记工作已于民国二十八年九月在呈贡县二十七乡村试办,业于今年二月推及全县。兹因性质上之需要,或须于短期内将上项普查工作扩充于邻县,用特备函奉达,尚祈贵省政府查照,惠予指导,俾利进行,无任企幸之至!此致

云南省政府

校长　梅贻琦[①]

这项工作,在抗日战争时期,显得尤为重要。因为这种针对动态人口的登记,可以一目了然人口变动情况,如出征人口,躲避战争的迁入人口,战争导致的死亡人口等诸多方面,并且皆可以提供直观准确的数据。尽管国民政府在1934年之前就已有《人事登记暂行条例》,但因为这项登记工作实际由警察机关主持进行,该机关因治安需要,只重视死亡人口的登记,对人事登记的其他方面则略而记之或不记,加之本来实行该项登记的省市就不多[②],因此抗战前的民国政府及学术界,都不具有专业性人事登记的经验。在抗日战争时期,受战争影响,这种大规模的普查与登记工作尽管更加急需,但难以展开。鉴于此,为了给抗战提供准确的人口变动数字,也为调查统计战争给我国民众造成的巨大影响和破坏性,更为我国人事登记制度的建立和发展提供客观实际的经验和标准,清华大学国情普查研究所先后在呈贡县、昆阳县开始人事登记工作。

已经成功完成呈贡人口普查的清华大学国情普查研究所在呈贡县、昆阳县进行人事登记具有特殊优势:

第一,在1939年的呈贡县人口普查过程中,清华大学国情普查研究所已经培训了一大批小学教员作为人口调查员。培训小学教员进行人口普

[①] 北京大学、清华大学、南开大学、云南师范大学编:《国立西南联合大学史料》卷3《教学·科研卷》,云南教育出版社1998年版,第699—700页。

[②] 侯杨方:《中国人口史》第6卷,复旦大学出版社2005年版,第66—67页。

查是国情普查研究所的独创。经过培训的调查员对所经办区域的人口状况有了清晰的认识，若再依赖其进行人事登记，则在登记员等方面有着充足的专业人才可用，且已经具备了把人口调查的范围扩大到邻近县区的条件。

第二，人口普查过程中，使一般民众对于国情普查研究所的工作有了大致的了解，继续在呈贡县进行人事登记，可以减免民众的怀疑和猜忌。

第三，国情普查研究所在呈贡县的人口普查，获得了诸多科学的人口静态数据，在此基础上进行人事登记，对于数据之间的互相参考、利用等提供了极大的便利，同时可以作为核定人事登记数据准确性的参照标准。

第四，昆阳县位于滇池西南岸，与呈贡县之间有晋宁县，二者隔滇池相望，相距44千米，昆阳县距昆明市63千米。选择昆阳县作为人事登记的实验区，主要原因是其人口性质，大致与呈贡相似，二者具有相似性。后来因为1942年环湖市县户籍示范区进行户口普查与户籍登记，将昆阳县划入示范区，故在该项工作结束后，国情普查研究所为了节省经费，将昆阳县西部山区及偏远地区排除，仅选择县城附近的中和镇、中宝乡、河西乡和宝山乡为登记区，与呈贡县合计共有106626人，达到了绘制生命表的人数要求，富有实验与学术价值[①]。

第五，呈贡县、昆阳县政府对清华大学国情普查研究所人事登记工作的支持。抗战时期西南联大清华大学国情普查研究所在呈贡县、昆阳县的人事登记之所以能够推行，离不开当地政府的支持。借鉴呈贡县人口普查成功的经验，国情普查研究所依然由清华大学聘请省府行政长官七人为名誉顾问，成立顾问委员会，随后由民政厅、教育厅分别令呈贡县政府与昆阳县政府在行政上给予便利，允许调用小学教员及乡保甲长。在呈贡县的人事登记沿用了国情普查研究所在呈贡县人口普查时与县政府商同组成的普查委员会，主持登记工作，聘请呈贡县新任县长李悦立、陈达、潘光旦、陈岱孙、李景汉、戴世光及邓迪民七人为委员，主要担负设计的责任，以李悦立与陈达为常务委员，担负人事登记的行政责任，所有人事登

---

① 清华大学国情普查研究所：《云南呈贡县昆阳县户籍及人事登记初步报告》（油印本），清华大学国情普查研究所1946年版，第7—8页。

记的技术以及所需经费均由国情普查研究所担负。人事登记工作最初由倪因心负责，后来倪因心去美国留学，自 1940 年 6 月起由苏汝江负责，自 1941 年开始由周荣德负责，1944 年起又由廖宝昀负责①。

昆阳县的人事登记，并未像呈贡县一样设立工作委员会，由国情普查研究所在昆阳设立昆阳办事处专职其责，国情普查研究所派主任一人常驻昆阳。所有的行政事项，需要国情普查研究所的陈达所长与驻昆阳的办事处主任同昆阳县县长李群杰商议后决定，其合作的方式，与呈贡县基本相同。1941 年 5 月，昆阳办事处成立，苏汝江担任主任，1943 年苏汝江赴美留学，周荣德继任之。昆阳县人事登记的技术问题由国情普查研究所负责，经费也由国情普查研究所承担②。

第二节　国情普查研究所对呈贡县、昆阳县人事登记的设计

呈贡县人事登记工作是陈达设计的，由李景汉指导，倪因心主持。刚开始因为没有充足的人事登记经验，对工作难度与内容把握不够，仅对呈贡县城附近的 27 处村庄进行登记，登记内容是出生与死亡两项。后来因为该项登记工作开展顺利，成果丰富且具有价值，1940 年 2 月 1 日起，该项工作在呈贡全县内展开，并增加婚姻与迁徙两个登记项目。7 月末，倪因心因被学校派送入芝加哥大学社会学系研习社会学，该项工作由陈达主持，11 月始先后又有苏汝江、周荣德、廖宝昀兼任③。

人事登记是要求民众主动登记，这对登记机构的方便、规范等方面提出了要求。根据呈贡县的乡村镇区划分布，国情普查研究所将呈贡县的 139 个村庄划分为 84 个登记区，依据全县的保国民小学教育的数量，聘任小学教师担任登记员，全县共有 95 位小学教师委任为登记员，登记员分布在呈贡县的各个登记区内，登记员每填写一份登记表，便可以领取津

---

①　清华大学国情普查研究所：《云南呈贡县昆阳县户籍及人事登记初步报告》（油印本），清华大学国情普查研究所 1946 年版，第 5—7 页。

②　清华大学国情普查研究所：《云南呈贡县昆阳县户籍及人事登记初步报告》（油印本），清华大学国情普查研究所 1946 年版，第 7 页。

③　清华大学国情普查研究所：《云南呈贡县昆阳县户籍及人事登记初步报告》（油印本），清华大学国情普查研究所 1946 年版，第 7 页；陈达：《浪迹十年》，商务印书馆 1946 年版，第 225 页。

贴若干，随着物价的变化，国情普查研究所曾调整津贴的数额，从 8 分到 1 元不等①。

呈贡全县共有 897 位甲长，每甲 1 人，国情普查研究所选择这些甲长充任报告员，无薪，他们熟悉当地情况，便于向登记员汇报人事变化情况以及督促符合条件的民众进行登记。呈贡全县有 82 保，国情普查研究所聘任这些保长为管理员，同样无薪，但因为有县政府的政令，他们负有行政管理的职责。如监督保内登记员工作的态度，检查发生人事变动的住户是否有人事登记证，并对人事登记负有管理、推行、解释以及促进合作的责任。管理员之上，国情普查研究所又聘任呈贡县 6 个乡的乡长为高级管理员，虚职，无薪无实际责任②。

清华大学国情普查研究所的练习生昌景福、李尚志、华立中、李绍敏等担任此次人事登记的辅导员，这些练习生上文有述，均是呈贡县人口普查中表现优秀者，曾任小学教员，有中学教育程度，对于户口普查与人事登记有较为丰富的实践经验。他们在人事登记中，直接接受人事登记组主任的指导，负有"对于全辅导区的登记员人事调整、监督工作进行，指导登记事宜，收发登记表，抽查有无遗漏，审阅登记表内容及编制统计等直接责任"③。

人事登记主任一职由清华大学的教员担任，对人事登记的计划、研究，登记过程的指导与推动等均负有主要责任，并接受常务委员会的命令。此外还聘任农志俨为卫生顾问，国情普查研究所支付交通费，由其审阅死亡登记表，解释死亡原因等④。

昆阳县人事登记组织系统的划分及各级人员的责任与国情普查研究所在呈贡县人事登记拟定的方法相同，进行人事登记的四乡镇划分为两个辅导区，杜联元、周尚中任专职辅导员，兼职统计员，杨湛和施发学任兼职辅导员，专职统计员，第一辅导区有登记员 15 人，第二辅导区有登记员

---

① 清华大学国情普查研究所：《云南呈贡县昆阳县户籍及人事登记初步报告》（油印本），清华大学国情普查研究所 1946 年版，第 5、63 页。
② 清华大学国情普查研究所：《云南呈贡县昆阳县户籍及人事登记初步报告》（油印本），清华大学国情普查研究所 1946 年版，第 8 页。
③ 清华大学国情普查研究所：《云南呈贡县昆阳县户籍及人事登记初步报告》（油印本），清华大学国情普查研究所 1946 年版，第 4 页。
④ 清华大学国情普查研究所：《云南呈贡县昆阳县户籍及人事登记初步报告》（油印本），清华大学国情普查研究所 1946 年版，第 4 页。

8人①。

在上述组织系统下,清华大学国情普查研究所对登记的事项与内容也进行了详细设计。呈贡县和昆阳县的人事登记内容主要有出生、死亡、婚姻及迁徙四种,每种都有单独的表式,分为登记表和登记证,以及正联和存根两部分,登记表的正联由辅导员巡查时收回,登记证的正联发还呈报人,登记表与登记证的存根则均由登记员保管,以备检查②。

出生登记表和出生证的项目主要包括婴儿的姓名、性别、出生日期、出生地点,父亲的姓名、籍贯、年龄、教育、职业及结婚时年龄,母亲的姓名、年龄、教育、职业及结婚时年龄,母亲连此婴孩共生子几人、女几人,今存子几人、女几人,呈报人签名及住址等。

死亡登记表和证的项目,主要的有死者的姓名、性别、籍贯、年龄、职业、婚姻、教育、死亡日期、死亡地点、患病症状、死亡原因、死者生前曾患之病症、死者生前通常住所、死者家长姓名、呈报人签名及住址等。

结婚登记表和证分男方与女方两部分,其主要的项目包括当事人的姓名、年龄、籍贯、婚前住址、职业、教育、婚前婚姻状况、结婚日期、结婚地点、父母姓名、主婚人姓名、介绍人姓名、证婚人姓名、结婚前之亲戚关系、是否赘婿及呈报人姓名等。

迁徙登记表和证的项目包括当事人的姓名、性别、年龄、籍贯、职业、教育、迁出以前住址或徙入后住址、迁出到何处、由何处迁入、迁徙日期、迁徙原因、户长姓名、呈报人的姓名及住址等③。

人事登记工作开始前,清华大学国情普查研究所对作为登记员的小学教员进行了4天的培训,从1939年9月4日开始,每天上午以《人事登记须知》为教材,分别培训出生、死亡、婚姻、迁徙登记的内容与方法,每天训练一种,下午实习。该《人事登记须知》论述了举办人事登记的意义和功用,对登记员的责任、登记工作、需要注意的事项、应备的物件

---

① 《本所人事登记工作人员录》,载清华大学国情普查研究所《云南呈贡县昆阳县户籍及人事登记初步报告》(油印本),清华大学国情普查研究所1946年版,第246—247页。
② 清华大学国情普查研究所:《云南呈贡县昆阳县户籍及人事登记初步报告》(油印本),清华大学国情普查研究所1946年版,第3页。
③ 清华大学国情普查研究所:《云南呈贡县昆阳县户籍及人事登记初步报告》(油印本),清华大学国情普查研究所1946年版,第3—4页。

都有详细说明,举例对出生、死亡、婚姻、迁徙登记表的登记范围、填写方法及登记证的发放都作了规定。对保甲长这些管理员的训练为1天,主要向他们宣讲人事登记的意义、办法及各种人员所担负的责任。并要求人事登记的行政责任由保甲长承担,宣传工作也依据保甲长对全县各户长和民众进行广泛宣传,以促使民众积极登记。从10月起,研究所先选择了靠近呈贡县城的27个乡村,只登记出生和死亡两项,经过几个月的抽查和总结,认为值得推广登记,尽管期间呈贡县的农业普查正在进行中,但国情普查研究所排除困难,去劣存优,依然于1940年2月1日推广至呈贡全县,并增加婚姻和迁徙登记,后又推广至昆阳县的4个乡镇。全面完整的人事登记工作至此全面推行[①]。

第三节　呈贡县、昆阳县人事登记与统计

人事登记是掌握人口动态国情状况的重要手段。抗战时期西南联大清华大学国情普查研究所在呈贡县和昆阳县人事登记的要求是:在发生人事变动事件的7天之内,由保甲长带领发生人事变动的该户户长到本登记区所在国民小学内找登记员进行登记,登记员按照人事变动的内容分别填写出生、死亡、结婚、迁徙登记表和登记证,登记证的正联交与申请登记人,登记表的正联由辅导员每三个月巡查时找登记员收回,登记表和证的存根都交由登记员保管。辅导员在收回登记表时,还需选样对登记表进行核查,以减少登记的错误和遗漏。登记员在登记时,需要备好《人事登记员须知》、出生登记表及登记证、死亡登记表及登记证、婚姻登记表及登记证、迁徙登记表及登记证各一本,准备暂时登记表若干张,携带日记本、毛笔及墨盒等。登记时还需要用和蔼的语气、谦逊的态度、诚恳的语言和忍耐的心态[②]。

从步骤看,人事登记并不困难,但在实际的工作中,遇到的问题远远比想象的多。如有农民家里生了一匹小马,也诚诚恳恳地去学校登记,原来他们把出生误听为"畜生";有的小学生向老师报告了邻里出生的小

---

① 清华大学国情普查研究所:《云南呈贡县昆阳县户籍及人事登记初步报告》(油印本),清华大学国情普查研究所1946年版,第6页。
② 《人事登记员须知》,载清华大学国情普查研究所《云南呈贡县昆阳县户籍及人事登记初步报告》(油印本),清华大学国情普查研究所1946年版,第216—233页。

孩，保甲长去根究时引起殴打小学生的纠纷；还有些曾任地方政府的官吏，觉得亲自去小学教员处登记有失面子，或者有所顾虑，再三催促仍不登记。国情普查研究所负责辅导工作的练习生李绍敏、李尚志、杜联元在其外勤报告和工作日记中分别记录了大量登记过程中需要注意的方法和遇到的困难，不妨罗列几个实例①：

例1，马金铺某户，因霍乱五口死了三口，家长难过，虽多次催促，亦不愿意去登记。同样另一户的老妇去世，长子候次子去登记，次子候三子去登记，三子又等长子去登记，结果遗漏。

例2，利用其他人打听，如在某村遇见面容和善的老者或小学生，可以问，你们这块居住的人，哪家生了小孩？死了人？结了婚？来了人？去了人？或者抽查甲户时，可以顺便询问乙家、丙家的事项。

例3，观察各户门楣是否贴有对联，村里是否添了新坟等，还可以看门牌，如某户门牌上计有6人，则问："你家是不是8个人？"根据回答再进行细问。

例4，有些乡民发生人事变动后，正好在路上遇到登记员，则口头报告一声，以为登记；还有些乡民上月死去1人，本月又出生1人，自以为无增无减，不必登记。

例5，有些民众故意把男孩说为女孩，或者提供其他不实的信息，为登记带来麻烦。

为了避免错误与减少遗漏，清华大学国情普查研究所加强督导与抽查的同时制定了严厉的处罚办法。督导与抽查的工作主要由辅导员承担，发现逾期不登记或者有意不登记者，按章程请警察局执行处罚。处罚的方式主要有罚款与拘禁，逾期不报或漏报者罚款，保甲长漏报则罚款加倍，这些罚款将发给成绩优良的登记员做奖金，或是拨作人事登记事项作为开支。拘禁针对故意违抗登记。处罚对民众登记的积极性有较大影响，如某户因未报收到处罚，很快便会传遍村庄，每家每户都会开始重视，其他村听说后也会自动来补报，而且有些经保甲长催促后还不登记者，对其处罚还可以增加保甲长在人事登记中的威信②。

---

① 清华大学国情普查研究所：《云南呈贡县昆阳县户籍及人事登记初步报告》（油印本），清华大学国情普查研究所1946年版，第15—23页。

② 清华大学国情普查研究所：《云南呈贡县昆阳县户籍及人事登记初步报告》（油印本），清华大学国情普查研究所1946年版，第12—14页。

抗战时期西南联大清华大学国情普查研究所在呈贡县的人事登记从1939年10月已经在县城附近的2个乡镇开始，1940年扩展到全县后，人事登记工作一直持续到1946年。昆阳县从1941年开始人事登记后，也一直持续到1946年，甚至到1948年还有调查员为周荣德等国情普查研究所的成员提供相关资料。

除了人事登记外，还需要对登记在册的人事情况汇总统计，使之能清晰反映人口的动态状况。

国情普查研究所在呈贡县、昆阳县人事登记的统计工作主要也需要辅导员承担。呈贡县的专职统计员有毕正祥、戚昆、莫刚和马兴仁，辅导员李尚志、昌景福、华立中为兼职统计员。昆阳县有杨湛、施发学、周尚中、杜联元均既为统计员又为辅导员，他们均是国情普查研究所长期聘任的练习生。国情普查研究所将辅导员与统计员合二为一，不仅减轻了人员聘任的麻烦，更提高了登记统计工作的熟练程度，对登记与统计结果的准确提供了保证[①]。

辅导员每月上半月在县城整理登记资料，每月的下半月则出入各乡收回登记表，并核查和抽查登记表的内容，审核表格以一致性、统一性、完全性、准确性为原则，与呈贡县人口普查一致。

统计员对回收表格的整理，先要按照地域进行划分，再按时间进行排列。地域的划分是按照呈贡县139个自然村落，而将登记表按村落分别统计，区域的划分可以与不同时期同一地域的人事变动进行比较，为发现人事变动的规律提供数据；时间的排列是将登记表按月整理，可以看出每月有出生、死亡及婚姻、迁徙等事件的数量[②]。

清华大学国情普查研究所在呈贡县、昆阳县人事登记的统计工作主要有两步，第一步是给符码，第二步是抄记，这是对条纸法的直接使用。给符码是"把事先选好的分类项目各给以简单的数目字来代表"[③]，与呈贡县人口普查统计时的方法一致，统计时可以忽略原表中的内容，只计给予

[①] 《本所人事登记工作人员录》，载清华大学国情普查研究所《云南呈贡县昆阳县户籍及人事登记初步报告》（油印本），清华大学国情普查研究所1946年版，第246—247页。

[②] 清华大学国情普查研究所：《云南呈贡县昆阳县户籍及人事登记初步报告》（油印本），清华大学国情普查研究所1946年版，第40页。

[③] 清华大学国情普查研究所：《云南呈贡县昆阳县户籍及人事登记初步报告》（油印本），清华大学国情普查研究所1946年版，第34页。

的简单数目字即可。抄记是指按照符码将登记表中的信息重新抄录到出生、死亡、婚姻、迁徙类的条纸上，以为统计做准备。

呈贡县、昆阳县人事登记的统计分按月统计和按年统计，因为人口变动具有偶然性，按天统计毫无规律性，以按月统计作为基本统计的时间单位，是按年统计的基础。以年为时间范围，以出生、死亡、婚姻、迁徙为分类，从1940年起至1946年，完成了诸多的统计成果。

第四节 国情普查研究所呈贡县、昆阳县人事登记的成果

清华大学国情普查研究所在呈贡县和昆阳县的人事登记持续达6年之久，在此基础上，完成了人事登记的工作报告和登记方法的实验，对于国情研究具有重要的指导意义。

一 《云南呈贡县昆阳县户籍及人事登记初步报告》

1946年6月，西南联大清华大学国情普查研究所在北返前，出版了最后一部工作报告《云南呈贡县昆阳县户籍及人事登记初步报告》，与清华大学国情普查研究所在呈贡县人口普查的成果相似，该本亦为油印本，全书手工抄写，纸张为薄土纸，清晰度较低，油印轻重不匀，辨识较为困难。内中附有呈贡县和昆阳县地图，并标明人事登记的村庄与大致的登记地点，书中多种手写体，表示参与编写的有多位学者。

此《云南呈贡县昆阳县户籍及人事登记初步报告》全书共16万字有余，正文有各类统计表27种，共三编十章，第一编是对登记资料搜集的的论述，包括户口普查与人事登记的区别，登记项目和登记表证的内容，登记机构的设置与参与人员的训练；并详细讲述登记过程，对于登记开始的时间以及推行的登记办法，工作的方式与登记的过程，抽查和处罚等均有涉及，并附有辅导员的外勤报告和工作日记。第二编是对登记资料整理的论述，包括地域的划分和时间的排列方法，年龄属相的对照、职业分类和死亡原因的审核，以及空白表格的填补；并对给符码、抄记、按月和按年统计做了说明，对经费也进行了计算；书中将呈贡县政府的人事登记同清华大学国情普查研究所的人事登记相比较，更是直白地反映了国情普查研究所在登记员及登记方法诸方面的科学性。第三编是人事登记资料的分

析，极大地利用了呈贡县人口普查的结果，其后对完成的呈贡县和昆阳县四乡镇的人事登记统计表共 110 表进行了罗列，并载有《人事登记员须知》《暂行二十七种死亡原因简易说明》《人事登记表格及登记证样式》《本所人事登记工作人员录》《本所历年教职员姓名录》共 5 个附录。

该《云南呈贡县昆阳县户籍及人事登记初步报告》十分罕见，就笔者近年来的搜集，仅云南省图书馆、云南大学图书馆有藏本。故学术界对该部工作报告的关注处于空白，少数学者提到该报告，不乏名称与内容等方面均有错误的表述者。此《云南呈贡县昆阳县户籍及人事登记初步报告》是对国情普查研究所在呈贡县、昆阳县人事登记的全面叙述与总结论证，是此次人事登记工作的基础史料，也是民国时期在人口普查基础上进行人事登记的首创成果，是社会学、人口学、统计学研究的重要文献。

二 人事登记项目设计特点

呈贡县人事登记的项目，包括动态人口四个主要的方面，我们以此来看其具有的示范性，以及能为云南地方和人口学研究提供的成果和价值。

第一，出生登记，具有多项研究内容，一是出生性别比的统计，如果登记工作完整并准确，可以真实地反映出生性别比状况，昆阳县 1943 年 8 月至 1946 年 1 月出生男子 2181 人，女子 2130 人，共出生 4311 人；[①] 呈贡县 1940 年 1 月至 1946 年 1 月出生 11543 人[②]，呈贡县 1940 年 2 月至 1944 年 6 月平均出生性别比为 103，远高于人口普查 89.1 的结果，接近当时世界的平均数字[③]，可见当时在国内进行人事登记在出生性别比的登记方面准确度较人口普查为高。二是对生育率的统计，结合出生婴儿母亲的年龄，可以计算生育率集中的年龄分布区；计算得到的普通生育率水平，23—35 岁是这些婴儿母亲的主要年龄分布区，同时也是已婚妇女繁育率最高的阶段。

[①] 第 64 表：《昆阳四乡镇出生男女人数按月统计及普通出生率，每月出生率对于年中百分比（1943 年 8 月至 1946 年 1 月）》，载清华大学国情普查研究所《云南呈贡县昆阳县户籍及人事登记初步报告》（油印本），清华大学国情普查研究所 1946 年版，第 149 页。

[②] 第 23 表：《呈贡出生男女人数按月分类、普通生育率及每月生育率对于每年的百分比（1940 年 2 月至 1946 年 1 月）》，载清华大学国情普查研究所《云南呈贡县昆阳县户籍及人事登记初步报告》（油印本），清华大学国情普查研究所 1946 年版，第 107 页。

[③] 第 3 表：《我国十处的性比例：普查资料》、第 4 表：《十五国的性比例》，载陈达《现代中国人口》，廖宝昀译，天津人民出版社 1981 年版，第 123—125 页。

第二，死亡登记，这项登记内容比较多，除有登记死亡年龄、性别等详细个人信息外，还需登记死亡原因。死亡原因在医学知识匮乏的农村地区，民众基本无法准确表达，只知冷、热、痛等直观的词语来描述死亡原因与过程，为死亡原因的登记带来困难，故而，国情普查研究所专门聘请医学博士农志俨参与指导死亡原因调查，并把死亡原因与病状划分为27种：(1) 伤寒或类伤寒，(2) 斑疹伤寒，(3) 赤痢，(4) 天花，(5) 鼠疫，(6) 霍乱，(7) 白喉，(8) 流行性脑脊髓膜炎，(9) 猩红热，(10) 麻疹，(11) 疡毒，(12) 其他发热及发疹病，(13) 狂犬病，(14) 抽风症，(15) 产褥病，(16) 肺痨，(17) 其他痨病，(18) 呼吸器病，(19) 腹泻及肠炎，(20) 其他肠胃病，(21) 心肾病，(22) 衰老及中风，(23) 初生虚弱及早产，(24) 中毒及自杀，(25) 外伤，(26) 其他原因，(27) 病因不明。这是死亡原因调查较为全面的分类，也是准确性最高的登记，当时无论医院和其他机构学者对死亡原因的登记，都不能包括一个区域内的全部人口，而国情普查研究所在呈贡县实现了这一全面的普查登记。呈贡县1940年1月至1946年1月死亡11286人，根据死亡原因统计所得，因霍乱死亡人口最多，男女合计1516人，因抽风死亡人口其次，男女合计1244人，狂犬病与鼠疫导致的死亡人口最少，均为4人。呈贡县6年间死亡率是29.8‰，与出生率32.9‰相比算，所得呈贡县的人口自然增加率为3.1‰，人口增长较为缓慢①。昆阳县从1943年8月至1946年1月死亡4199人，男子死亡2124人，女子死亡2075人。其中伤寒或类伤寒、抽风病死亡人口最多，分别为627人和606人②。还有一个值得注意的现象是呈贡县婴儿具有较高的出生率和死亡率，当时广大农村地区的民众，对节育知识甚为匮乏，导致出生率一直较高，当其能力已经抚养不起更多的孩童，或有选择地要孩子性别时，就会有杀婴、溺婴现象的出现，加之民众对于医疗卫生知识欠缺，呈贡县婴儿的平均死亡率高达211.6‰，单是学会为切割脐带的剪和刀消毒这一项，就挽救了成千上万婴儿的生命！

---

① 第33表：《呈贡生育率死亡率及自然增加率（1940年2月至1946年1月）》，载清华大学国情普查研究所《云南呈贡县昆阳县户籍及人事登记初步报告》（油印本），清华大学国情普查研究所1946年版，第118—119页。

② 第82表：《昆阳四乡镇死亡人数按性别职业及死亡原因分类（1943年8月至1946年1月）》，载清华大学国情普查研究所《云南呈贡县昆阳县户籍及人事登记初步报告》（油印本），清华大学国情普查研究所1946年版，第166页。

此外，死亡登记还可以为人口的生命期望计算提供数据依据基础，陈达曾经想以 10 万人口为总数，依据调查登记成果进行生命期望值的计算，绘制生命表，故而才有了后来推广至昆阳县的人事登记工作，这项包括 10 万以上人口的人事登记工作，实现了我国首次用人事登记方式来搜集人口资料编制生命表，其意义与价值巨大。

第三，婚姻登记，重要的是可以统计初婚年龄。初婚年龄是人口再生产的一项决定性因素，理论上说，初婚年龄越低，妇女的生育期便越久，生育量就越大[①]。20 世纪以前的中国人口资料，几乎没有女子初婚年龄的记载，完全无法进行初婚年龄的量化分析。对于初婚年龄的登记，民国时期的各类人口研究与数据中也不多见，最为准确且数量较多的莫过于在呈贡县和昆阳县的婚姻登记了。昆阳县 1943 年 8 月至 1946 年 1 月婚姻人口 1592 人，结婚 672 对[②]。呈贡县 1940 年 1 月至 1946 年 1 月间结婚 4408 人[③]，1940 年 2 月至 1944 年 6 月男子初婚的平均年龄为 19.5 岁，女子则为 17.6 岁，男子 30 岁以后结婚者亦有，女子很少有过了 25 岁还未出嫁者[④]。早婚现象，是呈贡县生育率高的主要原因。此外，婚姻登记对于人口的结婚率研究，亦可以提供重要数据，我国农村地区的结婚时间，一般会避开农忙时节，在农闲及节庆日前后，是举办婚礼的集中时节。

第四，迁徙人口的登记，需要利用户籍与住址来登记。呈贡县迁徙人口的登记分为迁出人口和迁入人口，发生人口迁出的主要原因有：出征、婚姻、谋生、公务等，人口迁入的主要原因有：婚姻、谋生、空袭等。呈贡县 1940 年 1 月至 1946 年 1 月间迁出 4293 人，因出征迁出 2740 人，因

---

① 葛剑雄：《导论》，载葛剑雄《中国人口史》第 1 卷，复旦大学出版社 2002 年版，第 43 页。
② 第 49 表：《昆阳四乡镇结婚男女依教育程度统计（1943 年 8 月至 1946 年 1 月）》、第 51 表：《昆阳四乡镇结婚夫妇初婚年龄差别比较及百分比（1943 年 8 月至 1946 年 1 月）》，载清华大学国情普查研究所《云南呈贡县昆阳县户籍及人事登记初步报告》（油印本），清华大学国情普查研究所 1946 年版，第 140、142 页。
③ 第 1 表：《呈贡结婚男女依教育程度分类（1940 年 2 月至 1946 年 1 月）》，载清华大学国情普查研究所《云南呈贡县昆阳县户籍及人事登记初步报告》（油印本），清华大学国情普查研究所 1946 年版，第 87 页。
④ 第 46 表：《云南呈贡结婚男女的初婚年龄（1940 年 2 月至 1944 年 6 月）》、第 47 表：《云南呈贡 1299 对结婚夫妇初婚年龄实数及百分比（1940 年 2 月至 1944 年 6 月）》，载陈达《现代中国人口》，廖宝昀译，天津人民出版社 1981 年版，第 177—180 页。

婚姻迁出896人；共迁入1519人，因婚姻迁入826人①。可见除了受战事影响较大外，婚姻一直是传统社会人口变迁的主要因素。呈贡县因出征产生的迁徙人口占迁出总人口的66.91%；20世纪40年代初日机轰炸昆明及周边地区，由此而产生迁入呈贡县境者共179人②，陈达、冰心、吴文藻、费孝通、陶云逵等便属此类。迁徙人口无论迁出还是迁入，职业都是以农业为主，是年龄集中在15—34岁之间的青壮年劳力人口。昆阳县1943年8月至1946年1月共迁出2517人，徙入1005人。出征是1090位迁出人口的主要原因，婚姻是徙入564人、迁出762人的主要原因③，从人口迁徙的数字和类别，可见远离战场的呈贡县、昆阳县受抗战的影响也很强烈，那么对全国人口分布与迁移的影响将何其巨大！

三 呈贡县、昆阳县人事登记的实验意义

人事登记与人口普查是同样重要的人口统计方法，戴世光指出，"人口现象和过程的统计研究可以分为两个主要方面：一方面是人口数目和人口构成统计，它是由人口现象相对静止的角度来进行考察的；另一方面是人口的变动统计，它是从人口现象动态变化来着手考察的。人口静态统计的资料来源是人口普查；人口动态统计的资料来源主要的是人口经常登记"④。此人口经常登记即为人事登记，人口普查与人事登记共同构成了完整的人口统计。

作为以研究中国国情为己任的清华大学国情普查研究所，对于人事登记工作同样十分重视。与对呈贡县的人口普查一致，呈贡县与昆阳县的人事登记也是谨慎地开展起来的。除了由小范围到大范围，由简单到复杂的进程外，注重具体的细节问题也是国情普查研究所在呈贡县、昆阳县人事登记取得成功的重要原因。例如在年龄和职业的分类中，国情普查研究所

---

① 第39表：《呈贡迁徙人数按性别及迁徙原因分类（1940年2月至1946年1月）》，载清华大学国情普查研究所《云南呈贡县昆阳县户籍及人事登记初步报告》（油印本），清华大学国情普查研究所1946年版，第130页。

② 第61表：《云南呈贡的迁徙人数，按性别及迁徙原因分类统计》，载陈达《现代中国人口》，廖宝昀译，天津人民出版社1981年版，第193—194页。

③ 第85表：《昆阳四乡镇迁徙人数按性别及迁徙原因分类（1943年8月至1946年1月）》，载清华大学国情普查研究所《云南呈贡县昆阳县户籍及人事登记初步报告》（油印本），清华大学国情普查研究所1946年版，第169页。

④ 戴世光：《我国1953年的人口普查》，《教学与研究》1957年第4期。

沿用了呈贡县人口普查的方法，用属相年龄对照表，详细规定职业的类别等，依据这些统一的标准，使得对这些资料的分析比较有意义，这也是国情普查研究所在方法中优于其他人事登记的表现之一。

值得一提的是，清华大学国情普查研究所对死亡原因的登记是极富先进性的。呈贡县在国情普查研究所成立之前，全县还没有西医，在国情普查研究所的建议下，才在人事登记的时候，成立卫生所，聘任1—2个西医在此坐诊。这是国情普查研究所在死亡登记基础上，为呈贡县医疗事业做出的贡献。

我们不妨再把呈贡县政府依据《户籍法》进行的人事登记同清华大学国情普查研究所在呈贡县的人事登记作比较，以辨别其优劣。1942年，呈贡县政府和云南省民政厅下令推行户籍及人事登记，1943年正式开始。

呈贡县政府以保为登记单位，每保设一个户籍专员负责登记事项，全县共有82人，有薪酬，这些登记员都经呈贡县政府户籍人员训练班培训后担任，各保之上有乡户籍干事，负有资料转接之责。呈贡县政府设户籍室，是负责全县户籍及人事登记的主要机关，内设主任1人，科员4人，统计与督导工作由科员担任。呈贡县政府的登记项目有出生、死亡和婚姻三项，登记时填写人事登记申请书，经层层上交至县政府户籍室登记入册后，再返还原申请人。通过对1944年呈贡县4个乡的人事登记表的整理，可以发现国情普查研究所与呈贡县政府之间的差异。国情普查研究所在1944年共收得出生、死亡、婚姻登记表1636份，其中出生登记791份、死亡登记559份、婚姻登记286份，县政府则共收得登记表800份，其中出生登记424份、死亡登记265份、婚姻登记111份，二者相差达1倍，尽管在县政府的32个登记员中有19个同是普查研究所的登记员，但呈贡县政府人事登记遗漏的严重性可见一斑[①]。呈贡县政府人事登记选用的登记员是导致遗漏的主要原因，其受教育程度与责任心均不及国情普查研究所的登记员，且呈贡县政府缺乏有效的监督。通过这样的比较我们看到，国情普查研究所在呈贡县、昆阳县人事登记之所以能取得成功，并不仅仅因为登记表的科学性，更是因为有以国情普查研究所为核心的组织管理与参与者的团队，他们认真严谨、踏实求真的工作态度才是人事登记取得成

[①] 清华大学国情普查研究所：《云南呈贡县昆阳县户籍及人事登记初步报告》（油印本），清华大学国情普查研究所1946年版，第53—61页。

功的保证。

　　国情普查研究所在呈贡县、昆阳县的人事登记，还培养了一大批专业人才。苏汝江在1942年油印出版的《昆阳农民经济之调查》和《昆阳的民风》，是这项人事登记工作的扩展。还有陈达《现代中国人口》一著，也依赖了呈贡县、昆阳县人事登记的资料和成果①。昆阳办事处主任周荣德后来留美游学，在其博士学位论文基础上完成的《中国社会的阶层与流动一个社区中士绅身份的研究》②一著，就是周荣德利用其在昆阳办事处担任主任期间收集的全县47位士绅的家庭生活史资料而完成的③。

　　国情普查研究所在呈贡县、昆阳县进行的人事登记工作，是民国时期较为科学的人事登记，也是中国第一次在人口普查基础上进行的人事登记。无论从资料、内容、持续时间等诸方面，皆具有显著的历史价值。此次人事登记保存了大量珍贵的动态人口资料，这样的登记在全国其他地方是不曾有的，在此基础上进行云南地方人口与人事等研究，能有一个精细准确的数字作为标准，而且这些数据在很大程度上具有代表性，可以作为进行国内整体或其他地方人口状况研究的参照，其大大扩展了人口学研究的内容，影响深远。

　　此外，在方法上，清华大学国情普查研究所建立了人事登记制度的模式。之后环湖户籍示范区域的户籍与人事登记工作，就完全是基于此次人口普查与人事登记的实验，直到1943年国民政府正式推行户籍及人事登记，其登记方法与内容，尤其在人事登记方面，亦是再次借鉴此次人事登记的经验。

---

　　① 陈达《现代中国人口》（廖宝昀译，天津人民出版社1981年版）是作者于1944年参加美国普林斯顿大学（University of Prineton）建校200周年学术讨论会而提交的该文，因此内附统计表的资料年限便止于1944年6月。

　　② 周荣德：《中国社会的阶层与流动——一个社区中士绅身份的研究》，学林出版社2000年版。

　　③ 周荣德：《我的经历》，载中国人民政治协商会议浙江省武义县委员会文史资料研究委员会编《武义文史资料》第2辑，浙江武义印刷厂1989年版，第11—14页。

第八章

国情普查研究所在环滇池区域的户籍示范工作

户籍是指按户确定各人的籍贯，分本籍和寄籍两种。中国历代政府为掌握户口数量而施行的登记、管理人户的册籍，亦称籍账，是一种簿籍登记制度；也是中国封建社会对全国人口进行管理，并据以征调赋税、劳役和征集兵员，以及区分人户职业和等级的重要制度。传统帝制时代的户籍登记制度，都是中央政府为征收赋税、摊派徭役而举行的，故而针对的是部分人口，这导致了我国历史上尽管一直存在有户籍及人口数字的资料，但都是片面的，不包括所有人口，更不能为准确的人口、人事变动情况提供可靠精确的数字。

第一节 民国政府与学术机构共同推动的户籍示范工作

民国时期，政府推行"保甲制度"，其中重要的一项是清查户口，但涉及钱粮征收和征兵等利益冲突，错漏甚多①。因此直到抗日战争前，中国尚无科学严谨的户籍管理制度。户籍登记与管理制度，在抗战最艰苦的时期，由西南联大清华大学国情普查研究所与云南省政府共同在云南昆明环滇池地区进行了成功的示范，为战后全国推广实施创造了条件。

1941年之前，清华大学国情普查研究所已经在昆明滇池东岸呈贡县、南岸的昆阳县完成了人口普查和人事登记工作，当1941年2月20—27日，国民政府主计处在重庆召开第一次全国主计会议，参会者为主计处下

---

① 陈达：《浪迹十年》，商务印书馆1946年版，第390—391页。

属岁计局、会计局、统计局职员,还有各省主办会计统计人员及部分专员共150人,陈达与交通部统计长王仲武、统计局长吴大钧同为统计组的召集人①。其间陈长蘅、卫挺生提出"民国三十年起各县试办人口普查,自三十二年起,各省试办人口普查,自民国三十六年起,全国试办第一次人口普查,以后每隔十年举办一次"②。陈达依据国情普查研究所在呈贡的工作基础,提出"在抗战期间,以四川、贵州及云南为人口普查试验区,其办法如下:(甲)请立法院、内政部、统计局,会同商筹施行办法;(乙)请与学术机关合作,妥拟技术方案;(丙)请国民政府指定经费"③。在陈达的极力推动下,行政院县政计划委员会户口组于3月4日开始修正《户籍法施行细则》。内政部在8月1日起,于重庆召开各省市户籍干部人员训练班,陈达为专任教官及实习指导,培训了16个省共41人④。在此期间,内政部长周钟岳对国情普查研究所的工作极有兴致,陈达提议由内政部、云南省政府、国情普查研究所合作在云南举办户籍示范工作,得到了周钟岳部长的赞同,同时向云南省主席龙云和行政院院长蒋介石函请,得到了他们的支持与批准⑤。

一 环滇池市县政府对户籍示范工作的支持

抗战时期西南联大清华大学国情普查研究所得到内政部支持环滇池区域的户籍示范后,陈达开始积极同云南地方人士接洽,以为户籍示范获得云南当地的支持和便利。1942年1月14日,内政部张维翰次长,云南省民政厅李培天厅长、王子祜科长,西南联大梅贻琦校长及陈达、李景汉、戴世光在昆明举行环湖市县户籍实施委员会预备会,决议以昆明市、昆明县、晋宁县和昆阳县为户籍示范区。1月19日,环湖市县户籍示范实施委员会正式成立⑥。其中李培天任云南环湖市县户籍示范实施委员会主任委员,梅贻琦和内政部户政司帮办陈葆仁任副主任委员,云南省政府审计

---

① 陈达:《浪迹十年》,商务印书馆1946年版,第379—380页。
② 陈达:《浪迹十年》,商务印书馆1946年版,第380—381页。
③ 陈达:《浪迹十年》,商务印书馆1946年版,第381页。
④ 陈达:《浪迹十年》,商务印书馆1946年版,第384、390—391页。
⑤ 陈达:《浪迹十年》,商务印书馆1946年版,第409—410页;云南环湖市县户籍示范实施委员会:《云南省户籍示范工作报告》,清华大学国情普查研究所1944年版,第1—2页。
⑥ 云南环湖市县户籍示范实施委员会:《云南省户籍示范工作报告》,清华大学国情普查研究所1944年版,第2页。

处处长华秀升、云南省会警务处处长李鸿谟、云南省民政厅第三科科长王子祐、昆明市市长裴存藩、昆明县县长高直青、昆阳县县长朱光明、晋宁县县长张伟、昆明市社会局局长孟立人，以及国情普查研究所的陈达、李景汉、戴世光和苏汝江等均任委员。20日，召开第一次会议，确定了包括监察员、调查员、登记员及管理员等有关户籍工作人员训练日期，户口普查及设籍开始日期，通过《云南环湖市县户籍示范实施委员会预算》，通过调查队的组织，决定本会任期为一年，并向内政部及云南省政府报告本会成立[①]。

从云南环湖市县户籍示范实施委员会的人员构成，大致可以知晓此次户籍示范，是西南联大、内政部以及云南省政府共同合作的，其中云南省民政厅厅长李培天任主任，表示实际的行政职责在云南省民政厅，警务处、审计处处长的参与，是为了保证调查登记的合法性，以及为后期的统计提供便利。各县县长则是本市县内的最高行政长官，能够调动所需的一切资源，这是实际调查登记过程顺利进行的重要保证。

此外，委员会的经费共有40万，除内政部补助的20万外，由云南省政府及西南联大各出资10万。此经费在物价高涨的抗战时期，并不算多，但如何节约经费仍是清华大学国情普查研究所长期探索的重要内容。

二 环滇池的地理人口特点便于开展户籍示范工作

民国时期环滇池区域的市县共有5个，昆明市、昆明县、昆阳县、晋宁县和呈贡县，呈贡县因为先前已经由国情普查研究所进行过人口普查与人事登记，故并未划入户籍示范区。其余昆明市是云南省的省会，位于滇池北岸，其境内地势东北高而西北低，东北以丘陵为主，西南则为平原，其比例大约是3∶7。昆明县位于滇池之北，是云南的一等县，其左有金马山，右有碧鸡山，境内有盘龙江、金汁河、宝象河、马料河、海源河等滇池主要的补给水源。昆阳县是三等县，位于滇池西南岸，除县城周围是平地外，西南部、西部和北部均以山峦为主，晋宁是云南的三等县，位于滇池之东南岸，境内南部山岭较多，北部则以平原为主，地势平坦，农耕兴盛。

[①] 云南环湖市县户籍示范实施委员会：《云南省户籍示范工作报告》，清华大学国情普查研究所1944年版，第2页。

就从地理环境来看，环滇池区域大致包括了市镇区、平原区、丘陵区、山区等多种地理形态，不同的地理环境下，人口的分布状况也有较大差别，如市镇区人口密度500人每平方千米；平原区地势平坦，交通便利，还有水路相通，人口密度则为240—500人每平方千米；丘陵区村落稀少，交通不便，人口密度为140—240人；山区的人口散居，地势崎岖，交通十分不便，甚至有些地区骑马都无法通过，人口密度大约每平方千米140人以下①。

民国时期昆明市区范围较小，大致东至东庄界，大波村、大树、三营等处，南至土桥村、螺蛳湾界，豆腐营、何家营等处，西至三分寺界黄土坡，北至莲花池界北较场，西南至潘家湾、瓦仓庄、大观楼，东南至滇越铁路总车站地藏寺，面积大约为16.83平方千米。昆明市是当时该区域内人口密度最大的地区，户籍示范区的人口密度是每平方千米176.1人，而昆明一市的人口密度就高达每平方千米10340.1人，故而在普查的过程中，结合城市与乡村人口分布的不同，采用不同于其他县的普查方法②。

就人口的性质来看，市镇区以昆明市为主，主要是商业或其他经营者，人口流动性较大，且在抗战初期，有大量人口迁入昆明市，其后为避免空袭，出现人口从昆明市向周边县区疏散的状况，无论是市镇内部商业经营者，还是与邻县间的迁徙运动，都表现出市镇内人口的流动性较大。昆明县、昆阳县和晋宁县境内主要是农村区，人口的职业以农耕为主，人口富于稳定性，同时在昆明县和昆阳县的山区，还有部分少数民族居住，其人口数量大致占该县人口总数的15%③。

由上可见，环滇池区域的自然环境与人口分布具有多样性，这样的情形，带来的困难是人口普查、户籍及人事登记的设计较为复杂，需要考虑到多种状况，但这样的优点也是显而易见的，多样化的人口情形，正好为人口普查、户籍及人事登记的相关研究实验提供了丰富的方法与多种参考数据。

---

① 云南环湖市县户籍示范实施委员会：《云南省户籍示范工作报告》，清华大学国情普查研究所1944年版，第7—8页。
② 第53表：《户籍示范区的人口密度（单位：方公里）》，载云南环湖市县户籍示范实施委员会：《云南省户籍示范工作报告》，清华大学国情普查研究所1944年版，第73页。
③ 云南环湖市县户籍示范实施委员会：《云南省户籍示范工作报告》，清华大学国情普查研究所1944年版，第7页。

第二节 环滇池市县举办户籍示范的过程

抗战时期西南联大清华大学国情普查研究所在环滇池区域的户籍示范工作主要包括三个方面：户口普查、户籍登记与人事登记。其中户口普查与呈贡县人口普查是基本相同的，唯一的不同是加入编户等内容，是此次户籍示范工作的第一步工作，户籍与人事登记是在户口普查基础上的持续工作。

一　国情普查研究所户籍管理的准备

环滇池市县户籍示范区面积较为广大，户籍示范委员会为普查和登记方便，将示范区划分为三个调查区，每区为一个调查队：第一调查区为昆明市，第二调查区为昆明县，第三调查区为昆阳县及晋宁县，这三个调查区区主任由市长和县长兼任，因昆明至晋宁县的交通不便，户籍示范委员会在晋宁县增聘副区主任一人，常驻晋宁县，其余则驻昆明。在实际的工作中，区主任主要掌管行政事务，可以利用行政手段有效调动参与调查的人员，为普查与登记工作的顺利进行提供了极大的便利。调查队队长由户籍示范委员会的委员担任，是为调查区的副区主任，在实际工作中，调查队长负责指导调查，是调查工作的统筹规划与管理者①。

依照呈贡县人口普查的经验，清华大学国情普查研究所依据环滇池区域的自然环境、交通状况、行政与历史区划以及人口情形划分了调查分区与监察区。调查分区在乡村中一般以自然村为单位，在市镇中一般以保为单位，以自然村和保为单位的人口一般具有固定性，有利于工作的开展，全户籍示范区共划分调查分区 1249 个。环滇池市县户籍示范区的调查员与登记员同属 1 人，依据呈贡县人口普查的经验，国情普查研究所选用小学教师担任，全示范区共有 578 名小学教师担任调查员。对于调查登记过程中的接洽、领导、管理责任的管理员由保长担任②。

调查分区的直接管理机构是监察区，监察区的划分，除了关注自治区

---

① 云南环湖市县户籍示范实施委员会：《云南省户籍示范工作报告》，清华大学国情普查研究所 1944 年版，第 12 页。
② 云南环湖市县户籍示范实施委员会：《云南省户籍示范工作报告》，清华大学国情普查研究所 1944 年版，第 12 页。

划、历史与地理环境、人口情形等因素外，还需要考虑该监察区内户数及人数、调查分区数和调查员数，以求各监察区大小差别不致太大，保证监察员能在有效的时间内执行其职责。全户籍示范区共设有监察区40个，其中市区有15个，平原区有12个，丘陵区有6个，山区有7个。监察员有38人，其中有16人是国情普查研究所在参与呈贡县人口普查、人事登记的调查员中选出的优秀教师，其余是在各区内选拔出来的，主要工作是指导调查员和管理员，解释纠正调查及登记工作，故需要一定的工作经验，在整个调查与登记过程中，是使调查与登记工作顺利进行、能够取得有效成绩的重要保证①。

在这些工作开展之前，清华大学国情普查研究所照例对参与工作的调查员、监察员进行了培训。调查员的培训共有7天，第1天以《户籍及人事登记须知》为教材讲授户籍人事登记的意义和方法，第2天进行登记填表的实习，第3天以《调查员须知》为教材讲授户口普查的方法和意义，第4—6天均是调查和填表的实习，由教师举出实例进行表格试填，以及在上课地点附近的实际挨户调查，两种实习方法将调查员对填表的技术练到充分娴熟为止。第7天则讲授地方自治、户籍法等内容，并进行测验，宣布调查登记办法后发给调查员应有的证件和用品。监察员的训练共4天，主要是让其熟悉《调查员须知》《户籍及人事登记须知》《监察员须知》，其中，《监察员须知》是重点讲授的内容，上述三个须知内容基本包含了此次调查除统计外的全部内容，可见对监察员的要求更高，能熟悉此次普查登记的全部准备、过程、目的，并能掌握各类方法，应用于监察指导实践。这项工作在1942年2月初分别进行，昆阳县、晋宁县和昆明县在2月10日前均已完成培训，但昆明市却因为第一次训练时参与受训的壮丁、店伙等识字有限，难以胜任，至2月21日重新由教育局和社会局保送小学教员150人之后，培训的成绩才达到实地调查的标准②。

在调查过程中，如果调查员遇到技术问题，即依据监察员、巡查员、调查队长或总干事，层层向上寻求帮助解决；遇到管理或行政问题，则由管理员负责解决，若不能解决，则需呈报至户籍示范区内的主管市县政府

---

① 云南环湖市县户籍示范实施委员会：《云南省户籍示范工作报告》，清华大学国情普查研究所1944年版，第12页。

② 云南环湖市县户籍示范实施委员会：《云南省户籍示范工作报告》，清华大学国情普查研究所1944年版，第9—12页。

来解决。这样的管理体系与组织系统，严密严谨，从调查区到调查员，层层负责，且各司其职，有效地保证了调查与登记工作的顺利开展，同时对不可预见的问题，也能够利用这样的责任制度，快速准确地解决。

此外，环滇池市县户籍示范的普查标准时间是1942年3月1日，农历的正月十五日。在户口普查与人事登记的表格与调查登记的项目方面，均与呈贡县所用的表格相同。

二 环滇池市县户籍示范工作

在户口普查工作开始前，环湖户籍示范委员会对普查的目的和内容进行了广泛的宣传，这是为了让被访者能排除要征兵、征税等方面的疑虑，如实答复访问的内容，这项工作对普查结果的准确性具有重要影响。宣传形式有口头宣传与文字宣传两种，口头宣传是利用调查员、监察员等，在民众集会，如戏场、茶馆等，向人民演讲户籍普查工作的主要内容和重要意义；文字宣传是利用政府的告示与命令，或印行通行本小册子，或张贴户籍工作宣传画等，是用文字向民众解释户籍工作的重要性和意义[1]。

环滇池市县户籍示范是以户籍为核心工作，示范工作中的户口普查与人事登记均是为户籍登记服务的。故与呈贡县的人口普查不同，环湖市县户籍示范区的调查员在开始户口普查前，先要对本调查区进行编户。编户的方式一般需要在管理员的带领下，沿着村落或者街道，从东北出发向南，至村庄西部为止，以一个住所为单位，依照门牌号数或沿街道等固定顺序，严防遗漏，将每个住所之内的户长填写在编户册中，其余不填。该项工作于1942年3月1—3日进行。这项工作是户口普查前的摸底行为，可以依此划定距离最短的调查路线，拟定调查时间，并能对所调查区域内人口分布和数量有一个初步的了解[2]。

调查员在正式进行户口普查时，需要携带《调查员须知》，调查员记事册，填表实例，调查表格若干张，户籍申请书若干份，毛笔、墨盒、纸夹各1个，并携带调查员证。第一次调查需要等到监察员巡视时才能开始，调查时依据编户册，以普查日1942年3月1日（农历的正

---

[1] 云南环湖市县户籍示范实施委员会：《云南省户籍示范工作报告》，清华大学国情普查研究所1944年版，第13页。
[2] 云南环湖市县户籍示范实施委员会：《云南省户籍示范工作报告》，清华大学国情普查研究所1944年版，第13—14页。

月十五日)为标准,挨户调查。户口普查的项目有姓名、与户长关系、通常住所、籍贯、性别、年龄、婚姻、受教育程度、信仰、职业、残废,共 11 项,较之呈贡县的人口普查项目增加信仰 1 项。一般由被调查者个人回答自己的问题,如有不在现场的,或由户长或家中年长者代答,若都不在,则约定时间进行再次调查。考虑到农民的农忙时间,结合调查员的工作时间,户口普查一般选择在傍晚和晚间。调查时间每天 7 小时,星期日不休息①。为了方便监察员在巡查时能快捷地寻找到调查员,调查员在入户调查前,需在门口插上一面三角形红旗,尤其在人口密集地区,可极大地方便监察员与调查员之间的联系。调查员每调查完 1 户,要进行复查,每天的工作完成后还需要进行审阅,无误后收妥等待监察员巡查时上交并请监察员签收。监察员在调查员进行调查时对调查员进行监督,收回调查表时对表格进行校误,发现错误则填写《覆查说明单》请调查员重新调查。为了纠正错误,国情普查研究所还对 20% 的调查表进行抽查,抽查的结果,昆明市重复与遗漏的是 3.3%、项目的错误是 3.8%,全示范区最高,昆阳县重复与遗漏 0.9%、晋宁县项目的错误 0.8%,均为全示范区最低。全示范区重复与遗漏是 2.0%,项目的错误是 2.9%②。在调查表中出现内容的错误主要来源于两个方面:一是调查员在调查过程中的笔误或主观理解错误,或者是调查员的工作不认真,无意造成的错误;二是被调查者对所调查内容的理解不足,表达不清楚,或者有意隐瞒甚至夸大事实。

昆明市是市镇,调查与登记方式不同于其他各县,分为两个阶段:第一阶段是对市内普通住户的调查,调查方法与其他各县一致,该部分在 1942 年 3 月 15 日完成之后,开始第二阶段——对公共机关内住户的调查。第二阶段的调查员不同于普通住户的调查员,是从之前调查工作中的 67 名优秀调查员中挑选出来的。对于西南联大和云南大学校区,因为又较为特殊,是由联大社会学系的 21 名学生来担任调查员的③。

---

① 云南环湖市县户籍示范实施委员会:《云南省户籍示范工作报告》,清华大学国情普查研究所 1944 年版,第 14 页。

② 云南环湖市县户籍示范实施委员会:《云南省户籍示范工作报告》,清华大学国情普查研究所 1944 年版,第 16 页。

③ 云南环湖市县户籍示范实施委员会:《云南省户籍示范工作报告》,清华大学国情普查研究所 1944 年版,第 15 页。

第八章 国情普查研究所在环滇池区域的户籍示范工作

户籍登记的目的在于建立合理科学的户籍制度，方便对人户进行管理，其登记项目有4项：设籍、转籍、迁徙、除籍。在此次户籍示范的实际工作时，与户口普查最为密切的主要是设籍一项。一般户籍登记的步骤，先由需要有户籍变动者找本区管理员保甲长，在其带领下找本区登记员小学教员，请小学教员代为填写户籍登记申请书，保甲长将此申请书交给本乡镇公所进行登记，乡镇公所的户籍主任按照申请内容登入户籍登记簿，申请书分为正联和存根两份，登记完成后，正联存于乡镇公所，保甲长带回存根保留。环滇池户籍示范的户口普查与户籍登记皆由调查员负责，因此户口普查与户籍登记几乎同时进行，调查员在户口普查完成后即按照调查表的内容，按户抄录户籍登记申请书与登记簿，每户填写1张，这样就省去了各户户长再次申请设籍的步骤，在方便设籍过程的同时，保证了人口普查与户籍登记数据保持统一性[①]。

户籍登记以户为单位，对家长和家属的姓名、性别、年龄、出生年月日、受教育程度、从业或服务处所、担任职务、本籍寄籍、登记事项均需详细填写，在登记事项一栏填明是设籍、转籍、迁徙、除籍诸内容。登记表分为正联和存根两部分，正联的表头表明登记的时间和地点以及编号，在表尾记清楚登记人的具体住址和申请时间，并请户长签字或画押。存根的项目比较简单，除记录登记人的住址、登记时间和登记事项外，仅有家长姓名、职业、家属人口和总计数量项目[②]。

1942年4月30日，昆明市的申请书、设籍、抽查等户籍登记工作全部完成。昆明县户口普查工作于4月15日完成，申请书与设籍工作在4月23日完成，户籍登记簿于5月5日完成。昆阳县户口普查在4月5日结束，申请书在5月5日完成，登记簿在5月25日完成。晋宁县人口普查于3月15日完成，申请书和登记簿在4月28日便完成，晋宁县基本属于纯粹的农村社会，人口性质简单，且参加培训的调查员有72人，实际聘任56人，参与调查人员均是小学教员中的优秀者，这些都保证了晋宁

[①] 云南环湖市县户籍示范实施委员会：《云南省户籍示范工作报告》，清华大学国情普查研究所1944年版，第15页。

[②] 云南环湖市县户籍示范实施委员会：《云南省户籍示范工作报告》，清华大学国情普查研究所1944年版，第13、15页。

县的人口调查较为可靠①。

1942年4月25日，环湖市县户籍示范实施委员会在云南省民政厅召开会议，决议于5月1日起开始试办人事登记工作。此次户籍示范的人事登记工作，参照呈贡县人事登记的经验，依据《修正户籍法施行细则》②第20条的规定，先登记4个项目，即出生、死亡、结婚、离婚。登记员是小学教员，在人口普查开始前已经进行过培训，登记方法与呈贡县的人事登记基本一致。但各县市开始的时间先后不同，并且因为缺乏行之有效的组织机构，工作效率较为低下。

环滇池户籍示范区是为了户籍行政，所以建立一个长期进行户籍与人事登记的机构和专业的服务人员是此次户籍行政的核心。为此，昆明市、昆明县、昆阳县和晋宁县均开始设立机构、聘任人员。到1942年11月，机构的设置与人员的聘任才基本完善。昆明市在社会局内设课长1人、户籍室主任2人、课员和书记各3人，分别给予200元、60元不等的月薪；每个乡镇设有户籍干事1人，每保设办事员1人、户籍室工友2人，月薪分别为110元、50元③。

昆明县、昆阳县和晋宁县政府亦分别设立户籍室，聘主任1人，内勤科员各1—3人不等，各乡镇设户籍干事1人，户籍干事由小学校长和教员充任，有县政府支付薪津，各县机构和人员设置基本相同，薪酬则不同，如晋宁县对乡镇户籍干事除每人每月薪金100元外，还由乡镇公所并补贴米24斤④。1943年起，环滇池户籍示范区内的户籍登记才在较为完备的组织机构支撑下正式推行。

户籍示范区的人事登记采取户口普查、户籍登记同一机构先后进行的模式，内容有出生、结婚、离婚和死亡四项。该项工作是针对动态人口，与户籍登记工作具有相关性，所以一直持续进行。环滇池市县户籍示范区

---

① 云南环湖市县户籍示范实施委员会：《云南省户籍示范工作报告》，清华大学国情普查研究所1944年版，第14、16页。

② 1941年2月21日，行政院县政计划委员会户口组开会时，陈达提议修改《户籍法》中的人事登记部分，建议在没有登记基础的地区，暂且选择其基本而且容易施行的内容进行登记，当日获行政院县政计划委员会通过，1941年12月1日内政部公布。

③ 云南环湖市县户籍示范实施委员会：《云南省户籍示范工作报告》，清华大学国情普查研究所1944年版，第18页。

④ 云南环湖市县户籍示范实施委员会：《云南省户籍示范工作报告》，清华大学国情普查研究所1944年版，第18页。

的人事登记沿用了户籍登记的登记员作为人事登记的登记员,以户籍登记的机构作为管理机构,在登记方法方面,以《户籍法》为根本准则,与户籍登记基本相同,并借鉴呈贡县的方法。

人事登记表的内容和格式与户籍登记基本相同,同样有正联和存根两种,其中人事登记存根的项目与户籍登记略有区别,计有当事人和家长的姓名、性别、年龄诸项,其余均无二致。

三 户籍示范的统计

当户口普查工作全部完成,户籍及人事登记工作逐步开展之后,清华大学国情普查研究所开始组织人员对环滇池区域的人口普查结果进行整理和统计。依据呈贡县统计方法比较实验的结论,国情普查研究所使用条纸法对调查表进行统计,但不同于呈贡县人口普查统计的是,环滇池户籍示范在个人统计的基础上增加了家庭统计。

在开始条纸法的统计前,先对调查表进行统一的"末次审核",即根据与"户长的关系"一栏来更正性别、婚姻等栏填写的错误,根据属相纠正年龄的错误,同时取消调查表中非本籍的他住人口。在审核的同时加编号,编号共有8位,分别指代县市、乡镇、调查区、调查表的号码,并进行初步的统计。1942年7月15日曾油印出版《户籍示范工作述略》,"其意义是使人口的基本数字可以立即被人应用,同时俾主持调查者可以接收各界的批评,如有人发现严重的错误,可以报告主持调查者将某区重新调查,或实行其他的修正以求工作的确实"[①]。其后,依据个人统计和家庭统计分别指定符码,并依此归类,抄写条纸。

第一,个人统计。个人条纸分为黄色和灰色两种,每张条纸的上部切去一角,黄色切去左上角,代表男子,灰色切去右上角,代表女子。条纸的抄录从7月29日开始,到9月10日完成,共使用统计员41人,抄得条纸507216张,平均每人抄录12371张,每天平均抄录281张。根据对10%的条纸抽查所得错误率为0.23%,其中年龄和职业的错误率最高,为0.61%、0.42%,性别的错误率最低,为0.03%[②]。

---

① 云南环湖市县户籍示范实施委员会:《云南省户籍示范工作报告》,清华大学国情普查研究所1944年版,第31页。

② 云南环湖市县户籍示范实施委员会:《云南省户籍示范工作报告》,清华大学国情普查研究所1944年版,第33页。

条纸抄录完成后，9月11日即开始分类计数，分类是以某一项目对条纸进行重新分类，如年龄与性别，先将条纸按照性别分类，再把各年龄段的条纸分别归入该类内。即可得某年龄段男女人口数字。11月6日分类计数完成。随后是进行统计表的制表，依据原先拟定的表格，把计数单上的统计数字归纳合并起来，最后制成正式的统计表。12月29日制表工作结束，共编制个人统计表19类，218种①。

第二，家庭统计。家庭统计是以家庭为单位，所谓家庭是指"凡一人或一人以上因血统，婚姻或继承的关系，在一处共同生活者谓之家庭"②。家庭统计从1942年12月30日开始，先在调查表中确定家庭，然后是给符码，抄录条纸。家庭条纸也有黄色与灰色，黄色代表家长为男性，灰色代表家长为女性。条纸抄录于1943年1月6—19日全部完成，共抄得99655个家庭，41位统计员平均每人完成2431张条纸，每天完成174张。根据对10%的条纸抽查所得家庭条纸给符码和抄录错误率的平均为0.94%，其中家庭职业人口数和家庭儿童数的错误最高，分别为2.18%和1.48%，与个人统计相似，职业依然是错误率较高的，可知有关职业调查统计的困难是显而易见的③。

家庭条纸的抄录完成后，同个人统计一样，需要进行分类计数和最后制成统计表。其中分类计数有41位统计员，于1月30日结束，最后制表则由6位统计员承担，到6月30日完成全部工作。家庭统计表总计所得有11类，129种④。

与呈贡县人口普查研究所用的条纸法统计相比，环滇池市县户籍示范区的户口普查因为经费的限制，在条纸的质量方面较为粗糙，在一定程度上影响了工作的效率，但综合起来的错误程度低于2%，已经明白地表现了条纸法在人口资料统计方法中的优势⑤。

---

① 云南环湖市县户籍示范实施委员会：《云南省户籍示范工作报告》，清华大学国情普查研究所1944年版，第30—35页。
② 云南环湖市县户籍示范实施委员会：《云南省户籍示范工作报告》，清华大学国情普查研究所1944年版，第35页。
③ 云南环湖市县户籍示范实施委员会：《云南省户籍示范工作报告》，清华大学国情普查研究所1944年版，第35—37页。
④ 云南环湖市县户籍示范实施委员会：《云南省户籍示范工作报告》，清华大学国情普查研究所1944年版，第37页。
⑤ 云南环湖市县户籍示范实施委员会：《云南省户籍示范工作报告》，清华大学国情普查研究所1944年版，第37—38页。

第三节　环滇池市县户籍示范的贡献

1944年2月，西南联大清华大学国情普查研究所以云南环湖市县户籍示范实施委员会的名义，整理出版的《云南省户籍示范工作报告》，对此次户籍示范进行了全面的梳理和总结。

《云南省户籍示范工作报告》的纸质是本省自造的报纸，纸料厚重粗糙，尽管全文是铅印本，但纸质凹凸不平，文字的清晰度大打折扣。全著近400页，35万字，正文附各种统计表58种，封面由周钟岳题耑，文前有云南省主席龙云、内政部张维翰次长、云南省民政厅李培天厅长、云南省经济委员会主任缪嘉铭、西南联大常务校长梅贻琦专门为该工作报告撰写的序言。其中龙云在序言中把民国时期云南省举办的户籍示范工作进行了梳理，"今工作告竣，编为总报告，即将付印，以公诸世，岂惟各级行政人员可供借镜，即研究各种社会科学之学者，亦有所取资"[1]，赞扬了此项工作的实际与学术贡献。张维翰指出，此次户籍示范"资料之搜集，问题之研究，尤足为推进户籍行政之借镜"[2]，强调国情普查研究所为户籍行政做出的贡献。李培天从"技术之改进""经费之节省""户政之划一"方面肯定此次户籍示范工作意义的基础上，极力表扬云南省经济委员会为此次实验经费的赞助[3]。缪嘉铭从云南自然与人文社会环境出发，对国情普查研究所的工作进行了细致罗列，指出"云南之人口与物情至复杂也；研究报告所能昭示者不过十之一二耳；研究所诸君子亦必曰，此特管窥蠡测而已。至今盘托出，则尚有待于习于此土者之继续努力"，强调国情普查研究所的学术研究"一跃而为示范之中心"的背景下，指出云南学术人才的缺乏[4]。梅贻琦则对国情普查研究所建立的缘起，国情普查研究的学术与现实贡献均进行了细致讲述，并指出"我们今后的希望

---

[1] 龙云:《龙序》，载云南环湖户籍示范实施委员会《云南省户籍示范工作报告》，清华大学国情普查研究所1944年版，第1页。
[2] 张维翰:《张序》，载云南环湖户籍示范实施委员会《云南省户籍示范工作报告》，清华大学国情普查研究所1944年版，第2页。
[3] 李培天:《李序》，载云南环湖户籍示范实施委员会《云南省户籍示范工作报告》，清华大学国情普查研究所1944年版，第3页。
[4] 缪嘉铭:《缪序》，载云南环湖户籍示范实施委员会《云南省户籍示范工作报告》，清华大学国情普查研究所1944年版，第4—5页。

是，就研究所本身说，我们一方面对于研究的题材还要推广，例如工商业的普查，又如人口品质资料的搜罗分析，一方面对于研究的方法还要力求精进。就研究所以外说，一旦抗战结束，建国的事业正式发轫，国家鉴于这种研究的尚非徒劳无功，加以采纳，实行通国普查，下之使讲求社会科学的人，有具体的事实可资依据，不再徒托空言，或仅仅攻错他山，以运用西洋的资料与成说为已足，而上之可使谋国的人，在决定政策，拟具计划，推行政令的时候，也有精详的册籍，可资凭证"①。梅贻琦的这段话，可谓把清华大学国情普查研究所工作的基础性、学术性、现实性等方面进行了较为全面的总结，代表了学术界对清华大学国情普查研究所及其国情普查研究工作的认可。

书中还附有云南环湖市县户籍示范区图和主要村名人口数与号数对照表。正文共九章，除了对户籍示范的缘起、经过以及调查的组织、工作人员、统计方法、经费等内容的详细叙述外，还把户籍示范区的户籍资料与中国、国际上的人口研究进行了比较，在此基础上提出了诸多关于户口普查、户籍及人事登记的建议。该工作报告另一大成果是附录，附录的前半部分除有关云南环湖市县户籍示范实施委员会的组织大纲、委员名单、预算及户籍调查队职员、统计人员名单等内容外，还有《调查员须知》《监察员须知》《户籍及人事登记须知》，以及《户籍法及施行细则》，这些是解读户籍示范工作的重要原始材料。后半部分则是清华大学国情普查研究所的调查统计成果，内容是昆明市、昆明县、昆阳县和晋宁县的本籍人口、通常居住人口的个人统计，每县均有统计表 25 种，共计 100 种，对各县内的诸多村庄男女人口数量、壮丁人数、6—12 岁儿童的就学人数、残疾人口、男女年龄分配、男女各年龄组受教育程度、男女信仰与年龄、男女信仰与受教育程度、男女各年龄组婚姻状况、男女行业与职务、男女各年龄组无业人口、男女行业与年龄、女子行业与婚姻等均有细致精密的统计。

一　对户籍行政的贡献

户籍登记，需要有人口普查作为基础，而后才能准确地编户设籍，才

---

① 梅贻琦：《梅序》，载云南环湖户籍示范实施委员会《云南省户籍示范工作报告》，清华大学国情普查研究所 1944 年版，第 6—7 页。

能对户籍进行有效管理。而人事登记是针对动态人口的登记活动，正好可以补充人口普查与户籍登记的不足，是研究长时段内人口连续变化的重要手段。清华大学国情普查研究所内优秀的人口与社会学专家已经认识到这几项工作的重要性，于是，在国民政府的支持下于环滇池区域建立了户籍示范区，并在人口普查的基础上开始户籍与人事登记工作。这是民国时期持续有效地进行户籍及人事登记时间最长的工作，是对我国户籍管理和改革的尝试，为我国近代以来户籍及人事登记制度的发展成熟做出了重要贡献。国情普查研究所在环湖市县户籍示范区户口普查基础上的户籍及人事登记具有科学性：

第一，原始数据的可靠性。户籍示范区的户籍与人事登记工作，完全是以人口普查为基础，人口普查是对示范区内人口数量最精确的调查统计，依此来进行编户设籍，遗漏与错误就能够降到最低。把可靠的人口普查数字作为户籍与人事登记的基础，使户籍与人事登记在起步阶段就高于其他形式的登记工作，保证了后续登记工作的顺利与准确进行。

第二，普查设籍工作的同时性。人口的数量和质量是不断发生变动的，若将人口普查与户籍登记分开，或者用不同的组织和系统分别进行调查登记，就不能把握人口的实时变动状况，在编户设籍时就会增加遗漏与错误的概率。户籍示范区的户籍与人事登记，完全依靠人口普查的调查员进行登记，并且是在人口普查结束后即刻给予设籍登记，续办人事登记，有效保证了人口变动情况能实时纳入户籍管理和人事登记的工作中。

第三，人事登记的持续性。针对动态人口的人事登记制度的建立和续办，是以设籍之户为登记单位，在具有人口普查静态人口翔实的数据之上进行动态人事状况的登记。个人和家庭人事的变动具有特殊性、不可预见性，但从长时段、人口整体来考察的话，就会呈现出一定的规律性，这种规律的判定，针对的人口越集中，尤其持续研究的时间越长，就越准确。国情普查研究所在环滇池户籍示范区的这项人事登记，对象是四县一市的全部人口，从1942年户籍登记起一直持续到研究所的解散，为该区域内人事变动的研究做了精确的记录统计，并为国内举办该项工作做了时间段的论证考验。

户籍示范区的人口普查，是国情普查研究所对呈贡县人口普查方法第一次大范围的检验，在此基础上，进行了更为深入的现代户籍管理制度的探索实验，并建立了户籍与人事登记的制度。这一调查统计过程，加之形成的人口普查、户籍设籍、人事登记三项内容与施行顺序,成功建立了科学的户籍管理体系,并得到当时学术界、政府和社会的认可,成为我国户籍制度发展史上重要的里程碑。

二 对户籍法规制定的贡献

1934年3月31日,中华民国政府修正公布了《户籍法》,这是中国历史上第一部正式公布的《户籍法》①。但是真正以人口普查为依据进行户籍登记,清华大学国情普查研究所是第一次。环湖户籍示范区的户口普查、户籍与人事登记,是对该《户籍法》的检验,同时补充了户籍法的不足,推动了学术界和政府对户籍管理制度认识的深化,为全国范围内展开人口普查与户籍登记做了实验工作。实验的结果对当时推行的《户籍法》有如下几个方面的补充②:

第一,对户籍行政管理方面的认识。户籍管理制度的建立应包括三个方面,即户口普查、户籍登记、人事登记。该三项工作,正如上文所述,户口普查应是第一步,依据户口普查的结果进行设籍,继而对人事变动进行登记。三者之间,户口普查是针对静态人口,户籍是人口研究的单位,而人事登记则是针对动态人口研究,这三项全部进行,才能全面反映人口的状况,达到记录和分析人口数量与品质的目标。同时,户口普查完毕后,就应开始人事登记,这样才能精确反映人口的发展变化过程,这几项工作也应全部由一个机构统一管理,如中央内政部,各省民政厅,这样便于户籍行政工作的直接管理和迅速执行。这一项在1946年内政部修改《各省市人口普查与户籍登记实施细则》中,明确规定人口普查由内政部主办③,得到应用。

第二,人口普查的项目方面,至少包括姓名、与户长的关系、通常住所、籍贯、性别、年龄、婚姻状况、受教育程度、职业、废疾,同时可以依据国家的需要和普查技术的进步,对普查项目进行扩充,如信仰、民

---

① 云南环湖市县户籍示范实施委员会:《云南省户籍示范工作报告》,清华大学国情普查研究所1944年,第82页;侯杨方:《中国人口史》第6卷,复旦大学出版社2005年版,第67页。

② 云南环湖市县户籍示范实施委员会:《云南省户籍示范工作报告》,清华大学国情普查研究所1944年,第76—79页。

③ 乔晓春:《中国人口普查研究——有关问题的理论探讨》,中国人口出版社1995年版,第39页。

族、语言等。在我国以农为主的现实状况下，农村人口居行较为固定，采取通常住所为普查人口的标准，符合我国国情。根据《户籍法》，人事登记的项目为出生、认领、收养、结婚、离婚、监护、死亡、死亡宣告、继承。为更好地了解人事变动情况，应推广呈贡县的经验，加上迁徙项，因为户籍里的转籍是针对家庭的，而个人的迁出与迁入往往是人口移动的主要来源，所以应该加上个人的迁徙登记。同时在死亡登记里可补充死亡原因、病状，用于人口及其相关问题的研究。

第三，在统计汇总方法的选择上，应简化现行的六级制（即甲保乡县省，至中央逐一上报），宜采用集中统计制，即指调查与统计由同一个机构负责，遇到错误可随时更正，并可以减少多次上报出现的误差，该方式可按普查的范围大小进行统计。在统计方法的选择上，经过呈贡县人口普查的实验，选择"条纸法"已经得到公认并可推广。此外，在统计的内容上，根据行政与学术研究的需要、经费以及调查与统计所需要的时间来决定统计报告的内容，应包括个人统计和家庭统计两大类。个人统计类，当以省、县、市或村为单位，以性别或籍贯，按人口调查的项目进行分类，可知人口的一般状况；家庭统计类，同样以省、县、市或村为单位，部分依性别、籍贯，对家庭的大小、人数、教育、职业、年龄，加之所拥有的地权进行统计，可知家庭的状况。这几条，是为研究人口、户籍、人事及相关问题提供数据资料的基本保证，户籍示范区的197个按以上分类计算出来的统计表，便是明证。

第四，户籍经费一直是国情普查研究所重点关注和实验的内容之一。但是抗日战争时期，国内物价极其不稳定，对经费的计算需要依据一个统一的标准才能反映各项调查统计所花费的真正数额。以抗日战争开始前为标准，呈贡县人口普查每人费用约0.07元，折合抗日战争前的物价标准后为0.03元；户籍示范区的户口普查与户籍登记基本同时进行，其对每人的花费为1.5066元，折合后为0.02元。这样的花费低于同时期国内及国外大部分国家的平均值[①]，符合抗日战争时期国家与学术界一切节约、节俭的原则，也为政府用较少的经费举行较大的人口与户籍普查研究做了经费的预算，可供推广。

---

① 第29表：《户口普查经费》，载云南环湖市县户籍示范实施委员会《云南省户籍示范工作报告》，清华大学国情普查研究所1944年版，第40—46页。

除了上述方法、内容与经费外，举办户口普查、户籍与人事登记还需要大量优秀的专业人才参与和指导。户政人才主要有两种：一是专门人才，如人口学类的专家、统计学类的专家，这类人才由政府人士主导，长期致力于户口、户籍及人事方面的研究，对人口普查、户籍与人事登记进行长期规划与设计；二是在户口普查、户籍与人事登记时的管理干部和其他工作人员，这类人员属于临时性质，应就地取材，选择当地受教育程度较高的人群进行普查与登记前的培训，就普查与登记方面，中学与小学校长及教员可以担任监察员，小学教员可担任调查员与登记员，优秀的监察员、调查员与镇乡长可担任人事登记中的户籍主任，保甲长可担任管理员，等等。这两类专业人才，是普查与登记工作开展的必备条件，专业素养的高低，能够直接影响人口普查、户籍及人事登记成果的水平。

由上可知，清华大学国情普查研究所在环滇池户籍示范区的人口普查、户籍及人事登记工作，基于《户籍法》，但不局限于此，直接推广了呈贡县人口普查与人事登记中的科学工作方法，实现了对《户籍法》所规定理论、方法认识的推进和深化，达到了起示范作用的目的。

民国时期作为我国现代社会科学传入和大发展的时期，尽管受到抗日战争的影响，但这一批具有爱国情怀的学者在祖国的大西南，尽己所能地为祖国的各项事业进行着学术与现实的科研与调查活动。最重要的表现之一，是在云南，在人口学、社会学等现代社会科学的学科体系下，以推进人口学、社会学进行人口普查、户籍登记、人事登记等与现实相结合的科学实验研究为目标，在环滇池区域进行了一系列人口普查、户籍及人事登记工作。这些工作是在1939年呈贡县人口普查、人事登记工作上的直接传承与应用，并在方法与内容上都有较大推进，成功实现了为全国人口普查、户籍登记、人事登记示范实验的目的。具体内容是建立公共住户与普通住户分别调查的模式，用人口普查的组织系统和取得的数据进行户籍登记，依据人事登记来记录和管理人口及户籍。这些工作实现了为学术科研的目标，传承了社会学的调查统计活动，推动了人口普查技术方法的进步，推进了户籍及人事登记的改革，从而在现代社会科学学术史上、现实国情调查方法应用中，都占有崇高的地位。这是在抗日战争时期艰难的社会背景下，西南联大清华大学国情普查研究所在环滇池区域取得的重要成就，不仅为人口、社会等学科的科研开拓了新的方向与领域，更为这些学科的学术发展做出了理论与方法的实践，于彼于今，价值和意义皆重大。

除上述在学术上有较多贡献外，对环滇池区域的地方研究方面，为人口、社会、经济诸方面研究开拓了方向，并为该区域保留和提供了丰富的人口、人事及社会资料。从户籍示范区 139 种个人统计表来看，依据本籍与常住人口进行统计，主要以性别分类，按照普查项目，统计有各年龄段年龄分配、受教育程度、信仰、职业、废疾等诸些内容。这些数据大都以村为单位，每类都详尽细致，是民国时期，云南环滇池区域十分难得的珍贵人口史料。如废疾一类，可以为云南地方公共卫生事业的研究提供精确数据；受教育程度一项，可为地方人口品质及教育事业的进步做数字依据；职业一项，可供昆明等市镇化的精细比较研究，等等。只是，学术界现有云南地方研究，很少有对这些数字加以比较利用的。这是无比可惜的现象，因为这些数据都是经过一个一个被调查者的实际调查统计汇总而来，其准确性甚至高于现存各类行政统计而得的档案数据，完全可以直接用来进行各类研究。

总之，随着现代社会科学的发展，人口普查与户籍登记能对国情国力的提升产生重要作用一面已被社会所熟知，这样的学术与现实活动逐渐成为常态和热门，这正是西南联大清华大学国情普查研究所内老一辈人口学家、社会学家在艰辛的社会环境下，传承学术、推进研究，努力奋斗想要实现的目标。

第九章

人口国情认识深化与学术发展

国情普查，又称人口普查，是一种大规模全面的社会调查，也是一个国家取得精确人口资料、详尽查清国情国力的一种科学方法。西南联大的三常委之一梅贻琦指出，"国情是多方面的，国情的普查当然也是。方面虽多，总括起来却又不出两种基本的东西，一是人，一是物；一是民众，一是产业；人口的普查属于前者，而农工商矿的普查属于后者"①。人口及其相关问题作为国情普查研究的核心，是清华大学国情普查研究所的核心工作。梅贻琦在致云南省政府函中叙："敝校为求对于我国人口及相关问题，获得研究技术及搜集材料，以便对于政治、经济及社会的建设，有所贡献；并期为辅助学术的研究，作试验的调查工作，乃于迁滇之始，设立国情普查研究所。"② 于是该所成立时便指出"本所拟搜集关于本国人口、农业、工商业及天然富源等各种基本事实，并研究各种相关问题，以期对于国情有适当的认识，并将研究结果，贡献于社会"③。从1790年美国第一次全国人口普查开始，到20世纪30年代，国际上已经有60多个国家先后进行过人口普查，而人口数量众多的中国却并未进行，究竟真实的中国人口数字是多少，国内外学者依据各种方法对中国人口进行了估

---

① 梅贻琦：《梅序》，载云南环湖户籍示范实施委员会《云南省户籍示范工作报告》，清华大学国情普查研究所1944年版，第6—7页。
② 梅贻琦：《梅贻琦致云南省政府函》（1940年12月），载北京大学、清华大学、南开大学、云南师范大学编《国立西南联合大学史料》卷3《教学·科研卷》，云南教育出版社1998年版，第714页。
③ 《国情普查研究所概况》（1940年5月12日），载北京大学、清华大学、南开大学、云南师范大学编《国立西南联合大学史料》卷3《教学·科研卷》，云南教育出版社1998年版，第695页。

计，估计结果的最大数与最小数之间竟然相差 2 亿人口①，准确的国情数据是当时学术界及政府机关的迫切需求。但如何取得这样的国情数据，无论政府机关还是学术界，均没有较为科学的方法。因此，国情普查研究所在为了获得科学国情数据资料的同时，十分重视资料获得和整理的方法，依此希望为进行全国性的国情调查和统计提供方法和借鉴。国情普查研究所曾如此叙述他们的工作目的："（甲）试验并采用比较科学及比较经济之方法，搜集并整理我国人口及相关问题之材料。（乙）推广上述工作，以期全国可以采用此项方法。（丙）研究及发表甲项所述之工作，以期对于我国政府及我国社会科学，有所贡献。"② 在这样的工作思路之下，国情普查研究所在持续 8 年的工作中，完成了丰硕的研究成果。梅贻琦在评价国情普查研究所的工作成果时指出，国情普查研究所的成就"一部分是数字，一部分是方法，一部分是和国内外其他研究的比较"③。所谓数字，是指国情普查研究所在文庙内完成的各种统计成果；方法是指在调查、统计等方面实验的内容；数字与方法是基础，与国内外其他研究的比较共同构成了清华大学国情普查研究所各种成就与贡献的主要方面。

第一节　人口国情调查与社会学中国化

人口及其相关研究，一直是社会学重要的研究分支，中国早期的著名社会学家，如孙本文、陈达、言心哲、柯象峰等，都有相关的人口研究论著成果。时至今日，在社会学期刊"被引广度前 10 位的其他期刊当中，人口学期刊占到了 8 种"；且在社会学领域发文最多的前 50 位学者中，"人口学者仍然占据相当大的比重"④。人口及其相关问题，本来应该在社

---

① 吴大钧：《户口普查》，载中央统计联合会编《统计演讲集》，中华书局 1947 年版，第 212—252 页。

② 《国立清华大学国情普查研究所工作概况》（1941 年 3 月），载北京大学、清华大学、南开大学、云南师范大学编《国立西南联合大学史料》卷 3《教学·科研卷》，云南教育出版社 1998 年版，第 697 页。

③ 云南环湖市县户籍示范实施委员会：《云南省户籍示范工作报告》，清华大学国情普查研究所 1944 年版。

④ 根据 2005—2006 年间 CSSCI 期刊收录社会学 5233 篇论文及引用文献 45823 篇进行的统计。苏新宁主编：《中国人文社会科学学术影响力报告（2011 年版）》下册，高等教育出版社 2011 年版，第 747、753 页。

会学及其相关研究中得到充分的研究,但事实却是一直被长期忽视,不仅对人口及其相关研究的中国化问题少有关注,从来没有把清华大学国情普查研究所的成员作为一个学派进行的研究①。

一 社会学中国化的缘起以及学派研究范例

社会学作为一门社会科学,最早是从西方国家传入的,直到20世纪20年代,中国留学生的归国,促使社会学学科体系才逐渐建立。但当时中国的社会学研究还十分薄弱,孙本文曾鲜明指出,"初期的社会学大都译自日文,继而译自美国及英、法,而尤以从美国书移译者为多。即有自著之书,也是根据欧美的材料"②。当时之社会学界,无论调查方法、授课教材,抑或社会基本数据,都缺乏中国人自己的研究。在陈达、李景汉、陶孟和等国内学者逐步开始实地调查的基础上,建立符合中国国情的社会学开始引起学术界的关注。1931年2月,孙本文在中国社会学社第一次年会的演讲词中首次提出"建设一种中国化的社会学"③,"孙本文在中国社会学社第一次年会上的演讲,标志着社会学本土化运动在中国的正式开始"④。从彼时起至今,中国化一直是社会科学研究中强调和重视的方向⑤,究竟何为中国化?社会学中国化的内涵又有哪些?

中国化,或称本土化,郑杭生的解释为,"是使事物发生转变,适应本国、本地、本民族的情况,在本国、本地生长,具有本国、本地、本民

---

① 阎明:《中国社会学史:一门学科与一个时代》,清华大学出版社2010年版;郑杭生:《中国特色社会学理论的探索:社会运行论、社会转型论、学科本土论、社会互构论》,中国人民大学出版社2005年版;卢汉龙、彭希哲主编:《二十世纪中国社会科学·社会学卷》,上海人民出版社2005年版。

② 孙本文:《当代中国社会学》,胜利出版社1948年版,第280—281页。

③ 孙本文:《中国社会学之过去现在及将来》,载中国社会学社编《中国人口问题》,世界书局1932年版,第1—20页。

④ 郑杭生:《社会学中国化的几个问题》,载宋林飞主编、中国社会学会编《中国社会学会学术年会获奖论文集No.1(2000·南京)》,社会科学文献出版社2002年版,第1—16页。

⑤ 杨国枢、文崇一主编:《社会及行为科学研究的中国化》,台湾"中央研究院"民族学研究所1982年版;林南、涂肇庆:《社会学中国化的下一步》,《社会科学战线》1985年第4期;张海洋:《中国的现代化与民族学的中国化》,《满族研究》1995年第3期;郑杭生:《社会学本土化及其在中国的表现中国特色社会学理论探索的梳理和回顾之三》,《广西民族学院学报》2004年第1期。

族的特色或特征"①。李亦园详细解释了中国化的内涵:"所谓'中国化'问题可以说是从事社会科学研究者的一种自我反省的行动,他们觉得我国社会及行为科学研究者多年来一直在吸收西方研究的成果,模仿西方的研究方式,沿用西方学者所建立的理论,而忘却将自己的社会文化背景反映在研究活动之中,由于这样的趋势,不但使中国的社会及行为科学缺乏个性与特征,而且几乎沦为西方科学的附庸其长期研究的结果所能反映中国社会文化历程的程度也成为可疑。"中国化能够使学术研究"采用西方的研究成果与经验外,同时又能在问题、理论与方法等方面有所创新与突破,使中国的社会与行为科学研究者,也能对自己的整个学科提供独特的贡献"②。由此可见,中国化缘起于社会科学研究者的一种自我反省,这种反省包括两个方面:一是研究方法极力去模仿西方,导致学术研究活动成为西方的附庸;二是研究结果之可靠性和准确性不够。孙本文之所以能够率先提出社会学中国化,正是此反省精神之表达。至 1931 年,孙本文已出版各类社会学译著 7 部,对国际社会学理论与方法的精准把握,使其感受到国外丰富的理论与方法并不完全符合中国社会,且国内社会学及其相关材料的缺乏,更难以对中国社会进行深入解读,建设一种符合中国国情的社会学,成为学者们的共识。基于此,以孙本文、吴文藻、陈达、李景汉等中国第一代社会学者为代表的中国社会学界举起了社会学中国化的大旗。

关于"社会学中国化"的定义,20 世纪 80 年代,蔡勇美曾组织学者进行过专题研究和讨论。林南认为是"将中国社会文化特征及民族性,容纳到社会学里";成露西重视的是"创立与中国社会文明及国情相吻合的社会学";刘融认为"社会科学中国化有二个目标与假设:其一为把社会学理论与概念应用到中国社会,社会学中国化即为分析中国社会变迁与组织等——亦即加强社会学对中国社会了解的任务。另一假定与目标即是重新创制合乎于中国社会特征的社会科学概念、定义以及研究方法"③。

---

① 郑杭生、王万俊:《论社会学本土化的内涵及其目的》,载郑杭生《中国特色社会学理论的探索:社会运行论、社会转型论、学科本土论、社会互构论》,中国人民大学出版社 2005 年版,第 383—393 页。
② 李亦园、杨国枢:《现代化与中国化论集·序言》,桂冠图书股份有限公司 1974 年版,第 2 页。
③ 蔡勇美、萧新煌:《社会学中国化》,巨流图书公司 1986 年版,第 10—11 页。

刘融的解释较为详细，对社会学在中国的"移植""生根"与"突破"问题皆作了解释，代表主流的一种解释。

尽管民国时期的学者们并没有以概念之形式鉴定"社会学中国化"，但具体的中国化方法则多有提出。孙本文认为社会学中国化应起步于三个方面：第一，"中国理论社会学的建立"，包括"整理中国固有的社会史料""实地研究中国社会的特征"及"系统编辑社会学基本用书"；第二，"中国应用社会学的建立"，主要指"详细研究中国社会问题""加紧探讨中国社会事业与社会行政""切实研究中国社会建设方案"；第三，"社会学人才的训练"①。从孙本文的理念中可知对社会学理论的中国化，应重视历史时期的社会史料及符合中国国情的现代中国社会基础材料。具有应用型的社会学研究是推行社会行政、社会建设的基础，应用社会学的建立和社会学人才的养成，是社会学研究价值与长远发展的目标。孙本文对社会学中国化的主要贡献在于对理论的探索，是为社会学中国化进程中的一位标志性人物。

与孙本文注重理论研究有所不同，陈达以清华大学国情普查研究所作为社会学中国化的实验方法，在借鉴利用国外社会学理论和方法的基础上，以人口普查等多种实地社会调查进行了社会学中国化的尝试，并取得了显著的成就。

学术界对社会学中国化的关注主要体现在相关的学术史研究中。"学术史研究旨在探索过往的学人及其学术活动（学科、学派、学术思潮）的真实性和价值，它们的内部关系，以及它们与社会的互动关系。"② 学派作为学术史研究中的主要方法之一，对研究学人、学术活动及其所构成的学科发展等具有重要意义。

库恩指出，"在科学实际活动中某些被公认的范例——包括定律、理论、应用以及仪器设备统统在内的范例——为某一种科学研究传统的出现提供了模型"，"有了一种规范，有了规范所容许的那种更深奥的研究，这是任何一门科学部门达到成熟的标志"③。放在社会学的研究中，科学的范例是学派研究是否成立的基础，更是学派间彼此可资比较的前提，同

---

① 孙本文：《当代中国社会学》，胜利出版社1948年版，第296—299页。
② 袁玉立：《当代学术史研究呼唤健康的学术批评和学术评论》，《云梦学刊》2005年第4期。
③ ［美］T. S. 库恩：《科学革命的结构》，李宝恒、纪树立译，上海科学技术出版社1980年版，第8—9页。

样也是利用学派研究方法将社会学推向成熟的基本要求。那么，现代"学派"研究的范例为何呢？

现代科学中的学派定义为，"在科学带头人领导下的某一科学方向上具有高度技能的各代研究者的非形式的创造性合作，这种合作基于解决问题方法的统一，基于一定的工作作风和思维方式，基于实现问题的思想和方法的独特性，这种合作在这一知识领域获有重要的成果，赢得声望和社会承认。""科学学派不单是指以科学带头人为首的研究者的集体（教师或学生，或在主任领导下的实验室和部门），而且还指不同辈分科学家的创造性合作。"[1] 根据划分的标准不同，又可分为"师承性学派""地域性学派""问题性学派"[2]。可见，一个导师或领导者是学派成立的基础，需要具有传承者或继承者才能成立，师承是学派的第一要素；"不同辈分的科学家"之间的合作，需要以某一学校或机构为基地，共同的地域是学派的第二要素；此外，学派的成立需要参与者在其所在的知识领域取得重要的成果，在思想和方法以及解决问题中具有独特性，并获得社会认可，独特性是其第三要素。

学派研究方法，在中国自古有之，无论"儒""道"，还是"乾嘉学派"等，均是历史时期著名的学术流派。近代西学东渐以来，在现代学术发展中又出现了诸多学术派别。如在社会学学科体系下，吴文藻、费孝通等师生组成了社区学派，成为推动社会学中国化的重要学术流派[3]。笔者在梳理社会学学术史中，发现国情普查研究所师生之间的师承关系及其学术科研等，与其他社会学研究有明显的不同，并且同样在理论与方法中为社会学中国化做出了卓越贡献。

二　国情普查研究所与文庙学派的形成

国情普查研究所的三位负责人：陈达、李景汉、戴世光，是中国社会

---

[1] 陈益升编译：《国外交叉科学研究：科学的哲学、历史、社会的探索》，科学技术文献出版社2010年版，第236、240页。
[2] 陈吉生：《试论中国民族学的八桂学派（一）》，《广西社会科学》2008年第7期。
[3] 李培林：《20世纪上半叶社会学的"中国学派"》，《社会科学战线》2008年第12期；郑杭生、李迎生：《中国早期社会学中的社区学派》，《政法研究》1999年第3期；阎明：《中国社会学史：一门学科与一个时代》，清华大学出版社2010年版，第172页；谢泳：《魁阁——中国现代学术集团的雏形》，载谢泳《西南联大与中国现代知识分子》，福建教育出版社2009年版，第98—112页。

学发展史中无比重要的人物。具体的工作中由陈达负责人口普查的设计，李景汉负责调查的过程、方法的选择与实验指导，戴世光主责统计方法的实验，他们是当时中国极佳的学术组合，随着西南联大社会学系其他年轻教员及优秀毕业生的不断加入，清华大学国情普查研究所成为当时中国最具影响力的社会学学术共同体之一。

至20世纪30年代，国际上已经有60多个国家先后进行过人口普查，但人口数量众多的中国却并未进行过人口普查，中国真实人口数字是多少，国内外学者依据各种方法进行了估计，估计所得最大数与最小数之间竟然相差2亿人口①，人口数量不清为认识国情以及国家各项社会事业及行政带来了极大不便。为了能够进行全国人口普查，中国的政府机关与社会学术团体在以陈达、李景汉为代表的一大批学者的带领下开始了人口普查的探索。鉴于当时中国未曾有过科学的现代人口普查，国情普查研究所即是为了实验一种适应中国国情的普查方法而建立，"国情普查，平时与战时同属切要之举，但其问题至为复杂，该所拟先在滇省择一区域，作实际之研究，以期对于普查之表格、统计之方法及各普查人才之训练各问题，于相当期间，有所贡献"②。国情普查研究所选择的调查区域是环滇池区域的呈贡县、昆阳县、晋宁县、昆明县和昆明市，根据时间顺序，先后开展的工作主要有人口普查、人事登记、户籍登记及农业普查等，这些工作全部以人口普查后统计所得的方法和数据为基础，是科学的现代社会学研究之典范。

在社会学史及人口学史的研究中对清华大学国情普查研究所的研究多有提及，学术界普遍认为研究所在环滇池区域的人口普查是"中国现代人口普查的开端"③，"在中国人口普查史上有着里程碑式的贡献"④，但将国情普查研究所作为一个学派整体上来进行的研究还未曾出现过。

在现代社会学学术史的研究中，陈达与李景汉是无法回避的人物，但

---

① 吴大钧：《户口普查》，载中央统计联合会编《统计演讲集》，中华书局1947年版，第212—252页。
② 《国立清华大学为扩充研究事业呈教育部文（1938年9月19日）》，载北京大学、清华大学、南开大学、云南师范大学编《国立西南联合大学史料》卷3《教学·科研卷》，云南教育出版社1998年版，第597—599页。
③ 阎明：《中国社会学史：一门学科与一个时代》，清华大学出版社2010年版，第139页。
④ 卢汉龙、彭希哲主编：《二十世纪中国社会科学·社会学卷》，上海人民出版社2005年版，第276—277页。

学术界常常将陈达、李景汉划分入不同的学术体系内。以郑杭生为代表，他认为李景汉的社会调查也是社区研究的一种，"20世纪30年代吴文藻大力倡导用功能学派的观点与方法进行实地社区研究之前，已有不少采用西方描述式社会调查方法所进行的社区研究，以李景汉于1933年出版的《定县社会概况调查》为最高成就"①；又将李景汉与晏阳初、梁漱溟归为"乡村建设派"，但在论述中，少有论述李景汉对乡村建设的理论方法或实际的贡献②。何廉为李景汉《定县社会调查概况何序》中讲："是则李君此书之刊行，不第足供研究社会状况参考之用，实今后乡村建设之所资赖也。"③ 且晏阳初就是拟定定县社会调查的中华平民教育促进会的负责人，他把李景汉归入乡村建设派有他的道理。卢汉龙等一些学者也认为"四十年代的社区研究还包括以陈达为首的清华大学国情普查研究所在昆明市及附近的四县进行的中国首次人口普查实验"④。杨雅彬也讲，"抗战时期进行实地社区研究的包括三个重要研究机构：清华大学国情普查研究所，云南大学和燕京大学合作的社会学研究室，华西大学边疆研究所"⑤。将国情普查研究所的人口普查活动认为是社区研究的，在社会学的研究中常常能够见到。事实上笔者发现，把清华大学国情普查研究所归于云南大学社会学研究室的社区研究不成立，因为其二者有着本质的区别。

第一，在理论与方法方面的不同。国情普查研究所是以人口普查为基础进行国情的调查和研究，人口普查是一种静态人口统计方法，人事与户籍登记针对变动人口统计，国情普查研究所以人口普查为标准，结合人口的变动情形，来解析社会现象，为施政者的社会行政提供借鉴。吴文藻指出："社会调查譬之照相，社区调查譬之电影。照相所代表的生活是横断的、一时的、局部的、静态的；反之，电影所代表的生活是纵贯的、连续的、全形的、动态的。"⑥ 由此可见，静态的人口普查完全不同于动态的社区调查。

---

① 郑杭生、李迎生：《中国早期社会学中的社区学派》，《政法研究》1999年第3期。
② 郑杭生、李迎生：《中国早期社会学中的乡村建设派》，《社会科学战线》2000年第3期。
③ 何廉：《何序》，载李景汉《定县社会概况调查》，上海人民出版社2005年版，第10页。
④ 卢汉龙、彭希哲主编：《二十世纪中国社会科学·社会学卷》，上海人民出版社2005年版，第127页。
⑤ 杨雅彬：《四十年代中国社会学的建设》，《社会学研究》1988年第1期。
⑥ 吴文藻：《西方社区研究的近今趋势》，《社会研究》1935年第81期；吴文藻：《论社会学中国化》，商务印书馆2010年版，第206页。

第二，在调查范围方面的区别。人口普查是统计人口数量的活动，需要对统计对象的数量有所要求，才能保证方法与数据的科学性，限于抗战时期的艰难的国家财力、物力以及普查人才，国情普查研究所选择了以县为单位的人口普查，"县为国家最低级行政机关，亦为地方自治单位"[①]，是人口普查统计之最小的合理单位，也是整个民国时期最常见的人口及其相关研究的选择范围。而社区调查需要调查者长期驻守当地，观察社区中各个文化、功能之间的关系，这样的社区一般以村落或独立的工厂为单位，从吴文藻、费孝通等学者的各个调查报告便可知之[②]。

第三，在调查人员方面的差别。人口普查是一种大范围的普遍调查，需要调动大量的调查工作人员参与工作，才能保证结果数据的有效性和及时性；而社区调查则一般以调查者个人为主，是抽样调查法直接采访记录社会各个要素之间的结构关系[③]。

综上可知，学术界认可清华大学国情普查研究所为社会学的发展做出了显著的贡献，但对其研究处于一种散乱或混乱的状态，并无将其作为一个学术共同体，更未作为一个学派来研究。那么，清华大学国情普查研究所作为一个学派是否成立，抑或只是一个学术集体？

以上文学派的三要素作为范例，其一，清华大学国情普查研究所在人员构成上，是以陈达为中心人物的，陈达是清华大学社会学系的创始人，同时也是清华大学国情普查研究所的创办者，在国情普查研究所年龄最大，在社会学、人口学领域学术地位最高；李景汉与陈达年龄相仿，作为主要的合作者，李景汉主要负责实地调查方面的工作；戴世光与陈达、李景汉分别相差16岁、14岁，是国情普查研究所里年轻的合作者，也是统计方面的主要实践者。其他先后进入国情普查研究所的西南联大教员或助教，大多是社会学系的毕业生，他们与三位负责人的师承关系明显。其二，在呈贡县文庙，国情普查研究所于1938—1946年持续工作时间长达8年，形成了稳定的地域基础。其三，国情普查研究所的成就毋庸置疑早已经得到学术界的公认，尤其在人口研究方面，其普查方法为国民政府制订1950年的全国人口普查工作提供了范本，科学的人口普查数据为进行

---

① 江宁自治实验县县政府编：《江宁县政概况·绪言》，江宁自治实验实验县县政府秘书室1934年版，第1页。
② 吴文藻：《中国社区研究计划的商榷》，《社会学刊》1936年第5卷第2期。
③ 吴文藻：《中国社区研究计划的商榷》，《社会学刊》1936年第5卷第2期。

相关的人口研究提供了翔实准确的依据，以人口普查为社会及其相关问题的基础，是国情普查研究所的科学性与独特性所在。可见，将国情普查研究所作为一个学派来解释，是完全成立的。据此，以清华大学国情普查研究所的研究方向，或可称为"社会人口学派""人口统计学派"；以研究方法理念，可以称为"实地调查学派"；以驻地论，可称为"文庙学派"，等等。

三　国情普查研究所对社会学中国化的贡献

孙本文曾总结"注重社会实地研究者"时指出，"其中如燕京的社区学派注重文化与功能，清华的实地调查派注重直接材料，中央的系统学派注重理论的体系，皆较为显著者。即以此三学派论，亦不外各有所偏重而已，他们无不注重文化研究，无不注重问题分析，很少轻视整体观点及实地调查。一言以蔽之，只是各就所见，运用各自的方法与概念，以期明了中国社会的真相，并发见社会现象的原理法则而已"①。孙本文明确地把清华大学国情普查研究所可以作为实地调查派进行了论述，这是孙本文在全面把握当时中国的社会学界之后得出的结论，可惜学术界长期未跟进研究，有所遗憾。

王康对20世纪30年代开始的社会学中国化，有较为公允的评价："从30年代开始到40年代，无论从事实地调查研究，还是研究系统理论的学者，都注重社会学的中国化。他们试图用国外的理论结合中国的实际，进行新的综合，提出符合中国的理论，并力图培养这方面的人才。他们虽还来不及建立自己的理论体系，但为社会学中国化做出了努力。"②吴文藻当然是社会学中国化进程中的佼佼者，他鲜明地提出社会学中国化，在学术研究中也以社区研究作为解读中国社会的利器，所以民国以来，在社会学中国化的研究中，以吴文藻、费孝通及其领导的"魁阁学派"为重点，是学术界对其相关问题研究的主流。我们应该知道，"文庙学派"同样不应该忽视，王康也指出，"陈达主持的清华大学国情普查研究所的普查工作，在理论上和方法上为社会学的中国化做出了贡献"③。

---

① 孙本文：《当代中国社会学》，胜利出版社1948年版，第291页。
② 王康主编：《社会学史》，人民出版社1992年版，第325页。
③ 王康主编：《社会学史》，人民出版社1992年版，第311页。

清华大学国情普查研究所首先在充实中国人口数据、实验调查统计方法的中国化方面做出了重大贡献。我们知道，社会学中国化并不是几次调查或几部著作就可以实现的，这需要在几代人的开拓中才能逐步完成。1952年开始的全国高等学校院系调整取消社会学专业以后，社会学派及研究或中断或发生转移，清华大学国情普查研究所社会学中国化的进程也在这一时间发生中断。

此后文庙学派的发展则颇显曲折。陈达因其在劳工方面的贡献，曾先后在中国人民大学和中央劳动干部学校教授劳动经济相关课程及进行研究，1957年，陈达因为主持召集社会学工作筹备委员会第一次会议，被错划为右派，随后剥夺了一切职务，一直闲赋在家，便再没有机会进行人口调查及研究，直至1975年逝世。陈达的学生袁方曾经长期跟随他从事人口与劳工研究，1982年北京大学社会学系成立时袁方是主要创办人之一，袁方领导的北京大学社会学系在一定程度上看作是文庙学派重要的传承之一①。

李景汉在1954年曾于中国人民大学内成立社会调查研究室，但很快被取消，并入统计系。1957年，李景汉曾经满怀信心地对北平郊野进行了再调查，并连续在《人民日报》发表文章，对调查成果进行评述，没想到因此被打为右派，从此再无显著成果②。戴世光1953年起在中国人民大学从事人口学与统计学的工作，1974—1978年随统计系并入到北京经济学院，戴世光和部分统计系教师被抽调组建成立人口研究室，1978年中国人民大学复校后戴世光培养了多位研究生，1981年，戴世光成为全国首批统计学专业的博士研究生导师③。中国人民大学官方网站中如此叙其人口学专业："中国人民大学人口研究所创建于1974年，是国内创办最早、国际影响最大、学科层次最全的人口与发展教学和科研单位。"④中国人民大学的人口学能站在全国的制高点，与戴世光在清华大学国情普查研究所传承下的再开拓密不可分。陈达、李景汉是中国第一代人口学家

---

① 吴宝科、佟新编：《袁方纪念文集》，北京大学出版社2005年版，第185—192页。
② 李景汉：《北京郊区乡村家庭生活的今昔》，《人民日报》1957年2月1日。
③ 《戴世光教授年谱》，载戴世光《戴世光文集》，中国人民大学出版社2008年版，第9页。
④ 中国人民大学社会与人口学院，人口学硕博专业学科简介（http://ssps.ruc.edu.cn/cnt.php?id=27&fid=33&navid=54）。

和社会学家,在中国社会学界拥有崇高的地位,国情普查研究所之所以能取得优异的成绩,与他们雄厚的学术科研水平、浓烈的学术热爱与探索精神,以及强烈的爱国情怀深深相关。相比较来说,尽管戴世光的年龄较陈达、李景汉为小,但在国情普查研究所中,统计工作一直是他主要负责,他的贡献同样举足轻重,在戴世光的组织管理下,国情普查研究所的各项调查、科研成果才能科学地整理和统计,才能呈现于学术界。改革开放以后,戴世光在中国人民大学将文庙学派的人口统计研究进行了传承与发扬,成为这一学派新的领导者。

在戴世光的学生袁卫组织主持的"戴世光先生人口理论学术座谈会"中,袁方根据实际经历,赞扬了陈达、戴世光的人口普查水平之渊博:"第一次人口普查请的都是苏联专家,没有中国的专家。陈达也是权威,统计局个别人也找陈达。例如,当时劳动部部长宋平,好多问题来请教他。对于第一次人口普查,陈达写过一篇东西交给国家统计局,宋平也来参加讨论。请来的苏联专家与陈达都不能比,陈达高得多,戴老师也是如此。"林富德也指出了戴世光在中国后来的几次人口普查中发挥的重要作用:"第三次人口普查时,他参加了无锡的普查试点,当时李成瑞是局长,让戴老师讲几句话。戴老师关于普查讲了三个要点,第一是'画地图',第二是'要抓房子',第三是'查常住'。这三句话到现在搞第五次人口普查的同志还在讲,戴老师的这三句话讲到点子上去了,现在还是要'画地图''抓房子''查常住'。后来的实践证明,戴老师指出的三个要点,反映了搜集普查资料的规律。至今,我们将举行第五次人口普查了,普查系统的同志们还怀念着他提出的这三个要点。"[①]

中国的社会学发展经历了一个长期的阶段,其"发展和命运一直充满了变数和悖论"。中国特殊国情和社会面貌对社会学的发展产生了重要影响,"中国社会具有绵延五千年的悠久历史和多种社会形态并存的复杂格局,它总能激发社会学家发挥自己的想象力,运用来自西方的这门科学的基本概念和理论做出自己独具特色的本土解释——这既能够说明为什么在 20 世纪 30 年代那个兵荒马乱、民不聊生的时代,中国社会学的发展和国际地位却仅劣于美国这样头牌的资本主义国家;也能够解释 1978 年的

[①] 《戴世光先生人口理论学术座谈会会议记录》,载袁卫、任若恩等编《师道永存——纪念著名统计学家戴世光教授》,经济科学出版社 2000 年版,第 214—235 页。

改革开放以后,已被斩草除根近30年的社会学为何能够一夜之间如雨后春笋再度萌生,并在随后的30年中取得远较和其命运相似的另外几门学科(政治学、法学和传播学)更为突出的成就"①。20世纪30年代的中国社会学之所以能得到国际社会学界的高度认可和赞扬,是因为有吴文藻、陈达、李景汉这样的第一代社会学家为实现社会学中国化孜孜不倦的追求,他们从理论、方法到实际的应用研究,以及成果的发表、人才的培养,各个方面均竭尽所能。到1978年中国社会学能快速崛起,得益于费孝通、戴世光等第二代社会学家乃至他们的学生,他们在传承老一辈社会学中国化理念的进程中,练就的扎实的理论与实践能力,使得他们在重拾社区调查、人口统计时能够得心应手,能够有所发展和开拓。

社会学中国化是学术界长期重视的论题,驻扎在呈贡县文庙的清华大学国情普查研究所在呈贡县的人口普查是以社会学中国化的实践方式,在社会学国情调查的理论、方法,以及为取得科学成果等方面实现了社会学的中国化,形成了独特的"文庙学派",是社会学中国化进程中重要的学术流派之一,对中国社会学及国际社会学界产生了重大影响。

第二节 国情普查研究所统计所得科学的中国国情数据

抗战时期西南联大清华大学国情普查研究所的调查登记所得的统计数字成果较为丰富,价值巨大,为政府施政、发挥明智及有效率的措施提供了极有助益的科学人口学资料。葛剑雄在对中国历史上的人口统计评价时,明确说明"由于户口统计的主要目的是为了赋税或赋役的征集,所以其中户或口的含义在多数情况下并不等于实际的家庭和该家庭的人口数"②。到抗日战争时期,尽管我国的人口统计技术已经大有提高,但"近代以来,中国人口究竟有多少,是一直没有解决的问题"③,科学的人口数字依然缺乏,更难开展科学的人口问题研究。云南省政府主席龙云鲜明提出,"欲建设现代化之国家,尤须对于全国人口,搜集基本事实,以

---

① 苏新宁主编:《中国人文社会科学学术影响力报告(2011年版)》下册,高等教育出版社2011年版,第741页。
② 葛剑雄:《中国人口史》第1卷,复旦大学出版社2002年版,第42页。
③ 戴世光:《我国1953年的人口普查》,《教学与研究》1957年第4期。

为政治经济及社会各种建设之根据",因此"户口之调查,实为建国之基本要政"①。故清华大学国情普查研究所在云南的国情普查与研究工作一直得到了以龙云为首的云南地方人士的支持。

一 为环滇池区域提供人口及其相关研究数据

在 1946 年 7 月北返前,国情普查研究所油印出版了他们最后一部调查报告《云南呈贡县昆阳县户籍及人事登记初步报告》,在该报告的首页便罗列了 8 年来他们完成的几部重要成果②:

第一类
(1) 云南呈贡县人口普查初步报告(民国 29 年 8 月油印本)
(2) 云南省户籍示范工作报告(民国 33 年 2 月铅印本)
(3) 云南省户籍示范工作报告附刊、附录 10(B)(民国 33 年 6 月油印本)
(4) 云南省呈贡县农业普查报告(民国 33 年 12 月油印本)
(5) 云南省呈贡县昆阳县户籍及人事登记初步报告(民国 35 年 6 月油印本)

第二类
(1) 苏汝江:云南个旧锡业调查(民国 31 年 6 月铅印本)
(2) 苏汝江:昆阳农村经济之研究(民国 31 年油印本)
(3) 苏汝江:昆阳的民风(民国 31 年油印本)

此外还有陈达的英文著作 2 部③、专著 1 部,论文则至少 26 篇等多种研究成果,上述成果仅是国情普查研究所较为重要成果的一部分,依据人口普查、农业普查、户籍及人事登记,得到了环滇池区域科学的人口及其相关数据,无论计量的总数、人口结构的分类精度,均是最为翔实准确者,其反映出环滇池区域的一般人口与社会事实,为相关的学术研究提供

---

① 龙云:《序》,载云南环湖户籍示范实施委员会《云南省户籍示范工作报告》,清华大学国情普查研究所 1944 年版,第 1 页。
② 清华大学国情普查研究所:《云南呈贡县昆阳县户籍及人事登记初步报告》(油印本),清华大学国情普查研究所 1946 年版,第 1 页。
③ 陈达的英文著作名称原文为手写油印,难以辨识,且缺乏其他佐证资料,故将标题略去。

了科学的资料，奠定了坚实的基础。

以环滇池市县户籍示范的统计结果为例，主要可以反映以下基本人口事实：环滇池区域户籍示范区共有人口507216人，其出生性别比例为88.8，普通性别比例为102.7；户籍示范区的甲级壮丁有37893人，乙级壮丁23149人，占男子总数的23.8%，占全示范区人口总数的12.1%；15岁以上的已婚人口占总人口数的72.0%，婚姻普遍性比较高；全户籍示范区53.54%的人口为有业人口，其中农业人口占有业人口的59.32%，其中昆阳县和晋宁县的农业人口所占比例更高，分别为87.32%和90.75%；户籍示范区的识字人数仅为总人口的24.69%，其中昆明市城区最高、昆阳县最低，分别为41.82%和9.67%；市镇人口显示市镇化发展水平，在户籍示范区内，昆明市的市镇化程度较高，全市有77.25%的是市镇人口，昆阳县仅有5.85%的人口为市镇人口，是为全区最低，全示范区内的乡村人口占全区人口的66.38%，农业是示范区内最主要的职业；户籍示范区的土地总面积为2880.51平方千米，其人口密度为176.1人每平方千米，昆明市的人口密度最大是10340.1人每平方千米，昆阳县则仅为89.3人每平方千米，昆明县和晋宁县相似，分别为125.8人每平方千米及129.0人每平方千米①。这些相关数据在当时的另一大直接贡献，还表现在编制的环滇池区域市县人口的壮丁人数、年龄分配、受教育程度、职业、废疾人口等详细的人口统计表，为国民政府征兵、云南地方社会建设及其他户籍行政方面提供了科学实在的人口数字依据②。

二 为中国社会学研究提供的科学数据

抗战时期西南联大清华大学国情普查研究所在环滇池区域调查研究的统计结果，是详细而科学的。但因环滇池区域地处西南，一般的观点认为其人口情形难以推及全国。陈达、李景汉、戴世光通过多次实地的调研，有力地反驳了这种观点。1938年，在选择呈贡县作为人口普查实验区时，不仅关注其与昆明间便利的交通，尤其注重其与其他地区的人口与社会之关系，"据本省的调查，呈贡仅有人口七万余人"，"呈贡居民目下纯属汉人，无夷人杂居的情形，因此人口的内容较简（虽两村旧有夷人，但今

---

① 云南环湖市县户籍示范实施委员会：《云南省户籍示范工作报告》，清华大学国情普查研究所1944年版，第61、65、70、71、73页。

② 陈达：《现代中国人口》，廖宝昀译，天津人民出版社1981年版，第16页。

日完全汉化)"，就呈贡县的人口数量与人口结构来看，不仅对进行人口普查实验提供方便，更"有好几方面可以代表我国西南的农业社会，其人口富有固定性及正常性"①。同样，在环滇池区域的人口普查，国情普查研究所也依据环滇池区域特殊的自然环境进行了合理的划分，将其分为市镇区、平原区、丘陵区和山区，这4种类型彼此间都有明确的区别，根据其所居民众的数量来划分调查区，陈达肯定地认为，"这四种类型我们相信可以广泛的应用到全国各地"②。在环滇池区域的自然环境条件下的居民，更包括了大多数的人口类型，如普遍的普通住户、市镇人口、公共住户，还有特殊的如寺庙住户、船户、商户以及少数民族人口等，均是为保证环滇池区域人口示范性的客观条件。

抗日战争时期中国社会学已经获得显著的发展，但其中的不足也显而易见，据刘育仁统计，1927—1935年之间的社会调查运动，国内产生大小规模的调查报告达9027个，数量并不等于质量，赵承信便说明，这些调查"结果自然难免广而空泛及内容不着实的弊病"③。梅贻琦亦指出，"近代社会学说的大病有二，一是空疏，一是偏蔽"，大部分的社会学及其相关研究中，都没有实地调查的经验，所进行的调查也是草草了事，导致社会学及其相关调查甚多，但科学的研究却甚少。因此，以梅贻琦为代表的学术界提出要进行国情普查，"国情普查可以说是一切社会学术的张本。没有普查，没有数字，没有统计的记录，一切社会学说是冥想，是空论，是咬文嚼字，是一些词的堆砌，是一些主意的戏法变换罢了"④。国情普查研究所承担起了这个责任，他们开辟了实地调查研究的风气，并先后发表了大量的研究成果⑤。尤其是陈达的《现代中国人口》，在国际人口学界产生了巨大影响，文中利用呈贡县及环滇池区域的人口普查研究所得性别比、人口自然增长率等数据，来进行全国人口研究，补充了国内外

---

① 清华大学国情普查研究所：《云南呈贡县人口普查初步报告》（油印本），清华大学国情普查研究所1940年版，第1页。
② 陈达：《现代中国人口》，廖宝昀译，天津人民出版社1981年版，第19页。
③ 赵承信：《社会调查与社区研究》，《社会学界》1936年第9期；杨海挺、石敏：《抗日战争时期云南呈贡县的"魁阁"与"文庙"：社会学中国化进程中的两大学派》，《云南民族大学学报》（哲学社会科学版）2014年第31卷第6期。
④ 梅贻琦：《梅序》，载云南环湖户籍示范实施委员会《云南省户籍示范工作报告》，清华大学国情普查研究所1944年版，第6—7页。
⑤ 杨海挺、石敏：《抗日战争时期云南呈贡县的"魁阁"与"文庙"：社会学中国化进程中的两大学派》，《云南民族大学学报》（哲学社会科学版）2014年第31卷第6期。

学术界单凭估计之数据来进行人口分析的不足。这些成果达 100 余万字，涉及人口、社会、农业、经济的各方面，是社会学中国化中的重要成果①。

国情普查研究所如此丰富的成果，是历史以来，无论个人还是学术团体乃至政府机关对人口及其相关研究中均难以企及的。单从成果上来说，清华大学国情普查研究所已经站在了民国时期所有国情及其相关研究中的顶峰。

第三节　适合中国国情研究方法的示范

抗战时期西南联大清华大学国情普查研究所实验了多种国情普查方法，开启了现代人口及农业普查、人事及户籍登记方法的创新。方法的实验是梅贻琦与国情普查研究所在选定呈贡县作为实验县之初就拟定的主要研究内容②。对于国情普查研究所的工作，梅贻琦指出其"目的不在普查本身，而在普查方法的研究，务求其简洁精当，省费可靠；研究而有得，就把所得的交给国家，供国家实行普查时的参考采择"③。国情普查研究所也在《云南呈贡县人口普查初步报告》中，开篇即提出"本研究是对于人口普查找寻适当方法的尝试，此种方法至少须包下列部分：（甲）人口资料的搜集，（乙）人口资料的整理，（丙）人口资料的分析"④。就人口资料的搜集来说，大致是以调查的设计、调查过程来看的，人口资料的整理则是以统计方法来看的，而人口的分析是研究报告的撰写。

一　环滇池区域人口普查、户籍及人事登记方法的示范性

清华大学国情普查研究所在环滇池区域人口普查、户籍及人事登记的设计与调查登记过程，是对学术界现有方法的延续和改进，尤其注重借鉴

---

①　杨海挺、石敏：《抗日战争时期云南呈贡县的"魁阁"与"文庙"：社会学中国化进程中的两大学派》，《云南民族大学学报》（哲学社会科学版）2014 年第 31 卷第 6 期。

②　杨海挺、石敏：《抗日战争时期云南呈贡县的"魁阁"与"文庙"：社会学中国化进程中的两大学派》，《云南民族大学学报》（哲学社会科学版）2014 年第 31 卷第 6 期。

③　梅贻琦：《梅序》，载云南环湖户籍示范实施委员会《云南省户籍示范工作报告》，清华大学国情普查研究所 1944 年版，第 6—7 页。

④　清华大学国情普查研究所：《云南呈贡县人口普查初步报告》（油印本），清华大学国情普查研究所 1940 年版，第 1 页。

欧美及印度等国家和地区使用的调查方法,并充分考虑分析了中国的基本国情,具体内容主要有下列各项:一是普查日,普查日的选择是人口静态数据的关键,国情普查研究所选定的人口普查日是农历的正月十六日,农业普查是冬至日,这些普查日在春节前后,属于农闲时节,且方便民众与调查员记忆。抗战开始前的中国人口调查,以为每隔十年一次的人口调查即为定期的人口数①,国情普查研究所率先对学术界的这种认识进行了纠正,并根据我国农业社会的特殊性选择农闲时作为普查日。二是调查项目的选择,呈贡县的人口普查的 10 个项目:姓名、与户长的关系、通常住所、籍贯、性别、年龄、婚姻、教育、职业(包括行业及职务)及废疾,陈达在《人口问题》中曾进行过探析,项目太简单则难以有充足的资料做人口及其相关研究,太多则调查时费时费力且错误会增多②。此 10 个项目除了能提供人口普查基本的人口数量外,还能为人口质量的研究提供全面的数据。三是以通常居住人口为标准,我国农业社会的人口依赖土地,具有固定性,在户籍制度还未健全时,以通常居住人口为标准,是最适合国情的③。四是对于调查员和登记员的选择,此前有关人口资料的搜集活动一直依赖保甲长等底层行政人员,国情普查研究所经过培训和测验④。所得小学教员的成绩高出保长一倍,论证出小学教员的文化水平较高,且得到民众的尊敬,更加适合作为调查员和登记员,而保甲长因为掌握有部分行政权力,作为管理员和联络员甚为合适⑤。五是需要培养专业的户籍与人事管理人才,小学教员若是长期兼任户籍与人事登记员,势必会影响学校教育,户政人才的训练是建立长期有效户政管理制度的基础。六是对管理机构的调整,当时办理国情调查的由主计处负责,有关的户籍及人事登记则属于内政部的职权⑥。国情普查研究所提出在中央应由同一

---

① 柯象峰:《现代人口问题》,正中书局 1934 年版,第 16—17 页。
② 陈达:《人口问题》,商务印书馆 1934 年版,第 98—99 页。
③ 云南环湖市县户籍示范实施委员会:《云南省户籍示范工作报告》,清华大学国情普查研究所 1944 年版,第 18 页。
④ 云南环湖市县户籍示范实施委员会:《云南省户籍示范工作报告》,清华大学国情普查研究所 1944 年版,第 25 页。
⑤ 云南环湖市县户籍示范实施委员会:《云南省户籍示范工作报告》,清华大学国情普查研究所 1944 年版,第 22—25 页。
⑥ 此国情调查即指人口调查。云南环湖市县户籍示范实施委员会:《云南省户籍示范工作报告》,清华大学国情普查研究所 1944 年版,第 76 页。

机关主持，在地方则需要建立专门的户政机关，负责普查和平时的登记。七是应推进合作研究，如清华大学国情普查研究所与呈贡县的合作，环湖户籍示范区与内政部、云南省政府的合作，人口事实的数量搜集由政府负责，人口数据的质量研究则需专家学者来完成。此外，对调查登记步骤的细化，甚至发问的次序和内容都有详细的规定，并且注重复查抽查工作，以此检验调查与登记工作的误差，在数据引用方面实现科学化。

同时，此次针对不同市县采用不同的调查登记方式，也是国情普查研究所在户籍示范区人口普查、户籍及人事登记的首创。当时昆明市的市镇化已经达到较高水平，外来人口和公共住户较多，采用农村人口普查和登记的方式，难以以户为单位进行。故而采用以这些人口的直接管理部门为单位，如学校、行政机构等，将这些部门等同于"户"，对其所属人口统一进行调查登记。这样对公共机关和普通住户的分类调查，保证了人口数据的全面性，这是对市镇中特殊人群的特定设计，为我国开展城市人口普查中对建立不同人群使用不同组织和调查系统，做了方法的尝试。

在民国时期诸多的区域性人口普查中，主办者均试图与户籍及人事登记密切关联，但或者是将所有的工作混合进行，或者先后次序错乱，不仅人口普查的结果不甚可靠，更为正常的户籍行政工作带来了不便。最典型的代表是四川省选县户口普查，将人口普查与户籍编查同时办理，人事登记也由保长在普查员普查时同时办理，导致错误叠出，诟病最多[①]。国情普查研究所在呈贡县的人口普查工作完全独立，在环滇池户籍示范区的人口普查与户籍登记的设籍工作也分别独立进行，完成全部的人口普查工作后，才利用政府的户籍行政人员推行人事登记。尤其在呈贡县和昆阳县，国情普查研究所利用独立聘任的登记员，其人事登记工作一直持续至1948年，完成了民国时期持续时间和相关人口数量均居前列的人事变动统计数据。在民国时期的区域性人口普查中，大都受政府机关户籍行政的影响，人口普查的目的也是为户籍行政，和国情普查研究所的人口普查相比，水平无一能出其右者。

统计方法是国情普查研究所较为重视的研究内容。当时国际上流行4种统计方法：边洞法、机器法、条纸法与划记法。机器法是利用机器进行

---

① 国民政府主计处统计局：《四川省选县户口普查总报告》，国民政府主计处统计局1943年版，第3页。

资料的统计整理，优点是快速准确，缺点是极其耗费经费，对于抗日战争时期艰苦的学术与生活条件来说，没有使用机器法的物质基础。边洞法是机器与人工合作的统计方法，但一般用在商业统计之中，人口材料的整理还未使用过，没有实验的条件。划记法与条纸法是完全利用人工进行的统计方法，在国际上多有使用，国内的部分人口调查也有使用过，鉴于此，国情普查研究所选择条纸法与划记法进行深入比较。在呈贡县的人口普查结束后，国情普查研究所用了6个月的时间进行比较研究，统计所得，条纸法经费要比划记法多3%，这是因为条纸法需要对每位被调查者做一条纸之故，但时间比划记法省8%，错误更比划记法减少86%[①]。由此可见，在现代人口普查需要精准人口数字的要求下，条纸法的优势明显，其在准确率与统计速度和经费方面，均胜于划记法，优于推广。故而在国情普查研究所后来的工作中，一律直接使用条纸法进行统计，并首次将条纸法确定为较为科学的人工统计方法。

二　环滇池区域人口普查对全国人口普查方法的贡献

西南联大清华大学国情普查研究所与内政部、云南省政府在环滇池户籍示范区的人口普查、户籍及人事登记工作的直接目的是对进行全国性的人口普查、户籍及人事登记产生示范作用。这个目标是否达到，从当时国民政府的文件上就可知之。

1942年10月17日，国民政府制定了《户口普查条例》，"中国历史上第一次由中央政府提出了现代人口普查中的标准时间概念"[②]。1947年3月12日，国民政府又制定《户口普查法》，这是我国历史上第一部人口普查法，规定全国人口普查由内政部负责，内政部部长为全国普查长，每十年普查一次[③]。这两个明显带有现代人口普查特征的规定，直接来源于环滇池户籍示范区的经验。

1948年，国民政府试图组织以1950年10月1日0时为标准时的人口普查，当时拟定的普查方案是[④]：

---

① 清华大学国情普查研究所：《云南呈贡县人口普查初步报告》（油印本），清华大学国情普查研究所1940年版，第50页。
② 侯杨方：《中国人口史》第6卷，复旦大学出版社2005年版，第90页。
③ 《户口普查法（1947年3月12日国民政府公布施行）》，《户政导报》1947年第3期。
④ 《中华年鉴》，中华年鉴社1948年版，第592页。

（一）普查时期　自民国三十七年七月一日，至民国四十二年十二月三十一日，为本届户口普查办理时期。以民国三十九年十月一日为普查日，以该日上午零时零分为标准时刻。

（二）普查机构　全国户口普查处于普查办理时期开始时设立，至终止时结束。省市户口普查分处，于普查日前一年设立，普查日后四个月结束。县市户口普查研究所于普查日前六月设立，普查日后二月结束。

（三）普查人员　基层工作人员，分执行人员及联络人员。执行人员负实际调查之责，遴选当地学校员生及人民团体优秀人士集中训练后派用之。联络人员负协助完成调查之责，由乡镇保甲长兼任之。普查人员训练办法另定之。

（四）普查经费　按本计划核定后，由全国户口普查处编造临时预算，由国库开支。

（五）普查方式　采用预查核对法，民国三十九年九月一日至七日编户，九月八日至二十二日预查人口，九月二十三日至三十日由督导人员审定预查纪录，十月一日开始复核，并于当日办理完竣。但偏僻乡村得延长之，最多不得超过七日。

（六）查口标准　调查现住人口，即标准时刻之在场人口（但并查常住地，于统计时先按常住处所分类，再行整理统计，使所得资料，为常住人口之统计）。

（七）调查表示　采分户式，每人应查项目如左：（1）姓名（2）称谓（3）性别（4）年龄（5）本籍（6）婚姻状况（7）教育程度（8）职业（9）常住地（10）残疾。

（八）普查区划　原则上以保为普查区，乡镇为督导区。但过大之保或乡镇，得依自然环境，人口数量，分布状况等统计，划分为数普查区，或督导区。

（九）整理统计　采机器整理法，全国集中办理之，初步统计于普查日后六个月内公布之，详细统计，于普查时期终止前办理完竣。

依此与国情普查研究所的实验结果比对，我们可以清楚地看到，环滇池户籍示范区的户口普查对全国户口普查产生之重要影响，其总体方案结合了户籍示范区普查的成果，与国情普查研究所提出使用的方案基本一致，比较来看以上各标准，可得：

第一，专门统一普查机构的建立、学校教员与保甲长普查人员的选择、编户预查而后再普查的普查方式、普查表式的 10 项内容、普查区的划分，都与呈贡县人口普查和环滇池市县户籍示范区的户口普查，标准完全一致。

第二，唯有普查日和整理统计两个方面不一致。这是因为对于全国来说，10 月 1 日对受气候影响强烈的东部和北方地区，更适合[①]，事实上，普查标准日制度的确立，便是来自国情普查研究所注重气候对人口普查标准日产生影响的实验结果。此外，抗战已经胜利，国家的财政和科技能力以及国内、国际环境能够为使用更先进的机器进行统计整理提供条件，故而摒弃掉手工统计的"条纸法"，改用更为快捷的机器法。

中华人民共和国成立后，第一次全国人口普查是在 1953 年，但这样一个大规模的全国人口普查是否科学呢？尽管没有亲自指导调查，国情普查研究所的主持者依然对 1953 年的人口普查做了深刻的解析，戴世光《我国 1953 年的人口普查》，对此次人口普查的空间标准、时间标准、项目、调查方法等人口普查的几个关键要素都进行了分析，并通过与呈贡县的人口普查相比较，认可其准确性，但也指出因为准备工作不充分，导致调查时间太长，统计技术运用也不够，且采取户主到站登记的方法容易产生错误等一些不足也较为明显[②]。1957 年 3 月，陈达以《1953 年新中国的人口普查与国家建设及人口研究的关系》为研究提纲，邀请高校及政府机关共 40 余人举行了一次座谈会，对 1953 年中国人口普查给予了较高的科学评价，同时在培养人口研究人员、规划人口研究方向等方面达成了共识[③]。陈达与戴世光是在 20 世纪 80 年代之前，少有的对 1953 年人口普查进行分析评判的国内学者，他们之所以能科学地论证这次人口普查的优劣，完全是因为有清华大学国情普查研究所的成果可以作比较研究。1953

---

① 乔晓春：《中国人口普查研究——有关问题的理论探讨》，中国人口出版社 1995 年版，第 125—146 页。

② 戴世光：《我国 1953 年的人口普查》，《教学与研究》1957 年第 4 期。

③ 陈达：《1953 年新中国的人口普查与国家建设及人口研究的关系》，罗青：《关于人口研究工作进行情况的报告》，载费孝通《人口问题研究搞些什么》，中国社会学演讲会 1980 年版，第 28—40、84—88 页。

年人口普查的目的是为配合人民代表大会代表的选举而进行的,主要目的是获得人口数量,所以项目仅有 5 项:姓名、与户主的关系、性别、年龄、民族,仅能提供人口数量的研究,普查的设计又仅以苏联 1939 年人口普查为标准,导致其不足之处也是显而易见的①。由此我们可以看到,清华大学国情普查研究所在方法上的先进性甚至超越了后来者,具有重要的历史价值。

由上述可见,环滇池户籍示范区的户籍及人事登记工作,是一个小范围的小规模实验,却产生了大规模、大面积的积极作用。这项工作的先进作用不仅是能为国民政府推行户籍行政及其改革提供参考的基础,更能为中华人民共和国推行户政提供可资的有益借鉴。西南联大清华大学国情普查研究所产生的影响力,是民国时期学术界其他任何国情调查研究机构和团体无法企及的。

第四节　环滇池区域国情研究与中国现代学术

清华大学国情普查研究所在呈贡县的实验是行之有效的,在为国家的现代化建设提供方法与资料的同时,为社会科学的学术研究亦产生了深远的影响。他们将这些成果同国际上先进的人口普查成果进行了比较,展现了组织者广阔的国内、国际学术视野。

一　传播了严谨求实的学风

梅贻琦在《云南省户籍示范工作报告·序》提到近代社会学术中"空疏""偏蔽"之风,尤其在人口学中大肆蔓延。正如我国人口总数的讨论,最高的数据为 54700 万人,最低的数据为 29000 万人,二者相差达 25700 万人②,这种估计、臆想的数字,不仅不能为学术发展产生贡献,反而给正常的人口、社会研究带来困扰。"我们要想对于人口总数及其相关问题渐求精确,必须摒除悬想或推测而搜集大量的人口事实,来作研究

---

① ［苏］谢·康·克拉戴维奇:《中国1953年全国人口调查》,中华人民共和国国家统计局专家工作室译,统计出版社1956年版,第14页。

② 王士达:《近代中国人口的估计》,北平社会调查所1931年版。

的基础，因此人口普查实是一种可靠而适当的方法。"①

基于此，清华大学国情普查研究所极为注重方法的科学性，用以取得真实准确的社会相关数据。在抗日战争开始前，我国虽然有过数次人口普查，但均不是现代科学意义上的人口普查。陈达总结民国时期其他人口普查时说"江阴的人口普查，仅包括该县的一部，是南京金陵大学和美国司格立柏斯人口问题研究所合作的试验。国防设计委员会与句容县政府合办农业及人口调查，以期明了人口分布及粮食产销的真象。江宁自治实验县举行人口普查，以树立自治的基础，在筹备训练调查及整理期间，并请国民政府统计局派员指导。中华平民教育促进会在定县试办实验有年，定县县政府于民国23年举行全县的人口普查，历五个月而成；惜因人事更动，未印报告。邹平县政府与乡村建设研究院合作，办理全县的人口普查。兰溪实验县政府以为土地与人民是施政的基本，而尤注重于人口"②。由此可见，上述调查都未能严格按照人口普查标准统一进行，江阴县的人口调查，并未包括全县的人口；句容县则是与国防设计委员会合作办理了农业及人口调查，目的是为明了人口分布与粮食产销的真相；江宁县邀请国民政府统计局派员指导调查人口，目的为该县树立自治的基础；定县是与中华平民教育促进会合作，用5个月的时间进行了人口调查，但因为负责人的人事变动，成果未及出版；邹平县与乡村建设研究院合作，举办了全县人口调查；兰溪县以土地和人民为施政的基本，注重人口的调查统计。就从上述人口调查的目的来看，只有国情普查研究所的动机最为纯粹，目的不仅是要准确的人口数字，更需要科学的调查方法。上述6县并无人事登记成果，所以对于出生性别比例则无从比较，退而求其次，只能用同其他县内0岁人口的男女来与呈贡县出生登记的数据进行比较，才能研究出生性别比例。在婚姻、识字情形等方面，只有江阴、句容、江宁和邹平县有资料能与呈贡相比较。在农户地权方面又仅有江阴、句容、兰溪有材料可与呈贡比较③。由此可见，抗战前的人口及其相关研究，均没有

---

① 清华大学国情普查研究所：《云南呈贡县人口普查初步报告》（油印本），清华大学国情普查研究所1940年版，第1页。
② 清华大学国情普查研究所：《云南呈贡县人口普查初步报告》（油印本），清华大学国情普查研究所1940年版，第2—3、55—56页。
③ 清华大学国情普查研究所：《云南呈贡县人口普查初步报告》（油印本），清华大学国情普查研究所1940年版。

统一的标准,各县依据自身对人口数量的需求,调查设计不同的项目,也使得各类调查的质量参差不齐,中国社会学术缺乏统计准确数据的状况没有发生根本改变。

与陈达所述的区域性人口调查或人口普查相比,国情普查研究所的人口普查是受政府户籍行政体系影响最小者,其普查的设计由国情普查研究所独立完成,普查员是独立选拔的,培训、考核与监督工作皆主要由研究所内成员担任,统计工作也独立完成。呈贡县政府只是为国情普查研究所的工作提供方便,如颁布政令、指示照办等,故国情普查研究所能够以单纯的人口普查实验而举行工作,保证了其过程和结果的严谨性。

清华大学国情普查研究所坚守呈贡县文庙内进行长达8年的人口及其相关研究,为社会学研究提供了准确而又丰富的数据。据统计,国情普查研究所的4种工作报告共有60余万字,内附各类统计表300余种,清华大学国情普查研究所以高质量丰富的工作报告,为人口普查立了标准,在此基础上开拓了人事登记与户籍登记的先河。这些是科学的社会学术研究的第一手资料,正是当时社会学研究中最缺乏的。

民国人口及其相关研究中,无论是20世纪40年代的学术界,还是今日之学术界,一致认可国情普查研究所为中国现代人口普查方法的示范贡献,陈达、李景汉均以实地的人口普查工作经验,结合人口与社会的相关理论,提出了诸多科学的观点,得到了学术界及政府人士的普遍赞誉。

二 环滇池市县的户籍示范对现代国情和学术研究的贡献

抗战时期清华大学国情普查研究所驻所呈贡文庙和以环滇池区域市县为主的国情普查,真正体现了学术为现实服务,为国家建设服务的价值和真谛,是学术为现实服务的典范。时任云南省主席的龙云认为,"欲建设现代化之国家,尤须对于全国人口,搜集基本事实,以为政治经济及社会各种建设之根据"①。时任云南省经济委员会主任的缪嘉铭说:"清华大学,于教授专门学术而外,又特设机构,注力于理工与社会科学之研究。其一曰国情普查研究所,假省治南郭呈贡县之文庙为其廨舍。昔者孔子论政术,以庶富教三事为教,而国情之错综繁变要不出此三事,普查之对象

---

① 龙云:《序》,载云南环湖市县户籍示范实施委员会《云南省户籍示范工作报告》,清华大学国情普查研究所1944年版,第1页。

亦不离乎此三事，而普查方法之推寻，所以力求访查清楚，分析精到，计核敏捷，记载翔实者。"① 梅校长更是肯定道："国情普查研究所的工作，目的不在普查本身，而在普查方法的研究，务求其简洁精当，省费可靠；研究而有得，就把所得的交给国家，供国家实行普查时的参考采择。"② 这种学术为现实服务精神值得充分肯定，并为激励今天学术界努力的方向。

1982 年中国第三次全国人口普查后，戴世光曾利用环滇池区域的人口数字完成《1942—1982 年昆明环湖县区人口的变动与发展——一个城乡社区的人口学研究》，该著是以戴世光参与主持的国情普查研究所于 1942 年在昆明市、昆明县、呈贡县、晋宁县、昆阳县的人口普查数据为基础，结合户籍及人事登记的统计资料，对 1942—1982 年的 40 年间的人口数字进行了分析，以探析该区域内人口的数量、结构与生产发展变化，人口与社会、经济文化特征的变化，以及与无锡、北京、日本的人口进行了比较分析③。这种比较研究，充分发掘了国情普查研究所在环滇池区域的人口国情调查成果，其数据和调查统计方法的科学性在这样的比较研究中进一步得到论证，环滇池区域人口国情调查能够推广研究的示范性也得以真切呈现，戴世光的成果为我们进行云南人口及其相关研究做了方法的榜样。

国情普查研究所还为国际学术界提供了科学的中国人口数据。2010 年 10 月 28 日，李克强在第六次全国人口普查电视讲话中指出，"人口普查是国际上的通行做法。今明两年，世界上有 100 多个国家要开展人口普查"④。作为全世界普遍进行的现代人口普查活动，在民国时期远没有普及到现在的水平。据对陈达所列世界各国人口普查数据的统计，20 世纪 30 年代前后共有 43 个国家也进行过人口普查，国际学术界知晓中国拥有庞大的人口数量，但具体是多少则无从知道，甚至做些基本的估计都倍感

---

① 缪嘉铭：《序》，载云南环湖市县户籍示范实施委员会《云南省户籍示范工作报告》，清华大学国情普查研究所 1944 年版，第 4—5 页。
② 梅贻琦：《序》，载云南环湖市县户籍示范实施委员会《云南省户籍示范工作报告》，清华大学国情普查研究所 1944 年版，第 6—7 页。
③ 戴世光、陈旭光：《1942—1982 年昆明环湖县区人口的变动与发展——一个城乡社区的人口学研究》，云南大学出版社 1989 年版。
④ 李克强：《积极行动起来确保第六次全国人口普查圆满成功——在第六次全国人口普查登记前的广播电视动员讲话（2010 年 10 月 28 日）》，《人民日报》2010 年 10 月 29 日第 3 版。

困难。陈达利用世界上其他43个国家的人口普查成果与呈贡县人口普查相比较,得出中国人口的出生率和死亡率都大大高于世界平均水平,自然增加率为5.0%①。在这里,陈达以广阔的学术视野,选择呈贡县代表整个中国的人口状况,这一代表性随着《现代中国人口》在国外的发行,被认为是"真正以科学态度讨论中国的书"②,用呈贡县人口统计的结果来估计国内他处的人口状况,这一方法和结论得到了国际学术界的认同,同时填补了中国缺乏人口普查数据的空白,产生了重要的学术价值。

国情普查研究所是抗日战争时期建立在云南的以人口及其相关国情问题为核心进行研究的学术机构,其主要负责人陈达、李景汉、戴世光是中国最著名、最重要的社会学家与统计学家之一,在国情普查研究所他们延续了原清华大学社会学系理论与实际相结合的学术科研精神,选择呈贡县及环滇池区域的昆明市、昆明县、昆阳县、晋宁县为研究实验区,在1938—1946年间,先后进行了人口普查、农业普查、户籍及人事登记等重要的国情研究,尤其呈贡县和昆阳县的人事登记,长期持续进行达6年,是我国第一次在人口普查基础上进行的人事登记,为各项人口及其相关研究积累了科学的人口材料。抗日战争为中国现代学术带来的灾难是巨大的,但正是在国情普查研究所的这样一批学者努力下,在稍微安定的云南环滇池区域进行了艰苦卓绝的探索,不仅传承了现代学术,更将人口及其相关社会研究推进到了新的高度。无论他们的研究成果,抑或探索精神,均对中国现代学术产生了深远的影响。

---

① 云南环湖户籍示范实施委员会:《云南省户籍示范工作报告》,清华大学国情普查研究所1944年版,第74页。
② [美] W. F. 奥格朋:《导言》,载陈达《现代中国人口》,廖宝昀译,天津人民出版社1981年版,第4页。

结　　语

通过全书可知，本论题有两条主线，即国情调查研究与学科学术发展，支撑这两条主线的研究对象，是抗日战争时期，西南联大在云南的地理与人口调查等学术科研活动。众所周知，对学术科研活动的研究和论述，史料是关键，笔者在导师的帮助下，经过近8年的努力，终于将西南联大在云南的地理与人口调查相关的第一手史料搜集完毕，其总量达120余万字。在充分占有第一手史料的基础上，本书主要结论如下。

一　中国国情调查研究实验

西南联大能取得至高之学术成就，并非凭空产生，而是与抗日战争之前中国的学术发展脉络紧密相连。地理与人口是国情调查和研究的重大问题，抗战之前，中国的政府机关以及学术界已经在现代科学的学术视野下对国情进行了调查与实验，典型的代表是民国政府组织的全国土地与人口调查，学术界兴起的社会调查运动等。毋庸置疑，抗日战争顷刻间便打断了这一国情调查研究的进程。与此同时，深重的内忧外患，促使国人对国情认识的需求更加突出。在政府无能力对国情进行科学的调查与研究时，掌握现代科学技能的爱国学者，主动承担起这一抗战救国的时代重任，西南联大的众多学者，就是这些学者中的佼佼者。

西南联大对中国国情调查与研究的实验，主要表现在两个方面，第一是国情调查方法，西南联大地质地理气象学系地理学组师生以土地利用调查与经济地理调查作为地理国情研究方法，在环滇池区域和滇西地区进行了地理国情调查的实践，例如鲍觉民推动以土地利用为重心的全国经济地理国情调查；清华大学国情普查研究所则以人口普查、户籍及人事登记作为人口国情研究方法的实验，共同为抗战时期乃至中华人民共和国时期的国情调查提供了方法的借鉴，例如戴世光曾参与指导 1982 年第三次中国人口普查等。第二是国情研究数据，抗日战争对中国国情研究造成了巨大的影响，很多抗战时期的人口数据是根据抗战前的数字估算而来，西南联大地理学师生及国情普查研究所在云南的国情调查，记录统计了客观的地理情形与人口面貌，尤其环滇池区域的人口数据，经陈达《现代中国人口》论证后，其中的人口增长率、年龄结构等问题，成为国内外学术界研究中国国情的重要标尺，至今仍有重要参考价值。同时西南联大学者们对国情的关注与研究，倡导了实地调查研究的风气，有力地促使学术界开始改变估计或照搬的研究模式，为科学地认识与研究国情、为国家制定政策做出了重要贡献。

二 地理学与社会学学术发展

地理学和社会学均是近代以来兴起的一门科学。近代以来，随着中西方学术接触交流的增多，兴起于西方的近代地理学逐渐传入中国。在丁文江、张印堂、鲍觉民等几代中国地理学留学生的努力下，符合中国实际的地理学研究方法与学科体系逐步建立。西南联大地质地理气象学系是在北京大学地质系、清华大学地学系的基础上组建的，成为将中国近代地质学、地理学、气象学学科均包括在内的综合系别，其中重要的地理学组，师资由起初的张印堂 1 人，发展到西南联大时期的鲍觉民、林超、钟道铭等共 6 人；学生则培养出 120 多名，学生们的毕业论文，均是利用地理学学术前沿理论与方法进行的研究，并且有目的的在环滇池区域以及澄江附近集中进行，培养出 23 位院士，还有不少学生，成为中华人民共和国地理学领域内的奠基人。以鲍觉民为首的西南联大师生在环滇池区域的地理学考察，包括土地利用、滇池水文、昆明城市地理、呈贡农村经济地理等，不仅是理论指导实践的优秀成果，更是中国近代地理学分支学科发展中的里程碑式的学术成就，尤其土地利用调查，充分利用了环滇池区域的地形图，将土壤分类、土地利用的现状、村庄分布、交通路线等均详细绘入，是中国早期最为精确的区域土地利用调查与填图范例，为中国土地利用学的建立和发展，做了专业的方法示范，更培养了不少优秀的人才，同样为地理学分支学科区域地理学的发展做出了杰出贡献。张印堂在滇西进行的经济地理调查，是他在关注蒙古等边疆经济地理问题的延续，随着《滇西经济地理》的出版，对经济地理学的发展产生了重要的推动作用，其一是在方法上，将地理调查作为经济地理研究的基础，数据与资料的来源有了科学的保证；其二是在内容上，注重地理环境基础上的经济因素的探讨，改变了早期经济地理从古代文献出发重视物产分布的研究内容，并促使区域经济地理向小范围、精细化发展；其三是在学科建设上，他开设的《中国边疆区域地理》及《西南边疆研究》是当时中国唯一开设的边疆区域地理专业课程，是历史边疆地理作为学科进入课堂的重要起点，张印堂为中国经济地理以及边疆地理学学科发展做出了杰出的贡献。

社会学在中国的兴起也是民国初期，但发展速度却超过地理学。到20世纪30年代，中国已经出现社会调查运动，其普及性及参与人数均前所未有。可是社会调查运动的背后，却是方法的粗枝大叶、成果的不切实际，真正科学的调查与研究方法仍然由少数的社会学专业学者掌握。清华大学国情普查研究所的两位主持人陈达和李景汉就位列这少数的优秀专家之中。人口一直是社会学研究的重要内容，民国时期有关人口问题的研究吸引了大量社会学家、人口学家、地理学家、统计学家的参与。国情普查研究所在环滇池区域的人口普查、户籍及人事登记，是在充分考量中国国情的现状后拟定的，为相关的调查和统计方法做了科学的实验，表现在调查员的训练、调查表的设计、条纸统计方法、人事登记内容、户籍管理制度等诸多方面，不仅推动了社会学研究内容、理论与方法等领域内的科学发展，更为相关研究提供了翔实的资料和数据。社会科学与人口科学的中国化，在清华大学国情普查研究所的推动下得到了重大的发展。

三 抗日战争时期的学术研究

抗日战争对中国学术的影响是显而易见的，如地理学界的中华地学会、禹贡学会均因抗战而停止活动，社会学界轰轰烈烈的社会调查运动戛然而止，还有大量的学术刊物停办等等一系列学术活动被迫终止。故学术界有大量的研究有意地对抗日战争时期的学术问题避而不谈，通过西南联大，我们发现中国学术活动在另一个方面的繁荣，即学术与现实的密切结合。

西南联大的学者们都是由北京、天津南迁而来，之前在北京、天津地区的学术研究大都停止，学者们大量的前期研究成果也滞留在沦陷区，作为学者群体内迁的代表，遭受着学术研究被剥夺的苦楚。但当西南联大在云南安定下来之后，他们再一次拿起了笔杆。西南联大地质地理气象学系的师生们，以抗战建国为己任，对滇西经济地理调查与环滇池区域的土地利用调查，均是把学术用于实践的代表性研究，在滇缅铁路沿线经济开发、滇西建设方面，在环滇池区域的粮食生产等方面，均做出了直接的现实贡献。清华大学国情普查研究所则同样以抗战救国为己任，以人口普查、户籍及人事登记作为调动抗战力量的手段，在为国家进行全面人口普查与户籍制度建设提供方法的同时，整理总结了环滇池区域的人口与社会状况，为户籍行政提供了科学的数据依据和借鉴。抗日战争时期中国的文化学术因为有西南联大师生们的努力，而被传承下来，并根据当时的现实条件，在多个方面做出了重大的贡献。

西南联大因抗日战争而产生，又随着抗日战争的结束而解散，二者密不可分。地理学界流行的几部学术史著作中，均一致地忽视抗日战争时期地理学的发展，社会学、人口学界的相关研究，也对清华大学国情普查研究所一笔带过，少有叙述。学术界对抗日战争时期学术问题关注的不足，直接导致西南联大学术研究的欠缺，同样，对西南联大学术研究的不足，直接导致了抗日战争时期中国学术发展研究的偏差。本书从西南联大对云南的学术与现实贡献研究，其中重要的目的就是向学术界展示抗日战争时期中国现代学术在云南地区的繁荣发展，弥补对抗战时期中国学术研究的不足。

四 西南联大与云南近代学术

西南联大在迁入云南之前，云南的近代学术已经陆续得到发展。在地理学界，晚清以来有大量的西方人在云南进行地理调查，引起中国学者对云南地理的重视。1912 年，丁文江作为首位在云南进行地理考察的中国地理学者，奠定了云南在中国近代地理学发展中的重要地位。在 20 世纪 30 年代，又有中山大学、中央大学等很多地理学家来云南调查，到西南联大迁入云南后，地质地理气象学系的师生基本全部以云南各地的相关地理研究作为研究和实习的内容，云南自然地理与人文地理的多样性得到大范围的发掘，云南成为地理学研究的重要区域。

民国以来，云南在中央政府的政令及地方政府的指导下，进行过多次的人口调查与户籍登记，代表着传统人口统计与户籍管理的发展过程。西南联大清华大学国情普查研究所在环滇池区域的人口普查、户籍及人事登记，则将国际上先进的人口统计与户籍管理方法首次应用在该区域，尤其在人口普查基础上建立的户籍及人事登记制度，能够相互参证，是至为科学和严谨的户籍示范工作，在云南乃至全国均极具推广性。

云南之所以能得到以西南联大师生为主的学术界的重视，不仅因为学者们驻所云南，在当地进行学术研究自有其便利之处，更因为云南拥有独特的自然地理与人文环境。仅从环滇池区域来看，以西南联大地质地理气象学系鲍觉民与张景哲的洛龙河区为例，发源于东部山地丘陵区，流经平原区汇入滇池，洛龙河全长仅8000米，却自东向西经山地、丘陵、盆地、平原四大类地形区，依此次序分布的土壤类型是灰棕壤、黑色石灰土、红壤、水稻土，土地利用状况则为荒地、林地、果地、旱地、雷响田、水田、海埂田、菜地。由此可见环滇池区域地理环境的复杂性。同样，清华大学国情普查研究所根据其所居民众的数量，把环滇池区域分为市镇区、平原区、丘陵区和山区，这4种类型的调查区彼此间都有明确的区别，同时分布着不同的人口类型，如普遍的普通住户、市镇人口、公共住户，还有特殊的如寺庙住户、船户、商户以及少数民族人口等。从表面上来看，环滇池区域的土地与人口的具有多样性和复杂性，事实上其正好表现了这一区域的示范性和代表性。山地、丘陵、平原、盆地，是全国土地的主要类型，普通户、市镇人口、公共住户以及特殊的船户、商户，乃至少数民族人口又是全国主要的人口类型，在小范围内进行多种学术类型的学术研究，促使西南联大在云南的这些学术研究，在理论与方法上能较为全面，与国内外其他地区的学术研究，可资比较与借鉴之处更多。云南为西南联大师生们的学术研究提供了多姿多彩的自然与人文基础，西南联大则对云南进行了多方面深入的研究，推动了云南近代学术的飞跃发展。

五 西南联大学者群体与中国近代学术

在中国近代学术的发展中，学者是学术的主要承载者，学术活动是他们学术理念与方法的表现。本书从西南联大地质地理气象学系与清华大学国情普查研究所这两个单位内学者的学术背景出发，解读他们的学术活动，依此探究西南联大为中国近代学术所做出的贡献。

西南联大之所以能享誉世界，正是他们著名师生的功劳。抗日战争之前，北京大学、清华大学与南开大学已经是国内外重要的高等学府，会聚了大量的优秀学者，合组成西南联大之后，这一学者群体更加强大。

西南联大地质地理气象学系直接传承于北京大学地质系和清华大学地

学系。合组成西南联大地质地理气象学系后，师资阵容更加全面，培养的学生数量也大幅增加。地质地理气象学系地理组的张印堂，是中国早期留学英国的专业地理学家，1933年便进入清华大学任教，可谓是清华大学地理学任教时间最久者，培养的学生众多。鲍觉民则在1940年回国后任教于西南联大地质地理气象学系，他是西方土地利用学的开创者斯坦普的学生，1946年以后，成为南开大学的教授，20世纪80年代成为南开大学唯一的经济地理学博士生导师，也是促使中国人文地理学复兴的关键人物。张印堂、鲍觉民带领指导地质地理气象学系学生在滇西以及环滇池区域的地理调查，为一批年轻的地理学工作者奠定了一生的学术基础，成就了张景哲、孙承烈、冯绳武等一大批优秀的地理学工作者，中国近代以来形成的良好的科学研究风气在他们身上传承下来，中国的现代地理学学术因为他们而得以快速发展，他们至今仍然影响着中国的现代学术。

西南联大清华大学国情普查研究所所长陈达是中国人口问题研究的专家，他留美期间，与吴文藻、孙本文同样师从奥格朋教授，在20世纪20年代清华大学社会学系任教时便开设人口学相关课程，30年代发表《人口问题》，是中国人口问题调查与研究的早期开拓者，到西南联大时期任教于社会学系，主持清华大学国情普查研究所，更是将人口问题研究推向新的高度。李景汉是中国最著名的社会调查专家之一，在20世纪30年代已经因定县的社会调查而享誉学术界，他对社会调查方法有着至为深入的研究，完成了多部社会调查方法研究的专著。在清华大学国情普查研究所中，陈达与李景汉是社会学的第一代留学者，他们的研究方法与理念，对国情普查研究所内其他教员、助教产生了重要影响，在师承、学术成果与研究理念等诸方面，形成了稳定的学术派别，即"文庙学派"，戴世光作为中国统计学界的重要专家，是中国国情统计的留美学生，在清华大学国情普查研究所的所有工作中均做出了重大的贡献，20世纪80年代以后，又在人口普查与统计学等领域内，传承并开拓了国情普查研究所的学术理念，成为中国社会学发展史上举足轻重的学术派别。此外，国情普查研究所还培养了周荣德、苏汝江、廖宝昀、袁方等一批在国内外学术界具有重要影响的学者，为中国近代学术在抗日战争时期兴亡继绝，与后来的开拓创新，做出了重大的贡献。

西南联大是一个奇迹，这一奇迹不仅表现在高等教育之中，还表现在与西南联大相关的抗日战争这一时间内，西南联大学者用学术承载着振兴民族的重任；在与西南联大相关的云南这一地域范围内，西南联大学者选择代表性的环滇池区域和滇西地区，在区域自然地理与人文社会的研究方面取得了科学的国情数据，并为中国国情的认识和研究提供了方法的示范。同时，西南联大师生们还为中国近代地理学、社会学等学科的发展，云南与中国近代学术的进步做出了难以磨灭的重大贡献。

参考文献

一 专著

北京大学、清华大学、南开大学、云南师范大学编:《国立西南联合大学史料》,云南教育出版社1998年版。

北京大学校友联络处编:《箛吹弦诵情弥切:国立西南联合大学五十周年纪念文集》,中国文史出版社1988年版。

卜凯主编:《中国土地利用》,金陵大学农学院农业经济系出版、成都成城出版社1941年版。

查瑞传主编:《人口学百年》,北京出版社1999年版。

陈达:《浪迹十年》,商务印书馆1946年版。

陈达:《我国抗日战争时期市镇工人生活》,中国劳动出版社1993年版。

陈达:《人口问题》,商务印书馆1935年版。

陈新华:《留美生与中国社会学》,南开大学出版社2009年版。

陈友康、罗家湘:《20世纪云南人文科学学术史稿》,云南人民出版社2003年版。

楚雄市地方志编纂委员会编:《楚雄市志》,天津人民出版社1993年版。

戴世光、陈旭光:《1942—1982年昆明环湖县区人口的变动与发展:一个城乡社区的人口学研究》,云南大学出版社1989年版。

戴世光:《戴世光文集》,中国人民大学出版社2008年版。

《当代中国的统计事业》编辑委员会:《当代中国的统计事业》,当代中国出版社、香港祖国出版社2009年版。

丁嘉藩:《户口调查要义》,商务印书馆1940年版。

费孝通、张之毅:《云南三村》,社会科学文献出版社2006年版。

费孝通:《社会调查自白——怎样做社会研究》,上海人民出版社2009

年版。

费孝通:《乡土中国》,北京出版社 2005 年版。

葛剑雄:《中国人口史》第 1 卷,复旦大学出版社 2002 年版。

公安部户政管理局编:《清朝末期至中华民国户籍管理法规》,群众出版社 1996 年版。

郭净、段玉明、杨福泉主编:《云南少数民族概览》,云南人民出版社 1999 年版。

清华大学国情普查研究所:《云南呈贡县昆阳县户籍及人事登记初步报告》(油印本),清华大学国情普查研究所 1946 年版。

清华大学国情普查研究所:《云南呈贡县人口普查初步报告》(油印本),清华国情普查研究所 1940 年版。

国务院人口普查办公室、国家统计局人口和社会科技统计司编:《2000 年人口普查方法研究》,中国统计出版社 2004 年版。

韩明谟:《20 世纪百年学案·社会学卷》,陕西人民教育出版社 2002 年版。

洪大用、黄家亮组编:《李景汉文集》,中国人民大学出版社 2019 年版。

侯德封编:《第五次(1932—1934)中国矿业纪要》《地质专报·丙种》,实业部地质调查所、北平研究院地质学研究所印行 1935 年版。

侯仁之主编:《中国古代地理学简史》,科学出版社 1962 年版。

侯杨方:《中国人口史》第 6 卷,复旦大学出版社 2005 年版。

胡汉民:《训政进期调查户口之意见》,民智书局 1927 年版。

胡焕庸:《人口研究论文集》第 2 辑,华东师范大学出版社 1983 年版。

胡庆钧:《汉村与苗乡——从 20 世纪前期滇东汉村与川南苗乡看传统中国》,天津古籍出版社 2006 年版。

黄兴涛、夏明方主编:《清末民国社会调查与现代社会科学兴起》,福建教育出版社 2008 年版。

贾春增:《外国社会学史》,中国人民大学出版社 2018 年版。

姜涛:《中国近代人口史》,浙江人民出版社 1993 年版。

金德群:《民国时期农村土地问题》,红旗出版社 1994 年版。

景天魁:《中国社会学:起源与绵延》,社会科学文献出版社 2017 年版。

景天魁主编:《中国社会学史:群学的形成》第 1 卷,中国社会科学出版社 2019 年版。

鞠继武:《中国地理学发展史》,江苏教育出版社1987年版。

昆明市政协文史学习委员会编:《抗战时期文化名人在昆明》(一),云南美术出版社2000年版。

李道生主编:《云南社会大观》,上海书店出版社2000年版。

李洪涛:《精神的雕像:西南联大纪实》,云南人民出版社2001年版。

李景汉:《北平郊外之乡村家庭》,商务印书馆1929年版。

李景汉:《定县社会概况调查》,上海人民出版社2005年版。

李景汉:《中国农村问题》,商务印书馆1937年版。

李培林、渠敬东、杨雅彬主编:《中国社会学经典导读》上下册,社会科学文献出版社2009年版。

李培林主编:《费孝通与中国社会学》,社会科学文献出版社2011年版。

李旭旦主编:《人文地理学概说》,科学出版社1985年版。

立法院统计处编:《全国人口产业总查计划大纲》,立法院统计处1930年版。

梁方仲:《中国历代户口、田地、田赋统计》,上海人民出版社1980年版。

卢汉龙、彭希哲主编:《二十世纪中国社会科学·社会学卷》,上海人民出版社2005年版。

陆韧:《变迁与交融——明代云南汉族移民研究》,云南教育出版社2001年版。

陆韧:《云南对外交通史》,云南民族出版社1997年版。

马玉华:《国民政府对西南少数民族调查之研究(1929—1948)》,云南人民出版社2006年版。

孟航:《中国民族学人类学社会学史(1900—1949)》,人民出版社2011年版。

南开大学校史研究室编:《联大岁月与边疆人文》,南开大学出版社2004年版。

潘乃谷、王铭铭编:《重归"魁阁"》,社会科学文献出版社2005年版。

钱颖一、李强主编:《老清华的社会科学》,清华大学出版社2011年版。

乔晓春:《中国人口普查研究——有关问题的理论探讨》,中国人口出版社1995年版。

清华大学校史编写组编著:《清华大学校史稿》,中华书局1981年版。

司徒尚纪：《地理学在广东发展史》，中国评论文化有限公司2003年版。

宋蜀华、满都尔图主编：《中国民族学五十年：1949—1999》，人民出版社2004年版。

苏汝江：《昆阳农村经济之研究》（油印本），清华大学国情普查研究所1942年版。

苏汝江：《云南个旧锡业调查报告》，清华大学国情普查研究所1942年版。

孙本文：《孙本文文集》，社会科学文献出版社2012年版。

孙敬之主编：《西南地区经济地理》，科学出版社1960年版。

中央统计联合会编：《中央统计联合会统计演讲集》，中华书局1937年版。

万湘澄：《云南对外贸易概观》，新云南丛书社1946年版。

汪曾祺：《师友故人忆念中》，译林出版社2020年版。

汪曾祺：《在西南联大》，文化发展出版社2021年版。

王成组：《中国地理学史》上册，商务印书馆1982年版。

王鸿祯主编：《中国地质事业早期史》，北京大学出版社1990年版。

王庆仁、马启成、白振声主编：《吴文藻纪念文集》，中央民族大学出版社1997年版。

王威海：《中国户籍制度——历史与政治的分析》，上海文化出版社2006年版。

王喜旺：《学术与教育互动：西南联大历史时空中的观照》，山西教育出版社2008年版。

王庸：《中国地理学史》，商务印书馆1938年版。

闻黎明：《抗日战争与中国知识分子——西南联合大学的抗战轨迹》，社会科学文献出版社2009年版。

吴传钧、郭焕成主编：《中国土地利用》，科学出版社1994年版。

吴传钧、施雅风主编：《中国地理学90年发展回忆录》，学苑出版社1999年版。

吴传钧主编：《20世纪中国学术大典·地理学》，福建教育出版社2002年版。

吴申元：《中国人口思想史稿》，中国社会科学出版社1986年版。

吴文藻：《论社会学中国化》，商务印书馆2010年版。

西南联合大学北京校友会编:《国立西南联合大学校史:一九三七至一九四六年的北大、清华、南开》,北京大学出版社2006年版。

谢本书、李江主编:《昆明城市史》第1卷,云南大学出版社2009年版。

谢轶群:《民国多少事》,九州出版社2008年版。

谢泳:《大学旧踪》,江西教育出版社1999年版。

谢泳:《西南联大与中国现代知识分子》,福建教育出版社2009年版。

许性初:《抗战与农村经济》,商务印书馆1937年版。

许渊冲:《许渊冲西南联大日记》,云南人民出版社2019年版。

薛暮桥、冯和法编:《〈中国农村〉论文选》,人民出版社1983年版。

薛其林:《民国时期学术研究方法论》,湖南人民出版社2002年版。

阎明:《中国社会学史:一门学科与一个时代》,清华大学出版社2010年版。

杨立德:《西南联大的斯芬克司之谜》,云南人民出版社2005年版。

杨敏编:《中国社会学史》,高等教育出版社2021年版。

杨伟兵:《云贵高原的土地利用与生态变迁(1659—1912)》,上海人民出版社2008年版。

杨吾扬:《地理学思想简史》,高等教育出版社1989年版。

叶法无:《近代各国社会学思想史》,河南人民出版社2017年版。

袁方主编:《社会调查原理与方法》,高等教育出版社1990年版。

袁方主编:《社会研究方法教程》,北京大学出版社1997年版。

云南环湖市县户籍示范实施委员会:《云南省户籍示范工作报告》,清华大学国情普查研究所1944年版。

云南省财政厅、云南省档案馆编:《民国时期云南田赋史料》,云南人民出版社2002年版。

云南省地方志编纂委员会总纂,《云南省志·盐业志》编纂委员会编撰:《云南省志·盐业志》,云南人民出版社1993年版。

云南省立昆华民众教育馆编:《云南史地辑要》上下册,云南省立昆华民众教育馆1949年版。

云南省禄丰县地方志编纂委员会编纂:《禄丰县志》,云南人民出版社1997年版。

云南省盐业总公司、自贡市盐业历史博物馆编著:《滇盐史论》,四川人民出版社1997年版。

云南省志编纂委员会办公室：《续云南通志长编》中册，云南省科学技术情报研究所印刷厂1986年版。

《云南一平浪盐矿志》编纂委员会编：《云南一平浪盐矿志》，云南美术出版社2000年版。

张国权：《户口调查概要》，内政部中央印务局1946年版。

张怀渝主编：《云南省经济地理》，新华出版社1988年版。

张静如、卞杏英主编：《国民政府统治时期中国社会之变迁》，中国人民大学出版社1993年版。

张静主编：《中国社会学四十年》，商务印书馆2019年版。

张曼菱：《照片里讲述的西南联大故事》，人民文学出版社2003年版。

张曼菱编导：《西南联大人物访谈录》，云南教育出版社2007年版。

张世文：《生命统计方法》，正中书局1943年版。

张印堂：《滇西经济地理》，云南大学西南文化研究室1943年版。

章有义编：《中国近代农业史资料》第3辑·1927—1937，生活·读书·新知三联书店1957年版。

赵荣：《中国古代地理学》，中国国际广播出版社2010年版。

赵新林、张国龙：《西南联大：战火的洗礼》，上海教育出版社2000年版。

郑杭生、刘少杰主编：《马克思主义社会学史》，高等教育出版社2006年版。

中国大百科全书总编辑委员会《地理学》编辑委员会、中国大百科全书出版社编辑部编：《中国大百科全书·地理学》，中国大百科全书出版社1990年版。

中国科学院自然科学史研究所地学史组主编：《中国古代地理学史》，科学出版社1984年版。

周荣德：《中国社会的阶层与流动——一个社区中士绅身份的研究》，学林出版社2000年版。

周晓虹主编：《重建中国社会学：40位社会学家口述实录1979—2019》，商务印书馆2021年版。

朱君毅：《民国时期的政府统计工作》，中国统计出版社1988年版。

邹振环：《晚清西方地理学在中国——以1815至1911年西方地理学译著的传播与影响为中心》，上海古籍出版社2000年版。

二 译著

［英］H. R. 戴维斯：《云南：联结印度和扬子江的锁链·19 世纪一个英国人眼中的云南社会状况及民族风情》，李安泰、何少英等译，云南教育出版社 2000 年版。

［美］T. S. 库恩：《科学革命的结构》，李宝恒、纪树立译，上海科学技术出版社 1980 年版。

［德］阿尔夫雷德·赫特纳：《地理学——它的历史、性质和方法》，王兰生译，张翼翼校，商务印书馆 1983 年版。

［中］陈达：《现代中国人口》，廖宝昀译，天津人民出版社 1981 年版。

［美］何炳棣：《明初以降人口及其相关问题：1368—1953》，葛剑雄译，生活·读书·新知三联书店 2000 年版。

［美］杰弗里·马丁：《所有可能的世界：地理学思想史》第 4 版，成一农、王雪梅译，上海人民出版社 2008 年版。

［美］普雷斯顿·詹姆斯、［美］杰弗雷·马丁：《地理学思想史》，李旭旦译，商务印书馆 1989 年版。

［英］史丹普：《英国土地及其利用》，林超译，商务印书馆 1949 年版。

［美］夏绿蒂·弗思：《丁文江——科学与中国新文化》，丁子霖、蒋毅坚、杨昭译，湖南科学技术出版社 1987 年版。

［苏］谢·康·克拉戴维奇：《中国 1953 年全国人口调查》，中华人民共和国国家统计局专家工作室译，统计出版社 1956 年版。

［美］易社强：《战争与革命中的西南联大》，饶佳荣译，九州出版社 2012 年版。

三 论文

《第一次全国户口普查计划草案》，《户政导报》1948 年第 4 期。

《国立清华大学国情普查研究所工作近况》，《图书季刊》1940 年第 2 期。

《户口普查法（1947 年 3 月 12 日国民政府公布施行）》，《户政导报》1947 年第 3 期。

《户口普查条例（1941 年 2 月 13 日国民政府公布）》，《浙江省政府公报》1941 年第 5/6 期。

《开发西南与滇缅交通线问题》，《战时知识》1939 年第 2 期。

《昆明市人口统计》，《江西统计月刊》1939 年第 2 卷第 5 期。

《习近平总书记考察西南联大旧址：教育要同国家之命运、民族之前途紧密联系起来》，《云南师范大学学报》（哲学社会科学版）2020 年第 52 卷第 2 期。

《一平浪盐煤厂概况》，《云南企业月刊》1939 年第 3 期。

《中国第一次农业普查》，《中国统计》1997 年第 1 期。

白祥麟：《昆明天气之初步分析》，《地学集刊》1943 年第 1 卷第 4 期。

鲍觉民、张景哲：《云南省呈贡县落龙河区土地利用初步调查报告》，《地理学报》1944 年第 11 卷第 1 期。

鲍觉民：《成都平原之水利》，《政治经济学报》1937 年第 5 卷第 2 期。

鲍觉民：《西南经济建设与水力利用》，《云南建设》1945 年第 1 期。

边兆祥：《滇缅公路沿线地质》，《地质论评》1943 年第 1/6 期。

曹立瀛、范金台：《云南可保村煤业调查报告》，《资源委员会月刊》1939 年第 1 卷第 9 期。

曹立瀛、范金台：《云南昆明市之电器业》，《资源委员会月刊》1940 年第 2 卷第 4/5 期。

陈秉仁：《昆湖水位之变迁》，《教育与科学》1946 年第 2 卷第 1 期。

陈达：《从战时西南区人口研究谈中国人口问题》，《社会建设》1945 年第 3 期。

陈达：《户政与宪政》，《户政导报》1945 年第 1 期。

陈达：《社会调查的尝试》，《清华学报》1924 年第 2 期。

陈定闳：《社会调查史——社会学方法史之一》，《东方杂志》1947 年第 43 卷第 12 号。

陈国庆、李巾：《论马克思主义社会学的中国化》，《西北大学学报》（哲学社会科学版）2007 年第 4 期。

陈述彭：《云南螳螂川流域之地文》，《地理学报》1948 年第 15 卷第 1 期。

陈一得：《本年各地气候与昆明》，《教育与科学》1946 年第 2 卷第 5 期。

程潞、陈述、宋铭奎、黄秉成：《云南滇池区域之土地利用》，《地理学报》1947 年第 14 卷第 2 期。

程裕淇：《云南昆阳中邑村歪头山间燐灰岩矿地质简报》，《地质论评》1939 年第 4 卷第 3/4 期。

褚守庄：《云南土地利用问题》，《教育与科学》1946 年第 2 卷第 3 期。

戴世光：《我国1953年的人口普查》，《教学与研究》1957年第4期。
戴世光：《国情普查与云南的人口调查》，《今日评论》1939年第1卷第6期。
戴世光：《抗战中的生活费用与生活程度》，《今日评论》1941年第5卷第10期。
戴世光：《我国政府统计事业的商榷》，《今日评论》1939年第2卷第2期。
戴世光：《云南省呈贡县人口统计的分析》，《人文科学学报》1942年第1卷第2期。
杜青：《三十年代初期云南人口状况的见证——〈云南全省户口总调查统计报告书〉》，《云南档案》2001年第5期。
杜文思：《云南省棉产及蚕丝的推广与复兴》，《纺织染工程》1939年第1卷第1期。
杜修昌：《云南呈贡一〇六农家经济之调查》，《中农月刊》1948年第9卷第4期。
范金台、孙承烈：《昆明银汁河区的灌溉及土地利用》，《地理学报》1941年第8卷第1期。
冯绳武：《滇池西北岸平原区之人地景》，《地理》1943年第3卷第1/2期。
冯绳武：《滇池西北岸水道考》，《地学集刊》1943年第1卷第4期。
冯绳武：《西南联大的前身和现状》，《陇铎月刊》1939年第6/7期。
葛全胜、赵名茶、郑景云：《20世纪中国土地利用变化研究》，《地理学报》2000年第55卷第6期。
顾朝林：《转型中的中国人文地理学》，《地理学报》2009年第64卷第10期。
顾鉴塘：《民国时期人口研究探微》，《北京大学学报》（哲学社会科学版）2000年第6期。
郭焕成、靖学青：《土地利用研究的背景、任务及发展趋向》，《地理学与国土研究》1996年第3期。
郭焕成、王云才：《我国农业地理学研究的回顾和发展趋势》，《经济地理》1999年第6期。
郭来喜：《当代中国人文地理学研究进展述要》，《人文地理》1994年第

3 期。

郭来喜：《吴传钧对发展中国现代地理学的贡献——在庆祝吴传钧院士八十华诞大会上的献辞》，《人文地理》1998 年第 4 期。

清华大学国情普查研究所：《云南呈贡县人口普查初步报告》，《图书季刊》1940 年第 4 期。

何祎金：《他者的变奏：早期社会学中国化的脉络与流变》，《社会学评论》2018 年第 6 卷第 6 期。

侯杨方：《民国时期全国人口统计数字的来源》，《历史研究》2000 年第 4 期。

侯杨方：《民国时期中国人口的死亡率》，《中国人口科学》2003 年第 5 期。

胡焕庸：《中国人口之分布》，《地理学报》1935 年第 2 卷第 2 期。

胡焕庸：《中国之农业区域》，《地理学报》1936 年第 3 卷第 1 期。

胡体乾：《国情普查问题》，《广东统计季刊》1942 年第 3 期。

黄元宗：《昆明盆地北部地形》，《中山学报》1941 年第 1 卷第 6 期。

季任钧：《沉痛悼念鲍觉民教授》，《人文地理》1995 年第 10 卷第 4 期。

姜素清、季任钧：《为发展我国政治地理学作贡献——访南开大学鲍觉民教授》，《地理知识》1987 年第 2 期。

金其铭：《我国农村聚落地理研究历史及近今趋向》，《地理学报》1988 年第 43 卷第 4 期。

李光正、范君石：《读万卷书、行万里路——南开大学鲍觉民教授谈治学》，《天津教育学院学报》1988 年第 2 期。

李惠、袁卫：《海外留学时期的戴世光》，《统计研究》2020 年第 37 卷第 9 期。

李景汉：《摆夷人民之生活程度与社会组织》，《西南边疆》1940 年第 11 期。

李景汉：《呈贡县动态人口调查的实验》，《当代评论》1941 年第 1 卷第 2 期。

李景汉：《从定县人口总调查所发现之人口调查技术问题》，《社会科学杂志》1936 年第 1/4 期。

李景汉：《关于从事定县社会调查的一些经验》，《清华周刊》1932 年第 38 卷第 5 期。

李景汉：《社会调查》，《社会建设》1945年第1卷第3期。

李景汉：《社会调查与社会计划》，《时代精神》1941年第4期。

李强：《改革开放40年与中国社会学的本土化、发展及创新》，《社会科学战线》2018年第6期。

李晴、郑耀星：《试论社区研究在社会地理学中的基础地位》，《辽宁师范大学学报》（自然科学版）1996年第19卷第3期。

李润田：《中国地理学发展的世纪回顾与展望》，《地理科学》2008年第28卷第1期。

李生庄：《滇缅边区经济建设概说》，《云南建设》1945年第1期。

李寿、苏培明：《云南历史人口述略》，《云南师范大学学报》（哲学社会科学版）1997年第3期。

李文珍：《中国社会学：从本土化尝试到主体性建构——社会学长江学者十人谈》，《中国社会科学评价》2019年第2期。

李孝芳：《滇池水位之季节变迁》，《西南边疆》1943年第17期。

李友梅、刘应杰、龚维斌、谢立中、景天魁、王天夫、冯仕政、谢志强、吴怀连：《发展新时代中国特色社会主义社会学》，《社会治理》2020年第10/12期。

李章鹏：《20世纪二三十年代陈翰笙农村调查的历史考察》，《河北学刊》2006年第2期。

李章鹏：《清末中国现代社会调查肇兴刍论》，《清史研究》2006年第2期。

廖宝昀：《呈贡的人事登记》，《社会学刊》1948年合刊。

林超：《评张印堂之〈滇西经济地理〉》，《地理》1942年第2卷第3期。

刘宝辰、郑京辉：《民国时期社会调查运动的先驱——李景汉》，《河北大学成人教育学院学报》2008年第1期。

刘德林：《滇盐矿山开发史略论》，《盐业史研究》1996年第3期。

刘德忠：《户口调查与户籍行政的配合问题（续完）》，《新福建》1942年第6期。

刘睿文、吴殿廷、吴巧新：《中国近现代地理学发展脉络研究——基于〈地理学报〉学术论文的统计分析》，《地球科学进展》2006年第9期。

刘彦随、龙华楼：《中国农业地理与乡村发展研究进展及展望——建所70周年农业与乡村地理研究回顾与前瞻》，《地理科学进展》2011年第30

卷第 4 期。

刘彦随：《现代农业地理与土地利用创新研究——贺吴传钧先生 90 华诞》，《地理学报》2008 年第 63 卷第 4 期。

陆韧、杨海挺、石敏：《西南联大研究的史料与视野问题》，《云南师范大学学报》（哲学社会科学版）2014 年第 46 卷第 6 期。

罗为垣：《论文提要：云南一平浪盐业之创建及煤矿之开展》，《化学工业》1946 年第 18 卷第 1/2 期。

吕文浩：《被遮蔽的光彩——李景汉与中国近代人口调查研究》，《清华大学学报》（哲学社会科学版）2018 年第 33 卷第 5 期。

吕文浩：《国情意识与科学意识的结合——陈达关于全国人口普查方案的探索及其论争》，《江汉论坛》2019 年第 11 期。

吕文浩：《机构、制度与运作：1931—1945 年的全国户口普查述论》，《理论学刊》2020 年第 6 期。

马玉华：《20 世纪上半叶民国政府对西南边疆少数民族的调查》，《中国边疆史地研究》2005 年第 15 卷第 1 期。

马玉华：《论国民政府对西南边疆及边疆民族的治理》，《中国边疆史地研究》2008 年第 18 卷第 3 期。

马玉华：《西南联大与西南边疆研究》，《中南民族大学学报》（人文社会科学版）2009 年第 29 卷第 3 期。

麦烽：《滇缅路与西南各省形势图》，《国讯》1941 年第 4 期。

孟灿文、于弘文：《辉煌的人口普查历程》，《统计研究》2002 年第 7 期。

米红、蒋正华：《民国人口统计调查和资料的研究与评价》，《人口研究》1996 年第 20 卷第 3 期。

潘光迥：《滇缅公路运输计划刍议》，《交通建设季刊》1941 年第 2/3 期。

彭秀良：《李景汉：杰出的社会调查专家》，《中国社会工作》2018 年第 16 期。

乔晓春：《中国人口调查与人口普查历史研究》，《南方人口》1997 年第 12 卷第 2 期。

丘勤宝：《云南水利问题》，《西南边疆》1939 年第 4 期。

瞿明宙：《建设新云南产业区刍议》，《云南建设》1945 年第 1 期。

任放：《近代市镇研究的回顾与评估》，《近代史研究》2008 年第 2 期。

任美锷：《从英国的土地利用调查看中国》，《地政通讯》1948 年第 3 卷第 3 期。

任美锷:《举办全国土地利用调查刍议》,《新经济》1943 年第 9 卷第 9 期。

沈正伦:《云南蚕业简史及发展前景》,《蚕桑通报》1988 年第 4 期。

石敏、杨海挺:《西南联大档案中的戴世光教授》,《云南档案》2016 年第 10 期。

史国衡:《昆明新工业中之劳工》,《中国劳动》1943 年第 4 卷第 4 期。

史立常:《滇池之水运与渔业》,《地理》1943 年第 3 卷第 3/4 期。

苏汝江:《个旧矿工》,《中国劳动》1943 年第 3 卷第 5 期。

苏汝江:《中国差别生育率之研究》,《社会学刊》1948 年合刊。

孙根年:《20 世纪中国地理学的重大进展及走向》,《陕西师范大学学报》(自然科学版) 1997 年第 25 卷第 4 期。

孙兢新:《人口普查的历史》,《江苏统计》2000 年增刊。

孙俊、贾星客、潘玉君:《历史语境主义地理学编史思想述要——以罗伯特·梅休地理学史研究为例》,《中国历史地理论丛》2014 年第 29 卷第 1 期。

孙俊、潘玉君、武友德、孟雪梅:《地理学编史方法论:从实证主义到思想史》,《地理科学进展》2013 年第 32 卷第 12 期。

孙俊、潘玉君、和瑞芳、刘海琴、常楠静、刘树芬、李会仙:《地理学第一定律之争及其对地理学理论建设的启示》,《地理研究》2012 年第 31 卷第 10 期。

孙俊、潘玉君、汤茂林、武友德、赵健霞:《地理学发展的战略方向探讨》,《地理学报》2013 年第 68 卷第 2 期。

孙俊、潘玉君、武友德、赫维人:《地理学史研究范式——科学地理学史与知识地理学史》,《地理学报》2014 年第 69 卷第 9 期。

孙俊、潘玉君、张谦舵:《地理学学科研究的科学社会学视角——重新审视约翰斯顿〈地理学与地理学家〉一书》,《人文地理》2011 年第 26 卷第 3 期。

孙俊、潘玉君、汤茂林、杜莹:《中国地理学史编史方法论考察》,《地理研究》2014 年第 33 卷第 8 期。

孙俊、潘玉君、汤茂林:《中国地理学史研究的理路分析——兼论中国地理学传统的流变》,《地理研究》2014 年第 33 卷第 3 期。

孙龙、风笑天：《近二十年来社会学中国化的理论与实践》，《社会》2001年第2期。

孙希磊：《抗战时期的西南联大与云南社会文化发展》，《北京建筑工程学院学报》2004年第20卷第S1期。

谭少华、倪绍祥：《20世纪以来土地利用研究综述》，《地域研究与开发》2006年第5期。

谭锡畴：《云南易门安宁禄丰主要铁矿矿床述要》，《地质论评》1943年第8卷第1期。

唐晓峰：《"反向格义"与中国地理学史研究》，《南京大学学报》（哲学·人文科学·社会科学）2009年第46卷第2期。

陶诚：《30年代前后的中国农村调查》，《中国社会经济史研究》1990年第3期。

田彩凤：《陈达先生年谱》，《清华大学学报》（哲学社会科学版）1995年第10卷第2期。

涂长望：《与张印堂先生商榷中国人口问题之严重》，《地理学报》1935年第2卷第1期。

汪小宁：《20世纪上半叶中国社会调查运动中的认识论转向考察》，《广西师范学院学报》（哲学社会科学版）2019年第40卷第3期。

王恩涌、周一星、秦勇：《人文地理学的历史概况与我国人文地理学的发展》，《人文地理》1991年第6卷第2期。

王浩禹：《第三届"西南联大与现代中国国际学术研讨会"综述》，《近代史研究》2019年第2期。

王云亭：《昆明南郊湖滨地理》，《地理学报》1941年第8卷第1期。

王云亭：《昆明市郊的地下水》，《教育与科学》1946年第2卷第2期。

王仲武：《我国户口调查方案之商榷》，《东方杂志》1934年第31卷第20期。

王子建：《滇缅公路的利用问题》，《新经济》1941年第5卷第5期。

文军、王琰：《论孙本文与社会学的中国化》，《哈尔滨工业大学学报》（社会科学版）2012年第14卷第5期。

闻翔：《陈达、潘光旦与社会学的"清华学派"》，《学术交流》2016年第7期。

闻翔：《现代转型与"中国化的劳工运动"——重访陈达的劳工研究》，

《学海》2017 年第 5 期。

翁文灏：《中国人口分布与土地利用》，《独立评论》1932 年第 3 期。

吴传钧、张家桢：《我国 20 世纪地理学发展回顾及新世纪前景展望——祝贺中国地理学会创立 90 周年》，《地理学报》1999 年第 54 卷第 5 期。

吴福元：《中国科学院地质研究所的成立与中央地质调查所的传承》，《岩石学报》2021 年第 37 卷第 1 期。

吴强：《抗战时期的云南盐业》，《盐业史研究》1995 年第 3 期。

吴兴平：《民国时期保山的蚕桑职教简述》，《教育与职业》1998 年第 3 期。

伍生：《西南联大在昆明》，《学生杂志》1939 年第 19 卷第 2 期。

谢家荣、王曰伦：《云南三大铁路沿线矿产图表》，《地质论评》1941 年第 6 卷第 1 期。

熊宁：《我国近代（1840—1949 年）人文地理学的发展概况》，《地理研究》1984 年第 3 卷第 2 期。

徐近之：《抗战期间我国之重要地理工作》，《地理学报》1947 年第 14 卷合刊。

徐岚：《国内外人口普查历史回眸》，《数据》2009 年第 6 期。

许德佑、边兆祥：《云南呈贡附近之地质》，《地质论评》1940 年第 5 卷第 5 期。

许德佑：《昆明附近之地质》，《地质论评》1940 年第 5 卷第 6 期。

薛德升、许学强：《解放前我国地理学界关于小城镇研究的综述》，《人文地理》1995 年第 10 卷第 3 期。

严建：《抗日战争时期云南社会学活动四题》，《思想战线》1990 年第 16 卷第 3 期。

阎明：《20 世纪初的中国人口问题》，《中国社会导刊》2008 年第 16 期。

阎明：《由三部社会调查专著看近代中国农村》，《中国社会导刊》2008 年第 8 期。

阎明：《中国现代人口统计之路》，《中国社会导刊》2008 年第 18/20/22 期。

杨海挺、石敏：《抗日战争时期云南呈贡县的"魁阁"与"文庙"：社会学中国化进程中的两大学派》，《云南民族大学学报》（哲学社会科学版）2014 年第 31 卷第 6 期。

杨海挺：《鲍觉民与滇池地区土地利用调查研究》，《思想战线》2011年第37卷第S1期。

杨海挺：《西南联大清华大学国情普查研究所在呈贡》，《思想战线》2011年第37卷第S1期。

杨青田：《云南交通建设与水道之利用》，《云南建设》1945年第1期。

杨绍军：《西南联大的学术传统》，《云南社会科学》2003年第5期。

杨绍军：《西南联大文学作品研究现状和趋势》，《学术界》2018年第12期。

杨绍军：《西南联大与抗战时期学术发展》，《学术探索》2017年第1期。

杨绍军：《西南联大与云南现代高等教育》，《云南社会科学》2004年第6期。

杨锁柱：《试析我国人口普查的项目和准确程度》，《山西财经学院学报》1990年第5期。

杨文清：《云南农村经济建设》，《云南建设》1945年第1期。

姚兆余：《二十世纪中国古代农村社会史研究的回顾与思考》，《中国农史》2002年第3期。

伊继东、冯用军：《中国西南联大研究三十年（1978—2008）——一种词频计量分析》，《清华大学学报》（哲学社会科学版）2009年第24卷第4期。

勇龙桂：《昆明金融市场的回顾与前瞻》，《金融知识》1942年第4期。

余才友：《昆明社区的变迁》，《时事评论》1948年第18期。

喻明高：《滇缅铁路沿线经济概况》，《西南实业通讯》1941年第1期。

袁方：《四十年代云南社会学的发展》，《云南社会科学》1997年第5期。

袁方：《我的老师——著名社会学家陈达》，《中国社会工作》1998年第3期。

袁静秀：《滇池的水位》，《海洋湖沼通报》1987年第1期。

袁卫：《从"人口革命"到重构统计教育体系——戴世光教授的学术贡献》，《中国人民大学学报》2012年第26卷第1期。

袁卫：《西南联大时期的许宝騄与戴世光》，《统计研究》2019年第36卷第5期。

曾养甫：《滇缅铁路具有无比之经济价值》，《现代华侨》1941年第10期。

张大煜：《发轫中之云南省褐煤低温蒸馏工业》，《云南建设》1945年第1期。

张景秋：《1900—1970年中国人文地理学的发展与回顾》，《人文地理》1998年第13卷第1期。

张九辰：《本世纪上半叶中国近代区域地理学的特色及地位》，《自然科学史研究》1997年第16卷第2期。

张九辰：《近代地质学与中国社会》，《自然杂志》2004年第26卷第6期。

张九辰：《中国地理学近代化过程中的理论研究》，《自然科学史研究》2001年第20卷第3期。

张九辰：《中国近代地质学家群体研究》，《自然辩证法通讯》2003年第25卷第3期。

张翼：《社会学的中国化、话语权与话语体系建设》，《江苏社会科学》2018年第2期。

张镱锂、聂勇、吕晓芳：《中国土地利用文献分析及研究进展》，《地理科学进展》2008年第27卷第6期。

张印堂：《地理与我国的边政和外交》，《边政公论》1941年第5/6期。

张印堂：《滇缅沿边问题》，《西南边疆》1941年第1/2期。

张印堂：《云南边疆种族地理》，《西南边疆》1940年第2期。

张印堂：《云南经济建设之地理基础与问题》，《边政公论》1943年第1/2期。

张印堂：《云南气候的特征》，《旅行杂志》1943年第17卷第2期。

张印堂：《中国人口问题之严重》，《地理学报》1934年第1卷第1期。

张印堂：《种族特征之构成与气候的关系》，《地学杂志》1931年第2期。

赵承信：《社会调查与社区研究》，《社会学界》1936年第9期。

赵小平：《抗日战争时期云南盐业发展研究》，《盐业史研究》2005年第3期。

郑杭生：《社会学中国化的几个问题》，《学海》2000年第6期。

郑清坡：《试论民国时期农村调查的兴起与发展》，《河北大学成人教育学院学报》2008年第10卷第1期。

周荣德：《户籍示范与户籍法》，《新经济》1942年第7卷第12期。

周荣德：《记昆明市户籍示范调查》，《新经济》1942年第7卷第5期。

周荣德：《社会建设与人民组织》，《新经济》1942年第7卷第3期。

周荣德:《我国户籍制度的研究》,《社会学刊》1948年合刊。
周心琴、张小林:《我国乡村地理学研究回顾与展望》,《经济地理》2005年第35卷第2期。
邹彦岐、乔丽:《国内外土地利用研究综述》,《甘肃农业》2008年第7期。

四　译文

[英] Davies H. R.:《滇缅铁路的商业展望》,东青译,《西南边疆》1944年第18期。
[中] 张印堂:《云南西南部掸族之种族特征与其地理环境之关系》,李孝芳译,《地理》1941年第1卷第2期。

五　学位论文

马琦:《国家资源:清代滇铜黔铅开发研究》,博士学位论文,云南大学,2011年。
焦连成:《经济地理学研究的传统对比——对我国经济地理学发展的启示》,博士学位论文,东北师范大学,2007年。
王小雷:《云南高原湖泊近现代沉积环境变化研究——以抚仙湖和滇池为例》,博士学位论文,南京师范大学,2011年。
范建华:《环滇池城区地质环境资源综合评价与规划》,博士学位论文,吉林大学,2008年。
李章鹏:《现代社会调查在中国的兴起:1897—1937》,博士学位论文,中国人民大学,2006年。

六　中文报纸

陈光金:《加快发展中国特色社会主义社会学》,《中国社会科学报》2021年6月23日第10版。
杜荃:《戴世光:最早提出"节制生育"为基本国策的学者》,《中华读书报》2008年9月4日。

索　引

B

鲍觉民　12,14,17,23,30,32,33,37,44,45,49,51,52,54,59,61—66,72,92,96,98,99,103—106,213,214,217,218

边疆经济　12,14,30,33,44,73,76,79,89,101,214

C

陈达　10,11,15,17,21,25,30,34,37,111,113—117,119,121,123,125—128,130,134,136,141,152—154,161,163,164,166—169,176,187—201,203,207,209—212,214,215,218

呈贡县　12—15,18,19,27,28,30,33,35,36,52,59—71,98,103,104,107,111—114,116—134,136—142,145—167,169,171—174,176—178,181,183,184,192,194,198—205,207—212

D

戴世光　17,27,35,37,113,114,116,117,119,123,126,127,134,136,153,164,168,169,191,192,194,196—198,200,207,211,212,214,218

地理国情　1—3,5,7,9—12,14,15,26,30,32,33,38,39,41,63,76,91,93,94,96,101,103,104,213

地理学　5,10,12,14,17,19,21—24,26—33,36—39,41—47,49—59,61—65,67—73,75,77,80,90—106,213—216,218,219

滇池　11—15,17,28—31,33,36,37,39,45,53—56,59—61,63,65—73,77,93,94,97—99,101—104,107,109,120—122,129,147,153,167—171,173,175—178,181,184,185,192,199—202,204—208,210—219

滇缅公路　73—75,82

滇越铁路　60,62,70,104,119,

129,170

调查表 3,34,123,128,130—139,141,146,150,173—175,177,178,206,215

E

洱海 76,77

G

国情普查研究所 7,13—15,17,19,21,25,27—31,35—38,61—63,65,68,107,109—112,114—123,125—142,145—188,190—218

H

户籍登记 14,35,36,107,122,153,167,171,173,175—177,180—185,192,193,202,204,210,216

经济地理 10,12—14,26,29—33,37,39,43—46,49,51—53,61,72—78,80—90,93,99—101,106,213—216,218

K

昆明市 13,18,27,55—57,60,64,67,68,102,107,111,121,124,153,168—172,174—176,180,192,193,200,204,211,212

昆明县 14,27,67,68,107,121,129,168—172,175,176,180,192,200,211,212

昆阳县 13,14,19,27,35,36,67,68,107,114,117,121,122,124,150—172,174—176,180,192,199,200,204,211,212

L

李景汉 10,11,17,21,24,25,37,113—117,123,126—128,134,136,153,154,168,169,188,189,191—194,196—198,200,210,212,215,218

洛龙河 12,30,33,52,60,61,63—67,72,96,98,103,217

P

盘龙江 54—59,67,169

Q

清华大学 1,7,8,11—19,21,23,25,28—31,33,35—38,41—53,61—63,65,68,70,74,89,92,104,105,107,109—111,113—123,125—134,136—142,145—188,190—196,198—205,207—218

R

人口国情 2—6,9,13,15,25,27,29,31,38,107,109,111,125,126,151,186,187,211,213

人口普查 3,5,9,13—15,17,27—31,34—36,38,61,63,107,109,111—113,115—117,120,

122,123,125—134,136—142,145—153,155,159—161,164—178,180—186,190,192—195,197—205,207—218

人事登记　9,13,14,19,29—31,35,36,107,112—114,116,117,120—122,124,147,150—167,169—173,176,177,180—184,192,199,202—205,208—213,215—217

S

社会调查　5—11,19,24,25,30—32,38,96,115,186,190,193,196,201,208,213,215,218

社会学　3,8,10,11,15,17,21,24,25,28,29,31,34,36—38,95—97,103,109,110,113—117,121,123,125,139,154,161,174,181,184,185,187—198,200—202,207,208,210,212,214—216,218,219

孙本文　11,187—190,195,218

T

统计　2,4—10,12—14,17—19,24,27,30—32,34,35,37,38,49,61,62,65,66,74,85,88,89,96,97,99—101,109,112—117,119,122,124—128,130,136—141,145—152,155,157,159—166,168,169,172,177—181,183—187,192—198,200—202,204—212,214—216,218

土地利用　10—12,14,17,19,29—31,33,37,39,45,52—72,94—99,101—104,213,214,216—218

W

文庙　13,14,30,37,111,117—119,131,187,191,194—198,201,202,210,218

X

西南联大　11—21,24—31,33,37—39,41—54,59,60,62,65,68,70,72,73,89—99,101—107,109—111,114—117,119,120,122,123,126,127,133,136,138,140,146—149,151,153,157,159,160,167—170,174,178,179,184—186,191,192,194,198,200,202,205,208,213—219

Y

一平浪　75,77,79—83,88

银汁河　12,30,33,54—60,70,72,98,103

云南　2,4,7,11—21,25—31,35—39,41,43,45,46,49—58,61—94,96,97,99,101,102,104,105,107,109—114,117,120—134,136—142,145—148,150—180,182—187,192,193,198—205,208—217,219

Z

张印堂 12,14,15,17,23,30,32,33,37,43,44,46,51,52,73—90,92—94,100,101,104,105,214,215,218

中国化 21,36,37,126,129,140,187—191,193,195,196,198,201,202,215

后　记

　　本著是在我博士学位论文基础上完成的，整体来说，修改的内容并不多，主要基于以下两个方面的原因：一是近年来学术界具有创新性的研究成果并不多。尤其在地理国情调查方面，相关的研究和推动都没有明显地超出本著的范畴；人口国情方面，随着第七次全国人口普查的顺利完成，出现了新的人口数据，全面三孩政策也开始实施，发展新时代中国特色社会主义社会学等重大学术命题开始出现，但应该是在本书基础上的再推进，基于学术史视野下的西南联大清华大学国情普查研究所的相关研究，需要补充论证的新材料、新观点均不具备。二是修改的必要性需求较低。原博士学位论文的结构、论证均较为完备，留给再修改、再修正的空间较小。

　　本著也有诸多值得拓展的内容，一是民国时期有关地理调查、人口普查等的比较研究。随着其他新材料的不断发掘，为与西南联大的比较研究提供了可能，唯这些资料浩繁，若加入本著，篇幅将大增，若简单比较，那么结论并没有发生改变；本著曾试图进行过民国时期人口普查的比较研究，增加了大约5万字，虽然有力地补充论证了本著的结论，但却在一定程度上影响了本著的连贯性，基于此，并未增补在本著之中，未来拟在本著的基础上，完成和出版其他的相关系列研究成果。二是新领域的扩展。地理调查未来还可以向更多范围扩展，例如地质学史、气象学史，都是值得大书特书的，最近已经出现了一些基于档案资料的地质学史研究成果，具有很高的学术借鉴意义；社会调查、人口普查等则需要结合当前最新的时代命题进行深化和创新，存在较大难度，需要补充的马克思主义理论、社会学理论等较多，不过值得长期深入进行探研，近年来也会持续申报基金项目，向学术界推荐研究观念，也企以在本著基础上有新的观点和史料运用的推进。所以，对我个人的博士学位论文来说，不仅仅是获得"云南省优秀博士学位论文"荣誉，更是对地理学史、社会学史、云南近现代学术史等均有显著意义的基础性研究成果，这在本著的序言部分已经进行了较好的阐释，更能为我们的后续研究拓展研究方向、增辟研究领域，故本著仍然具有较好的学术意义、较为重要的出版价值。

本著的出版，经历了较长的时间，主要原因还是自己职业所限，长时间没有时间和精力为出版付诸努力。恩师多次提携，创造了各种条件为我的论文出版劳心劳力，让我内心惶惶不安，才有了后来申报后期资助，申报各种项目的心理动力和行动努力。本著入选《中国社会科学博士论文文库》，我内心是十分认可和欢喜的，文著首页会标出导师的姓名，就能够直接代替我本来打算首页"感谢我的恩师陆韧教授"这样的话语，且更具学术性。是的，最要感谢我的恩师陆韧教授！能入恩师门下，是弟子们共同享有的荣幸，恩师严谨严格严肃，却又有一颗温暖的心，我们都不擅长表达情谊，但都懂得彼此之间的信任和关爱。求学期间，我们都经过恩师给予的严谨学术训练，所以我们都能够严格要求自己，严肃地对待学术、工作与生活；恩师以身作则，教我们做人做事做学术，带我们成长，影响我们的一生。本著之中，具有创新的观点都来自恩师的细致指导，那些不足与差错都是自我学业不精所导致，文责自负，牢记恩师教诲，未来会更细心更认真！

后来我离开春城到了新的城市，每每遇到不愉快，总会想念母校的师友们；受到点小委屈，或是但凡有点小成绩，也总是想讲给大家听听……会孤独，会无助，会期待，或是潸然泪下，或是黯然神伤，或是喜笑颜开……这或许就是真实的生活与人生吧！感谢母校师友们长期以来给予我的无私帮助，那些滴水之恩，正汇聚成磅礴之力，激励着我迎难而上，坚定、坚持，博学而笃志。

感谢工作单位长安大学给予的中央高校基本科研业务费后期资助项目"西南联大在云南的地理与人口国情调查实验"（300102501688），为本著的出版解决了大部分的经费问题；幸运的是接着获得2021年度教育部人文社会科学研究西部和边疆地区规划基金项目"西南联大社会学系的社会调查研究"（21XJA840001）的立项，加之中央高校基本科研业务费激励性资助项目"西南联大社会学系与发展中特色社会主义社会学"（300102502610）的资助，所有的出版经费均已解决。感谢中国社会科学出版社的刘艳老师，为我申请项目和申报文库付出了诸多心血，更在本著后期的编校过程中耗费了大量的时间和精力！优秀的平台、优秀的出版人，是本著引以为傲的！

我们期刊中心是一个非常优秀的团队，在编辑出版、选题策划方面，我已经颇有心得，都是因为有优秀的榜样带着我迅速成长。但这份编辑职业给我带来更多的，是能够有机会接触到学术界诸多优秀的专家学者，在他们身上，我感受到一种为祖国繁荣强大的责任意识，为学术科研的奉献精神，常常令我感动，这何尝不是西南联大精神在新时代的延续！

爱人追随我的脚步也踏上了新的工作岗位，数年来的辛酸与苦楚将像这个寒冬一样很快过去，这阳光明媚春天的到来，离不开双方家人们默默的支持和鼓励！我将把父母赐予的爱传递，为子女做好榜样，倾注心血，全面培养，做个好父亲！

牢记恩师教诲！学有所成是对恩师栽培最大的回报！以本著的出版为新的起点，努力奋进，争取学术和事业均能更上层楼！

2021 年 12 月 21 日于省委家属院水木轩